M&A
人事
デューデリジェンス
標準手順書

特定社会保険労務士 **野中健次** 編
人事労務デューデリジェンス研究会 著
有馬美帆／奥村裕文／小山健二／髙山英哲
常盤　誠／本澤賢一／森　大輔

日本法令

西脇基金（https://www.tcsw.tvac.or.jp/info/report/nishiwaki.html）へ寄付することにご快諾くださった著者の皆さん、素敵な仲間とともに本書を編めましたこと、社会保険労務士として誇りに思います。本当にありがとうございました。

2019年1月

　　　　　著者を代表して
　　　　　　社会保険労務士法人野中事務所　代表社員　野中　健次

第1章 標準手順書

1 人事デューデリジェンス *20*
　（1）　デューデリジェンスとは　*20*
　（2）　人事DDとは　*21*

2 人事DDの標準手順書 *23*
　（1）　M&A取引全体の流れ　*23*
　（2）　一般的なDDの手順　*26*
　（3）　人事DDの手順　*27*

3 人事DDの反映 *70*

4 行政機関による調査 *73*

第2章 労働法制の遵守度合の報告書例

I 法定三帳簿・雇入通知書・労使協定

1 事 例 *88*

2 規範・ルール等の定立 *88*
　（1）　賃金台帳　*88*
　（2）　出勤簿　*92*
　（3）　労働者名簿　*93*
　（4）　雇入通知書　*95*
　（5）　労使協定　*97*
　（6）　記録の保存　*100*

3 確認する資料および目的　*101*

4 当てはめ　*101*

5 報告書作成例　*103*

| Ⅱ　就業規則の周知 |

1 事　例　*106*

2 規範・ルール等の定立　*106*

　（1）　労基法上の「周知」　*106*

　（2）　労契法上の「周知」　*107*

3 確認する資料および目的　*107*

4 当てはめ　*108*

5 報告書作成例　*109*

| Ⅲ　人事権 |

1 事　例　*112*

2 規範・ルール等の定立　*113*

　（1）　人事考課　*113*

　（2）　昇格・昇進　*115*

　（3）　降　格　*117*

　（4）　配　転　*120*

　（5）　出　向　*124*

　（6）　転　籍　*125*

3 確認する資料および目的　*126*

4 当てはめ　*127*

　（1）　人事考課　*127*

　（2）　昇格・昇進　*127*

　（3）　降　格　*128*

　（4）　配　転　*128*

　（5）　出　向　*129*

（6）転　籍　*129*

5　報告書作成例　*129*

Ⅳ　採　用

1　事　例　*133*

2　規範・ルール等の定立　*134*
　　　（1）採用の自由　*134*
　　　（2）労働者の個人情報収集の注意点　*140*

3　確認する資料および目的　*141*

4　当てはめ　*142*
　　　（1）営業職について、女性は不採用　*142*
　　　（2）現場技術者については、35歳未満は不採用　*142*
　　　（3）障害者手帳を持っている者は不採用　*142*
　　　（4）労働組合活動を行っていた経験がある者は不採用　*142*
　　　（5）ＬＧＢＴ（性的少数者）は不採用　*143*
　　　（6）宗教団体の信者は不採用　*143*

5　報告書作成例　*143*

Ⅴ　制裁（懲戒）

【Ⅴ－1】戒告・譴責

1　事　例　*147*

2　規範・ルール等の定立　*147*
　　　（1）懲戒処分の有効要件　*147*
　　　（2）戒告・譴責　*148*

3　確認する資料および目的　*149*

4　当てはめ　*149*

5　報告書作成例　*150*

【V－2】 減　給

1. 事　例　*152*
2. 規範・ルール等の定立　*152*
   - （1）　懲戒処分の有効要件　*152*
   - （2）　減　給　*152*
   - （3）　減給の留意事項　*153*
3. 確認する資料および目的　*154*
4. 当てはめ　*155*
5. 報告書作成例　*156*

【V－3】 出勤停止

1. 事　例　*157*
2. 規範・ルール等の定立　*158*
   - （1）　懲戒処分の有効要件　*158*
   - （2）　出勤停止　*158*
   - （3）　出勤停止と自宅待機　*158*
3. 確認する資料および目的　*160*
4. 当てはめ　*160*
5. 報告書作成例　*162*

【V－4】 降　格

1. 事　例　*164*
2. 規範・ルール等の定立　*164*
   - （1）　懲戒処分の有効要件　*164*
   - （2）　降　格　*164*
3. 確認する資料および目的　*166*
4. 当てはめ　*166*
5. 報告書作成例　*168*

【V−5】 諭旨解雇

1. 事　例　*169*
2. 規範・ルール等の定立　*170*
   - （1）　懲戒処分の有効要件　*170*
   - （2）　諭旨解雇　*170*
   - （3）　配転命令権拒否による懲戒処分　*171*
3. 確認する資料および目的　*171*
4. 当てはめ　*172*
5. 報告書作成例　*173*

【V−6】 懲戒解雇

1. 事　例　*176*
2. 規範・ルール等の定立　*176*
   - （1）　懲戒処分の有効要件　*176*
   - （2）　懲戒解雇　*177*
   - （3）　懲戒解雇と解雇予告　*177*
   - （4）　懲戒解雇と退職金不支給　*177*
3. 確認する資料および目的　*178*
4. 当てはめ　*178*
5. 報告書作成例　*179*

Ⅵ　解　雇

1. 事　例　*181*
2. 規範・ルール等の定立　*181*
   - （1）　解雇の予告　*181*
   - （2）　解雇の時期的規制　*182*
   - （3）　解雇の手続的規制　*182*
   - （4）　解雇理由の規制　*182*

  （5）　解雇権の濫用法理　*184*

  （6）　整理解雇の法理　*185*

  （7）　退職金の不払い　*186*

3　確認する資料および目的　*186*

4　当てはめ　*187*

5　報告書作成例　*188*

Ⅶ　休　職

1　事　例　*191*

2　規範・ルール等の定立　*192*

  （1）　休　職　*192*

  （2）　休職期間中の賃金　*193*

  （3）　休職期間満了時の扱い　*193*

  （4）　傷病休職　*193*

  （5）　休職発令日　*195*

3　確認する資料および目的　*195*

4　当てはめ　*196*

5　報告書作成例　*198*

Ⅷ　パートタイム労働者

【Ⅷ－1】　雇入通知書

1　事　例　*201*

2　規範・ルール等の定立　*201*

  （1）　パートタイム労働者に対する労働条件の明示・文書の交付　*201*

3　確認する資料および目的　*202*

4　当てはめ　*203*

【Ⅷ-2】 就業規則

1. 事　例　*203*
2. 規範・ルール等の定立　*204*
   - （1） 労基法89条の作成・届出義務　*204*
   - （2） パートタイム労働法7条の就業規則の作成手順　*204*
   - （3） パートタイム労働者の正社員用就業規則の拡張適用　*205*
3. 確認する資料および目的　*205*
4. 当てはめ　*206*

【Ⅷ-3】 健康診断

1. 事　例　*206*
2. 規範・ルール等の定立　*207*
   - （1） 健康診断の実施　*207*
   - （2） パートタイム労働者に対する健康診断の実施　*207*
   - （3） 健康診断の費用負担　*207*
3. 確認する資料および目的　*208*
4. 当てはめ　*208*

【Ⅷ-4】 年次有給休暇

1. 事　例　*209*
2. 規範・ルール等の定立　*209*
   - （1） パートタイム労働者に対する労基法の年次有給休暇　*209*
   - （2） 年次有給休暇を取得した場合の賃金　*210*
3. 確認する資料および目的　*211*
4. 当てはめ　*211*

【Ⅷ-5】 雇用保険の加入

1 事　例　*211*
2 規範・ルール等の定立　*212*
　（1）　パートタイム労働者に対する雇用保険の適用　*212*
3 確認する資料および目的　*212*
4 当てはめ　*213*

【Ⅷ-6】 社会保険の加入

1 事　例　*213*
2 規範・ルール等の定立　*214*
　（1）　パートタイム労働者に対する社会保険の適用　*214*
3 確認する資料および目的　*214*
4 当てはめ　*215*

【Ⅷ-7】 差別的取扱いの禁止

1 事　例　*215*
2 規範・ルール等の定立　*216*
　（1）　通常の労働者と同視すべき短時間労働者　*216*
　（2）　差別的取扱いの禁止の範囲　*217*
　（3）　賃金に関する差別的取扱い　*217*
　（4）　教育訓練に関する差別的取扱い　*218*
　（5）　福利厚生施設に関する差別的取扱い　*219*
3 確認する資料および目的　*219*
4 当てはめ　*220*

【Ⅷ-8】 不合理な待遇の相違の禁止

1 事　例　*220*

2 規範・ルール等の定立　*221*
　（1）　パートタイム労働者であることを理由とする不合理　*221*
　（2）　パートタイム労働法8条の民事的効力　*221*
　（3）　法改正による労契法20条の統合、効力の強化　*222*
　（4）　労契法20条をめぐる不合理な待遇差について　*222*
3 確認する資料および目的　*223*
4 当てはめ　*223*

【Ⅷ－9】　短時間雇用管理者

1 事　例　*224*
2 規範・ルール等の定立　*224*
　（1）　短時間雇用管理者の選任義務　*224*
　（2）　相談のための体制の整備　*225*
　（3）　雇用管理の改善等に関する事項に係る相談窓口の書面による明示　*225*
3 確認する資料および目的　*225*
4 当てはめ　*226*

【Ⅷ－10】　労働契約の無期転換

1 事　例　*226*
2 規範・ルール等の定立　*227*
　（1）　有期労働契約の期間の定めのない労働契約への転換　*227*
3 確認する資料および目的　*227*
4 当てはめ　*228*
【報告書作成例】　*228*

Ⅸ　派遣労働者

1 事　例　*241*
2 規範・ルール等の定立　*241*

（1）　派遣先に課せられる派遣法の遵守事項　*241*
　　　（2）　労働契約申込みみなし制度　*259*
　　　（3）　請負・業務委託　*261*
3　確認する資料および目的　*262*
4　当てはめ　*263*
5　報告書作成例　*264*

Ⅹ　外国人労働者

1　事　例　*267*
2　規範・ルール等の定立　*267*
　　　（1）　在留管理制度と在留資格　*268*
　　　（2）　資格外活動許可　*269*
　　　（3）　技能実習制度　*270*
　　　（4）　雇用状況報告　*272*
　　　（5）　「外国人労働者の雇用管理の改善等に関して事業主が適切に対処するための指針」　*272*
3　確認する資料および目的　*272*
4　当てはめ　*273*
5　報告書作成例　*274*

Ⅺ　育児・介護休業

1　事　例　*276*
2　規範・ルール等の成立　*277*
　　　（1）　育児介護休業法　*277*
　　　（2）　育児休業と子の看護休暇　*278*
　　　（3）　介護休業と介護休暇　*279*
3　確認する資料および目的　*281*
4　当てはめ　*282*

- （1）育児休業　*282*
- （2）介護休業　*282*
- （3）子の看護休暇　*283*
- （4）介護休暇　*283*
- （5）短時間勤務　*283*

5 報告書作成例　*284*

XII　助成金

1 事　例　*287*
2 規範・ルール等の成立　*287*
- （1）雇用保険二事業の雇用安定事業　*287*
- （2）助成金の支給要件　*287*
- （3）不正受給　*288*

3 確認する資料および目的　*290*
4 報告書作成例　*291*

第3章　人および人事全般の調査報告書例

I　人的資源の分析

1 事　例　*300*
2 調査方法　*300*
- （1）定量分析の実施　*300*

3 報告書作成例　*315*

II　個人属性の分析

1 事　例　*328*
2 調査方法　*328*

（1）　社員特性の調査　*328*
　　　（2）　キーパーソンの調査　*340*
　　　（3）　問題社員等の調査　*341*
3　**報告書作成例**　*342*

Ⅲ　人事制度

1　**事　例**　*344*
2　**調査方法**　*344*
　　　（1）　調査範囲の確認　*344*
　　　（2）　等級制度の調査　*344*
　　　（3）　評価制度の調査　*348*
3　**報告書作成例**　*354*

Ⅳ　組織力

1　**事　例**　*361*
2　**調査方法**　*361*
　　　（1）　人材アセスメントツールの活用　*361*
　　　（2）　ターゲット会社と他社平均値および自社との比較　*363*
3　**報告書作成例**　*364*

Ⅴ　法定外福利

1　**事　例**　*371*
2　**法定外福利とは**　*371*
　　　（1）　法定外福利としての福利厚生給付　*371*
　　　（2）　各種福利厚生について　*372*
　　　（3）　事例の場合のポイント　*375*
　　　（4）　福利厚生給付ではなく賃金に該当するもの　*376*
　　　（5）　受動喫煙対策　*376*

3 報告書作成例　*378*

Ⅵ　取締役・執行役員の人事政策上の位置付け

1 事　例　*382*
2 調査方法　*382*
　（1）　就任承諾書・取締役規程等での確認　*382*
　（2）　インタビューでの確認　*385*
　（3）　雇用保険被保険者資格確認通知書等での確認　*386*
3 執行役員制度　*387*
4 報告書作成例　*389*

Ⅶ　労働組合

1 事　例　*392*
2 調査対象　*392*
　（1）　労働協約　*392*
　（2）　企業組織再編等に関する事前協議条項の有無　*393*
　（3）　複数組合間の差別の有無　*396*
3 報告書作成例　*396*

凡　例

　本書では、法令等について、本文中で以下のように省略している場合があります。

【法令等】
・労働基準法　⇒　労基法　　／　労基法施行規則　⇒　労基則
・労働契約法　⇒　労契法
・労働基準安全衛生法　⇒　安衛法
・健康保健法　⇒　健保法　　／　健康保健法施行規則　⇒　健保則
・厚生年金保険法　⇒　厚年法　　／　厚生年金保険法施行規則　⇒　厚年則
・労働保険の保険料の徴収等に関する法律　⇒　徴収法
・雇用保険法　⇒　雇保法
・雇用の分野における男女の均等な機会及び待遇の確保等に関する法律　⇒
　　男女雇用機会均等法、均等法
・雇用対策法　⇒　雇対法
・職業安定法　⇒　職安法
・労働組合法　⇒　労組法
・短時間労働者の雇用管理の改善等に関する法律　⇒　パートタイム労働法
　　　／　短時間労働者の雇用管理の改善等に関する法律施行規則　⇒　パートタイム労働則
・労働者派遣法　⇒　派遣法　　／　労働者派遣法施行規則　⇒　派遣則
　　　／　労働者派遣法施行令　⇒　派遣令
・育児休業、介護休業等育児又は家族介護を行う労働者の福祉に関する法律
　⇒　育児介護休業法、育介法
・高年齢者等の雇用の安定等に関する法律　⇒　高年齢者雇用安定法
・出入国管理及び難民認定法　⇒　入管法
・障害者の雇用の促進等に関する法律　⇒　障害者雇用促進法

・厚生労働省令　⇒　厚労省令
・厚生労働省告示　⇒　厚労告
・都道府県労働（基準）局長あて（厚生）労働事務次官通達　⇒　発基

・都道府県労働(基準)局長あて(厚生)労働省労働基準局長通達 ⇒ 基発
・(厚生)労働省労働基準局長(が疑義に答えて発する)通達 ⇒ 基収

【判決等】
・地方裁判所判決 ⇒ 地判
・高等裁判所判決 ⇒ 高判
・最高裁判所判決 ⇒ 最判
・地方裁判所決定 ⇒ 地決

第1章

標準手順書

1 人事デューデリジェンス

(1) デューデリジェンスとは

　デューデリジェンス（Due Diligence）（以下、「ＤＤ」という）とは、Ｍ＆Ａ（合併・買収）の取引過程における一つの手続きであり、買主が自らコストを負担してターゲット会社の事業運営上のリスクや投資価値等の調査を行うことから、「買収調査」や「買収監査」等と呼ばれています。

　ＤＤには、ターゲット会社における事業活動上の法的リスクの有無を調査する「法務ＤＤ」、税務処理に不備がないかを調査する「税務ＤＤ」、そしてターゲット会社が工場や特殊な研究開発施設の跡地などを保有している場合の土壌汚染等を調査する「環境ＤＤ」など、リスク評価の観点から行われるタイプのＤＤがあります。

　一方、Ｍ＆Ａで期待されるシナジーやキャピタルゲインが得られるかを調査する「ビジネスＤＤ」や、労働に由来する潜在債務を調査する「労務ＤＤ」など、主として企業価値の評価から行われるタイプのＤＤもあります。なお、財務会計処理の適正度や、企業価値と投資額が釣り合っているかを調査する「財務ＤＤ」は、リスク評価の観点と価値評価の観点の両方を有しています。

　このほかにも、ＩＴ／ＩＣＴのインフラの構成や運用状況を調査する「ＩＴＤＤ」や、労働法制の遵守度合、従業員属性および人事全般を調査する「人事ＤＤ」など、Ｍ＆Ａ後の統合マネジメント（Post Merger Integration）（以下、「ＰＭＩ」という）の便宜のために実施されるＤＤもあります。

　ＤＤの実施については、会社法上、履行を義務付けられているわけではありません。最終的に取引が成立しないこともあるので、上場企業等の例を除き、取引が公になる前に秘密裏に行われ、一部の者にしかその事実を知らされていないのが一般的です。

したがって、投資額が少額であったり、経営判断によりリスクよりもスピードを重視したりする場合には、ＤＤを省くこともあり、また、多額の費用を負担して、弁護士や公認会計士等の専門家を雇いＤＤを行い、調査レポートで報告させることもあります。

ディールの規模にもよりますが、ＤＤの調査期間は１～２日から、長くても１カ月程度など時間的制約があるので、調査項目が重複しないようあらかじめキックオフ・ミーティングで関係者がＤＤの手続きやスケジュールを共有し、調整することもあります。

（２）人事ＤＤとは

本書では、「人事ＤＤ」を「**労働法制の遵守度合、人および人事全般の調査**」と定義します。人事ＤＤの主たる実施目的は、ターゲット会社のＰＭＩの便宜のために問題点を把握しておくことです。労基法や安衛法などの労働法制を遵守して人事マネジメントがなされているかという法の観点から行うという意味では、「法務ＤＤ」の一部ともいえますし、必ずしも「人事ＤＤ」という形で独立したＤＤを実施すべきということはありません。しかし、合併等のスキームでは取引終了後、次のような人事上の課題が待ち受けており、労働法制に抵触する事項の有無を探り、その程度を把握するのみならず、事前に人事上の課題を把握し、対応策を検討しておくことが、Ｍ＆Ａを成功に導くには重要であり、法務ＤＤの対象範囲を超えるため、「人事ＤＤ」でカバーする必要があるのです。

- 戦略に合致した組織と組織マネジメント体制の設計
- 戦略に合致した新組織に向けての人材確保と人材の選別
- 新組織における適材適所配置と役職・職位の決定
- 年金・退職金の債務（積立不足）と移行問題
- 健康保険（組合）の移行問題

- 法定外の福利厚生の統廃合
- 等級制度、賃金制度の統合と改革
- 新組織の戦略に沿った評価制度の再構築
- 昇進昇格と異動ルールの策定
- 新組織の役員体制と処遇
- 新組織における責任権限体制の確立
- 組織再編の意義や意味と方向性の伝達と共有
- 組織文化風土の統合と確立

具体的な人事DDの調査範囲は、次のとおりです**(図表1-1)**。

図表1-1　人事DD調査範囲

労働法制の遵守度合	人および人事全般
1．帳　票	1．経営理念・人事理念等
2．就業規則	2．人的資源の分析
3．募集・採用活動・試用期間	3．人事制度
4．人事権	4．福利厚生
5．制裁（懲戒）	5．組織力測定
6．労働契約の終了	6．取締役
7．労働安全衛生	7．労働組合
8．パートタイム労働者	
9．派遣労働者（派遣先としての責務）	
10．外国人労働者	
11．育児・介護休業制度	
12．助成金の不正受給	
13．セクハラ・パワハラ・内部通報制度	

出所：社会保険労務士法人野中事務所編『M&Aの人事デューデリジェンス』（中央経済社）を著者が一部修正したもの。

2 人事DDの標準手順書

本書の標準手順書は、人事DDを効率的に行うためのひとつの方法例をあげるものです。人事DDにおいて実施すべき調査項目および調査基準を網羅的に示すものではありませんので、個別案件については、本標準手順書を参考にしつつも、個別案件の特徴に応じて、工夫して対応してください。

先述したとおり、DDの実施が法定で履行が義務付けられているわけでありませんので、本書の標準手順書に記載のあるすべての調査事項を調査しなければならないわけではありません。DDの段階ですべてを調査して完璧に把握することは極めて困難ですし、仮に調査範囲外で問題が顕在化したとしても、ある程度の投資リスクとして買主が引き受けたり、売主に表明保証させたりしておくなど柔軟に対応することも可能です。

(1) M&A取引全体の流れ

M&A取引は、大まかに検討フェーズ、基本合意フェーズ、DDフェーズ、そして、最終合意フェーズの4段階のプロセスを経て行われます**(図表1-2)**。

図表1-2　買い手側から見たM&A取引の流れ

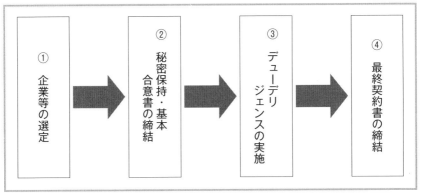

① 検討フェーズ

　経営戦略の一つとしてM&Aを活用することを決定し、ターゲット会社を選定します。対象となる企業は金融機関等から紹介される場合や、救済型の場合には、管財人等が主催する入札へ参加することもあります。

② 基本合意フェーズ

　ターゲット会社と接触し、秘密保持契約を締結後、決算書等の基本資料の開示を受け、概ね合意が形成された場合、基本合意書が締結されます。この場面で、買主には独占交渉権が付与され、売主は他の候補先との接触を一切禁じられます。

③ DDフェーズ

　買主が費用を負担して、法務や財務等の分野ごとに買主または専門家によるDDが実施されます。外部にDD業務を委託した場合、通常、他のDDチームと協力して行われます。

④ 最終合意フェーズ

　DDの調査結果を踏まえ、DDの不完全性を補完し、かつ、DDの指摘事項に対応する契約事項を盛り込んだ最終契約を作成し、前提条件の履行を確認のうえ、取引が成立します。

　また、最近では、譲受企業と譲渡企業の両方から依頼を受け、最適なマッチングを検討してM&A取引を成立させる**仲介会社**を活用するケースも散見されます（**図表1－3**）。仲介会社を活用する場合、株式の譲渡を検討している等の情報が漏えいすると、「経営が厳しいのではないか」との噂が流れ、優秀な社員が退職したり、取引先や金融機関との決済内容が変更になったりするおそれがあるので、まずは、仲

図表1-3　仲介会社を活用した場合の契約からクロージングまで

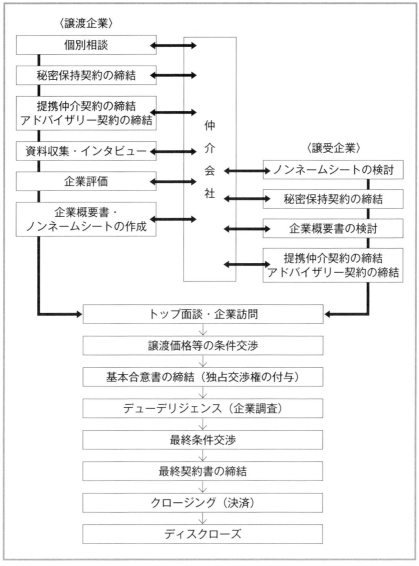

出所：梅田亜由美著『中小企業M&A実務必携　法務編』（きんざい）を著者が一部修正したもの。

介会社と秘密保持契約を締結します。

　次に、提携仲介契約を締結し、会社情報等を収集し、企業価値である株価を算定し、企業概要書を作成します（案件化という）。仲介会社のコンサルタントは企業概要書を譲渡会社が特定されない程度に要約した「ノンネームシート」を作成し、譲受企業に対して譲受の打診を行い、譲受企業が興味を持てば、秘密保持契約を締結し、企業概要書を開示します。

　そして、譲受企業が企業概要書をもとに検討した結果、買収の意思を示すと、仲介会社と仲介契約を締結し、トップ面談や事業所見学が行われ、基本合意書を締結します。基本合意は、最終契約の締結に先立ち、その協議や交渉の過程で締結されるもので、独占交渉権以外の法的拘束力はなく、最終的に合意しなくても双方とも債務不履行による損害賠償責任を負うことはありません。

　基本合意書の締結後、譲受企業はＤＤを実施し、ＤＤの結果を踏まえ最終的な条件交渉が行われ、最終契約書を締結し、決済が行われます。原則として、決済終了後に、社員、取引先、そして金融機関等にディスクローズ（公表）されますが、上場企業の場合には、金融商品取引所の規則による適時開示制度に基づき基本合意時にディスクローズすることになります。

（２）一般的なＤＤの手順

　ＤＤの一般的な流れは、まず買主からＭ＆Ａの概要の説明があり、法務、財務、税務、労務などの各分野の専門家（弁護士、公認会計士、税理士、社会保険労務士、中小企業診断士等）に対して、ＤＤプロジェクトの参加の打診があります。そして、当該契約を締結する前に買主とＤＤ業務受任者との間で**秘密保持契約**（「ＮＤＡ」Non-Disclosure Agreement または、「CA」Confidential Agreement という）を締結し、調査項目等が確定した後にＤＤ業務委託契約を締結します。

次に、ディールの目的やスキームなどの詳細な説明が行われ、調査項目等について打合せ（キックオフ・ミーティング）を行います。

そして、案件の特徴に応じて開示を求める資料のリストを作成し、売主に対してリクエストします。開示された資料を検討し、質問事項をまとめてターゲット会社へ提出します。なお、必要に応じて、ターゲット会社の経営者や担当者へインタビューを実施することもあります。

最後に、結果を調査レポートにまとめ、報告会でDD受任者はバイサイドからの調査報告に関する質問に回答してDDが終了します**（図表1－4）**。なお、ケースにもよりますが、中間報告会を実施することもあります。

図表1－4　一般的なDDの手順

```
秘密保持契約・DD業務委託契約の締結
        ↓
   キックオフ・ミーティング
        ↓
   開示資料リストの作成・要求
        ↓
開示資料の検討・QAシートの作成・回答依頼
        ↓
     インタビューの実施
        ↓
    DDレポートの作成・報告
```

（3）人事DDの手順

人事DDは、基本的には一般的なDDの手順と同様に行われます。

社会保険労務士や労働法に明るい弁護士などの専門家に依頼する場合、まず、秘密保持契約や人事ＤＤ業務委託契約を締結してからスタートします。次に、ターゲット会社の業種の特徴やディールのスキームに応じて、調査項目を決定して調査に係る資料の開示リストを作成し、売主に資料の開示を要求します。そして、資料の提供を受け調査し、不明な点などはＱＡシートを作成し、回答を依頼します。必要に応じて、ターゲット会社の担当者へインタビューを行い、これらを適宜の順序で勧め、最終的に労働法制の遵守度合、人および人事全般の調査結果を報告します。

　なお、標準手順書の手順については、必ずしもこの順番で行う必要はなく、場合によっては手順の前後が入れ替わる可能性や、前の手順に戻って繰り返すこともあります。以下、標準手順書を詳解します。

①　秘密保持契約の締結

　人事ＤＤ業務の遂行に際してはターゲット会社の秘密情報が開示されるため、委託契約の締結に先立って、買主と人事ＤＤ受任者間で秘密保持契約を締結します。締結方式には買主と人事ＤＤ受任者間が互いに秘密保持義務を負う**双務契約方式**と、誓約書の提出など専ら人事ＤＤ受任者のみ秘密保持義務を負う**差入方式**があります。

　契約内容としては、秘密保持義務の対象となる情報の範囲、第三者に対する開示の禁止、目的外使用の禁止、違反時の人事ＤＤ受任者の義務、秘密保持の期間、収集した情報の返還または廃棄の義務などを定めることが一般的です。なお、人事ＤＤ受任者に対して、受託者の責めに帰すべき事由により、秘密情報が漏洩し、買主等に損害を与えた場合、損害賠償義務を定めることがありますが、損害賠償額が巨額になる可能性もあるので、人事ＤＤ受任者の立場では損害賠償額の上限を設定しておき、リスクを回避しておくとよいでしょう（**図表１－５**）。

図表1-5　秘密保持契約書（見本）

秘密保持契約書

　株式会社□□□□（以下、「甲」という）と社会保険労務士法人○○事務所（以下、「乙」という）は、甲が企業提携の実現に向け検討（以下、「本検討」という）のために、甲が乙に開示する情報の取扱い等について、以下のとおり秘密保持契約（以下、「本契約」という）を締結する。

（定義）
第1条　本契約における企業提携とは、株式譲渡・株式譲受を含む資本提携、株式交換、企業合併、合弁会社設立等の共同出資事業、事業譲受・事業譲渡、資産譲渡、生産・販売・技術・開発および人事提携等一切の形態を含むものとする。
2　本契約における秘密情報とは、甲および乙が、書面または口頭その他方法の如何を問わず、本検討に関連して、開示を受ける営業情報、顧客情報、会社情報、関連データ等の甲、乙または企業提携候補者の技術上または営業上その他事業上の情報、企業提携候補者の氏名または名称、ならびに甲および企業提携候補者が本検討を行っている事実およびその検討内容（以下、「秘密情報」という）をいう。ただし、次の各号のいずれかに該当する情報は、秘密情報から除かれるものとする。
　　(1)　相手方から開示された時点で、既に公知であった情報
　　(2)　相手方から開示された後、自己の責に帰し得ない事由により公知となった情報

(3) 開示された時点ですでに自ら保有していた情報
(4) 正当な権限を有する第三者から秘密保持義務を負うことなく開示された情報
(5) 法令による開示が義務付けられた情報
(6) 秘密情報から除くことを甲乙相互に確認した情報

（秘密保持）
第2条　甲および乙は、秘密情報を厳重に秘密として保持し、相手方の事前の承諾なく第三者に開示、漏洩してはならない。ただし、甲および乙は、本検討のため合理的に必要な範囲で、自己の役員および従業員、弁護士、公認会計士、税理士、司法書士、社会保険労務士ならびにその他甲または乙の委託する専門家（以下これらを総称して、「自己の役員および従業員等」という）に対し、秘密情報を開示することができる。
2　甲および乙は、秘密情報の開示を受けた自己の役員および従業員等が、本契約に基づき、自己が負担する義務と同等の義務を履行することを保証する。

（秘密情報の使用）
第3条　甲および乙は、本検討の目的のみに秘密情報を使用するものとし、営業、その他の目的に一切使用してはならない。

（秘密情報の複製および複写）
第4条　甲および乙は、相手方の事前の承諾なく、本検討のために必要な範囲を超えて、相手方の秘密情報を複製および複写してはならない。

（秘密情報の返還等）
第5条　甲および乙は、事由の如何を問わず本契約が終了したときは、本契約に基づき開示を受けた秘密情報を含む媒体およびその複写・複製物（以下、「媒体等」という）を速やかに相手方に対し返還するものとする。
2　甲および乙は、相手方からの要求があったときは、本契約に基づき開示された秘密情報のうち当該要求にかかる案件に関する一切の秘密情報を含む媒体等を速やかに相手方に対し返還するものとする。
3　前二項にかかわらず、甲および乙は、前二項に定める秘密情報の全部または一部を含む媒体等の相手方に対する返還に代えて自ら破棄することにつき、相手方の同意を得たときは、当該情報を含む媒体等の破棄をもって、当該媒体等の返還義務を免れるものとする。

（損害賠償）
第6条　乙の責に帰すべき事由により、秘密情報が漏洩し、これにより甲に損害を与えたときは、乙は、甲に対して損害の賠償をしなければならない。ただし、損害賠償額が〇万円を上回った場合には、〇万円を上限とする。

（直接交渉禁止）
第7条　乙は、甲の事前の承諾なくして、企業提携候補者またはその代理人と、直接、間接を問わず、甲を排除して企業提携に関する接触および交渉をしてはならないものとする。

（有効期間）
第8条　本契約の有効期間は、本契約締結日より3カ月とする。ただし、期間満了の2週間前までに甲または乙いずれか一方からの書面による別段の申し出がないときは、本契約は自動的に3カ月間延長されるものとし、その後も同様とする。
2　前項の規定にかかわらず、本契約第2条（秘密保持）、第3条（秘密情報の使用）、第6条（損害賠償）および第7条（直接交渉禁止）に定める義務は、事由の如何を問わず本契約が終了した後2年間存続する。

（反社会的勢力の排除）
第9条　甲および乙は、相手方に対し、次の各号のいずれにも該当せず、かつ将来にわたっても該当しないことを表明し、保証する。
　(1)　自らまたは自らの役員もしくは自らの経営に実質的に関与している者が、暴力団、暴力団員、暴力団員でなくなった時から5年を経過しない者、暴力団準構成員、暴力団関係企業、総会屋、社会運動等標榜ゴロまたは特殊知能暴力集団等その他反社会的勢力（以下、総称して「反社会的勢力」という）であること。
　(2)　反社会的勢力が経営を支配していると認められる関係を有すること。
　(3)　反社会的勢力が経営に実質的に関与していると認められる関係を有すること。
　(4)　自らもしくは第三者の不正の利益を図る目的または第三者に損害を加える目的をもってするなど、反社会的勢力を利用していると認められる関係を有するこ

と。
(5) 反社会的勢力に対して資金等を提供し、または便宜を供与するなどの関与をしていると認められる関係を有すること。
(6) 自らの役員または自らの経営に実質的に関与している者が、反社会的勢力と社会的に非難されるべき関係を有すること。
2 甲および乙は、相手方に対し、自ら次の各号のいずれかに該当する行為を行わず、または第三者を利用してかかる行為を行わせないことを表明し、保証する。
(1) 暴力的または脅迫的な言動を用いる不当な要求行為
(2) 相手方の名誉や信用等を毀損する行為
(3) 偽計または威力を用いて相手方の業務を妨害する行為
(4) その他これらに準ずる行為
3 甲または乙は、相手方が前二項のいずれかに違反し、または虚偽の申告をしたことが判明した場合、契約解除の意思を書面(電子メール等の電磁的方法を含む)で通知のうえ、直ちに本契約を解除することができる。この場合において、前二項のいずれかに違反し、または虚偽の申告をした相手方は、解除権を行使した他方当事者に対し、当該解除に基づく損害賠償を請求することはできない。
4 前項に定める解除は、解除権を行使した当事者による他方当事者に対する損害賠償の請求を妨げない。

(準拠法、管轄裁判所)
第10条 本規約の有効性,解釈および履行については,日本法に準拠し,日本法に従って解釈されるものとする。

2　当社と利用者等との間での論議・訴訟その他一切の紛争については、訴額に応じて、東京簡易裁判所または東京地方裁判所を専属的合意管轄裁判所とする。

（協議事項）
第11条　本契約に定めなき事項または本契約の条項の解釈につき疑義が生じた事項については、甲および乙は誠意をもって協議決定するものとする。

上記契約の証として本書2通を作成し甲、乙記名押印のうえ、各1通を保有する。

　　　年　　　月　　　日

　　　甲：　　　　　　　　　　　　　　　　　　㊞

　　　　　　東京都新宿区大久保〇－〇－〇
　　　乙：社会保険労務士法人〇〇事務所
　　　　　　代　表　社　員　　〇〇〇〇　　㊞

② 人事ＤＤ業務委託の締結

　契約は、当事者間の意思の合致があれば、口頭の契約でも原則としてそれだけで有効に成立します。特に買主が人事ＤＤ受任者の顧問先企業である場合、お互いに知らない間柄ではないので、書面の締結なしに口約束で人事ＤＤ業務が実施されることもあるようです。
　しかし、調査項目や対象期間を明確に定めておかなければ、調査項目以外のリスクが顕在化した場合、責任の所在も曖昧になり、受任者

が責任を追及されることになりかねません。したがって、ターゲット会社やその事業の特性を踏まえた調査項目、調査対象期間および報酬等、契約の成立とその内容を書面化して明確にしておくべきです。

なお、人事DD受任者は、調査業務の不能、遅延、調査報告書の瑕疵に起因して買主に損害を与えた場合、損害賠償義務を負うと定めることがあります。損害賠償額が巨額になる可能性もあるので、NDAと同様に人事DD受任者の立場では損害賠償額の上限を設定しておき、リスクを回避しておくとよいでしょう。ただし、責任を制限するような予定賠償額を定めていたとしても、「受任者に故意または重大な過失がある場合は、当該規定が適用されないとされる場合があること」と規定したり、また、著しく低い予定賠償額を定めたりした場合には当該規定が無効とされるおそれがあることに留意する必要があります。以下、人事DD業務委託契約書（見本）を掲載しますので、適宜修正してご利用ください**（図表1－6）**。

図表1－6　人事DD業務委託契約書（見本）

人事デューデリジェンス業務委託契約書

　株式会社□□商事（以下「甲」という）と、○○社会保険労務士事務所（以下「乙」という）は、甲が株式会社△△商会（以下「丙」という）の買収等を検討するための調査業務の委託に関し、次のとおり契約を締結した。

第1条　（委託業務）
　　甲は丙の買収のための参考資料として、乙に対し、丙の労働法制の遵守度合、従業員属性および人事全般の調査業務（以下「本件業務」という）を委託し、乙はこれを受託した。

2　本件業務の調査項目は以下のとおりとし、調査の対象となる期間は〇年4月1日から〇年3月31日までの〇年とする。
　　(1)　労働法制の遵守度合
　　　　イ）法定三帳簿（労働者名簿、出勤簿、賃金台帳）の確認
　　　　ロ）労使協定
　　　　ハ）就業規則
　　　　ニ）…
　　(2)　人・人事全般
　　　　イ）人員構成（全体、部署別、男女別、年齢別、職種別）
　　　　ロ）報酬水準（賃金、賞与、退職金）
　　　　ハ）離職率（全体、部署別、男女別、年齢別、職種別）
　　　　ニ）…
3　乙は本件業務の結果を〇年〇月〇日までに書面にて報告する。ただし、本件業務の遂行に係る情報の開示が乙が指定する日までに甲または丙からされなかったことにより、前項の調査を行うことができない場合について、乙はその責任を負わない。
4　前項の報告書を甲以外の第三者が閲覧する場合については、乙の書面による同意を必要とする。

第2条　（調査実施期間）
　本件業務の実施は〇年〇月〇日から〇年〇月〇日までのうち、〇日間とする。

第3条　（報酬および支払い）
　本契約に基づく報酬については、基本報酬＿＿＿＿＿＿円（消費税等は別途）に加え、1時間あたり社会保険労務士1人につき＿＿＿＿＿＿円に調査時間を乗じたタイムチャージ料（消費税等は別途）とする。
2　基本報酬については、○年○月○日までに、タイムチャージ料については、本件業務終了後1カ月以内に乙の指定する銀行口座に振り込むものとする（振込手数料は甲の負担）。
3　本件業務にかかる交通費等の経費は、原則として乙が負担するものとする。ただし、甲の依頼により都内以外の場所で業務を履行する場合には、甲がその全額を負担する。

第4条　（資料・情報等）
　　甲および乙は、丙から開示された就業規則、労働者名簿、出勤簿、賃金台帳、その他人事に係る資料について、本件業務以外の用途に使用してはならず、善良なる管理者の注意義務をもって使用・保管・管理するものとする。
2　開示された資料等が不要となった場合、本契約が解除された場合、または丙からの要請があった場合、甲および乙は開示された資料等を速やかに破棄するものとする。

第5条　（機密保持）
　機密情報とは、有形無形を問わず、本契約に関連して甲および丙から乙へ提供された人事上その他すべての情報を意味する。
2　乙は甲および丙から提供された機密情報について善良なる管理者の注意をもってその機密を保持するものとする。

3　乙は機密情報について、本契約の目的の範囲内のみで使用できるものとし、業務遂行以外の目的で複製するときは、事前に甲および丙から書面による承諾を受けなければならない。
4　本条の規程は、本契約終了後も有効に存続する。

第6条　(損害賠償責任の範囲)
　乙の調査業務の履行不能、履行遅延、当該調査報告書の瑕疵に起因して甲に損害を生じさせた場合、乙は受け取った報酬の範囲内でその責任を負う。

第7条　(再委託)
　乙は、甲による事前の承諾がない限り、本件業務の全部または一部を第三者に再委託できない。なお、甲の事前の承諾を得て第三者に再委託する場合には、乙は当該第三者に対し、本契約における乙の義務と同様の義務を遵守させ、その行為について一切の責任を負う。

第8条　(権利義務譲渡の禁止)
　乙は甲の事前の書面による承諾がない限り、本契約の地位を第三者に継承させ、あるいは本契約から生じる権利義務の全部または一部を第三者に譲渡しもしくは引き受けさせまたは担保に供してはならない。

第9条　(合意管轄)
　本契約に関して訴訟の必要が生じた場合、東京地方裁判所または東京簡易裁判所を専属管轄裁判所とする。

第10条　(協議事項)

本契約に定めなき事項または解釈上疑義を生じた事項については、法令に従うほか、甲乙誠意をもって協議のうえ解決をはかるものとする。

　以上、本契約の成立を証すため、本書2通を作成し、甲乙記名捺印のうえ各1通を保有する。

　　　　　　年　　　月　　　日

　　　　甲：＿＿＿＿＿＿＿＿＿＿＿＿＿＿＿＿㊞

　　　　乙：＿＿＿＿＿＿＿＿＿＿＿＿＿＿＿＿㊞

③　開示リストの作成・開示要求

　初期の段階でターゲット会社のウェブサイト等の公開情報で入手可能なものについては、独自に入手しておき、調査項目の内容にあたりをつけておくとスムーズです。つまり、ターゲット会社の規模、業種およびスキームの態様を考慮し、重点的に調査すべき項目を決定し、調査に必要で開示を要求する資料のリストを作成します。

　この段階での資料要請リストは、ターゲット会社へ一覧表にまとめて提出しますが、漏れを防ぐ必要もあるため、網羅的なリストになることは避けられません。ただし、「○○に関する書類一式」などの抽象的な書きぶりになっている場合、過大な負担となり、ターゲット会社が調査との関連性の低い資料も準備し、提供されるまで時間を浪費してしまったり、十分な調査ができなくなったりするおそれがあるので、可能な限り具体的な資料名を記載するよう注意しなければなりません。

なお、請求した資料のすべてが開示されるわけではない（そもそも存在しない場合もある）ので、「A…開示が必須」、「B…開示」、「C…できれば開示」などと必要度合を明示しておくとよいでしょう。

資料の開示方法は、通常、ターゲット会社から買主に直接に紙媒体で送られますが、最近は、ネットワーク上の専用ストレージサービス（VDR：Virtual Data Room）経由で開示されることもあります。ただし、個人番号が労働者名簿に記載されている場合など機密性の高い資料については、DD担当者がターゲット会社に出向き、ターゲット会社の会議室などを一時的なデータルームとして確保し、そこで確認することもあります。この場合、開示期間、コピーの禁止、ディールがブレイクした際の資料の破棄・返還などの一定の制限が付されることもあります。労働法制の遵守度合（**図表1－7**）と人および人事全般（**図表1－8**）の主な具体的調査項目は次のとおりです。

図表1－7 労働法制の遵守度合

【労働法制の遵守度合の調査項目】
1．帳　票

項　目	内　容	法的根拠等
賃金台帳	□氏　名 □性　別 □賃金計算期間 □労働日数 □労働時間数 □時間外労働数 □深夜労働時間数 □基本給、諸手当の区別 □法定控除項目の確認 □社員会等の法定外控除科目の有無→労使協定の有無 □賃金の銀行振込→労使協定の有無	労基法108条、労基則54条・55条、所得税法231条、健保法167条、厚年法84条、徴収法32条
出勤簿 タイムカード	□実際の始業・終業時刻の把握 □1カ月の労働時間の集計方法 □時間外労働の上限設定の有無	労働時間の適正な把握のために使用者が講ずべき措置

項　目	内　容	法的根拠等
	□自主的研修・教育訓練等の時間の取扱い □36協定で定めた時間外労働の上限時間	に関するガイドライン（基発0120第3号）。
労働者名簿	□氏　名 □生年月日（最低年齢、年少者の確認） □性　別 □住　所 □従事する業務（30人以上の場合） □入社日 □履歴（入社時からの配属） □退職年月日とその理由 □死亡年月日とその原因 □表彰履歴 □制裁履歴	労基法107条、労基則53条1項・2項
個人番号	□個人番号に係る就業規則上の記載 □個人番号の管理	番号法別表第1および別表第1の主務省令
雇入通知書（労働契約書）の絶対的明示事項	□書面交付の有無 □採用日前の交付の有無 □契約期間ありの場合（原則3年以内、例外60歳以上・専門的職種5年） □雇止め基準の有無と基準の相当性 □就業の場所（勤務地限定契約か否か） □従事する業務（職種限定契約か否か） □始業・終業時刻 □所定労働時間外労働の有無 □割増率（時間外・深夜・休日） □休憩時間（少なくとも、6時間超で45分、8時間超で1時間） □休　日 □休　暇 □労働者を2組以上に分けて就業させる場合における就業時転換に関する事項 □賃金の決定 □賃金の計算および支払方法 □賃金の締切りおよび支払いの時期 □昇給に関する事項	労基法14条・15条・24条、25条、37条、労基則5条
雇入通知書（労働契約書）の相対的明示事項	□退職に関する事項（解雇の事由を含む） □退職金（退職手当）の対象となる労働者の範囲	労基則5条、労基法16条・17条・18条・89条

項　目	内　容	法的根拠等
	□退職金の決定 □退職金の計算および支払いの方法 □退職金の支払いの時期 □臨時に支払われる賃金 □賞与等 □最低賃金額に関する事項 □労働者に負担させる場合の食費、作業用品その他 □安全および衛生に関する事項 □職業訓練に関する事項 □災害補償および業務外の傷病扶助に関する事項 □表彰に関する事項 □制裁に関する事項 □休職に関する事項 □賠償予定の禁止 □前借金相殺の禁止 □強制貯蓄の禁止	
資格取得届確認通知書	□雇用保険資格取得日の確認　入社日との整合性 □健康保険資格取得日の確認　入社日との整合性 □厚生年金保険資格取得日の確認　入社日との整合性	雇保則6条 健保則24条 厚年則15条
年次有給休暇管理表	□年休権発生要件の確認 □付与日数の確認 □出勤率の計算方法 □取得時の賃金の取扱い □年休時季指定権の態様 □繰越の有無 □半日単位の定義と付与の有無 □時間単位の付与の有無	労基法39条
退職届（願）	□退職の申し出日から退職日までの期間 □退職理由 □在籍期間 □退職部署	民法627条
資格喪失確認通知書	□雇用保険資格喪失日の確認　退職日との整合性 □離職票（退職理由） □健康保険資格喪失日の確認　退職日との	雇保則7条 健保則29条 厚年則22条

項　目	内　容	法的根拠等
	整合性 □厚生年金保険資格喪失日の確認　退職日との整合性	
退職証明書	□退職日 □退職理由 □労働者名簿の退職理由との整合性 □離職票の退職理由との整合性 □退職届（願）の退職理由との整合性 □退職金支給係数の退職理由との整合性	労基法22条
労使協定書	□過半数労働者の選出方法 □過半数労働者の適法性 □36協定で定めた超過時間 □特別条項の有無	労基法36条、労基則16条・17条、平11・3・31基発169号
書類の保存	□2年保存 雇用保険に関する書類、健康保険に関する書類、厚生年金保険に関する書類、 □3年保存 賃金台帳、出勤簿、労働者名簿、災害補償に関する書類、労災保険に関する書類、徴収法に関する書類、安全委員会等の重要な議事録、特別教育の記録 □4年保存 離職票 □5年保存 健康診断個人票、作業環境測定結果（放射線業務を行う作業場） □7年 作業環境測定結果（土石、岩石等又は炭素の粉塵を著しく発散する屋内作業場） □30年 作業環境測定結果（特定化学物質のうち特定の物質のもの） □40年 作業環境測定結果（石綿等を扱い、もしくは試験研究のため製造する屋内作業場）	雇保則143条、健保則34条、厚年則28条、労基法109条、労基則56条、労災則51条、徴収則72条、安衛則23条・38条・51条、安衛法65条1項、特定化学物質障害予防規則36条、石綿障害予防規則36条 電離則54条 粉じん則26条
身元保証人	□身元保証人の範囲 □身元保証期間（3年or5年） □身元保証人の更新の有無（自動更新は無効） □身元保証書不提出の解雇理由規定の有無	身元保証に関する法律1・2・3条

2. 就業規則

項　目	内　容	法的根拠等
作成・届出	□作成と労基署への届出の有無 □変更年月日 □変更の内容 □変更の労基署への届出の有無 □過半数労働者の選出方法 □過半数労働者の適法性 □意見書の内容	労基法89条・90条、平成11年3月31日基発169号
周知方法	□周知の有無 □周知方法の確認	労基法106条、平成11年3月31日基発169号
絶対的必要記載事項	□始業・終業時刻 □休憩時間（一斉付与除外協定の有無） □休日（振替制度がある場合はその運用を含む） □休　暇 □労働者を2組以上に分けて就業させる場合における就業時転換に関する事項 □賃金の決定 □賃金の計算および支払方法（端数処理、切捨て時間の有無） □賃金の締切りおよび支払いの時期 □昇給に関する事項 □退職に関する事項（解雇の事由を含む）	労基法89条1号〜第3号
相対的必要記載事項	□退職金（退職手当）の対象となる労働者の範囲 □退職金の決定 □退職金の計算および支払いの方法 □退職金の支払いの時期 □臨時に支払われる賃金 □賞与の支給月日、回数、算定期間 □最低賃金額に関する事項 □労働者に負担させる場合の食費、作業用品その他 □安全および衛生に関する事項 □職業訓練に関する事項 □災害補償および業務外の傷病扶助に関する事項 □表彰および制裁に関する事項 □その他当該事業場の労働者すべてに適用	労基法89条3の2号〜10号

項　目	内　容	法的根拠等
	される定めをする場合においては、これに関する事項	
フレックスタイム制	□対象者、清算期間、総労働時間、標準の1日の労働時間、起算日 □コアタイム、フレキシブルタイムの設定の有無	労基法32条の3
1年単位の変形労働時間制	□労使協定の締結と労基署への届出の有無 □労働日数（280日以内） □1日の上限（10時間以内） □1週間の上限（52時間以内） □労働時間が48時間を超える連続週（3週間以下） □3カ月ごとの期間において、48時間を超える週（3回以下） □対象期間に連続して労働させる日（6日まで）	労基法32条の4
事業場外	□事業場外労働の業務内容	労基法38条の2
専門型裁量労働制	□労使協定を締結し、労基署へ届出しているか □労使協定にある苦情処理制度が機能しているか □健康および福祉の確保措置を行っているか	労基法38条の3
企画型裁量労働制	□労使協定の締結と労基署への届出の有無 □労使委員会を開催の有無 □健康および福祉の確保措置の有無	労基法38条の4
禁止事項	□賠償予定の記載の有無 □前借金相殺の定めの有無 □強制貯蓄の有無 □社内預金制度がある場合の労使協定締結の有無	労基法16条・17条・18条
年少者	□児童（15歳に達してから最初の3月31日が終了していない者）の雇用と労基署の許可の有無 □18歳未満の年少者を雇い入れる際の戸籍証明書・住民票の備え付けの有無 □18歳未満の年少者の時間外労働、深夜労働の有無	労基法56条・57条・60条、61条
母性保護	□妊娠中の女性が請求した場合の軽易な作	労基法65条・66条、

項　目	内　容	法的根拠等
	業への転換の有無 □妊娠中の女性が請求した場合の時間外労働、深夜労働の有無 □妊産婦の健康診査等の必要時間の確保の有無	均等法12条・13条

3．募集・採用活動・試用期間

項　目	内　容	法的根拠等
募　集	□就職支援イベント開催の有無 □インターンシップの有無と労働者性 □エントリーシートの内容	平成9年9月18日基発636号
内々定	□内々定の位置付けの確認 □内々定の時期 □過去5年間の内々定および辞退者の推移 □内々定の取消しの有無と時期 □サイレントの有無	労基法20条、労契法16条、職安則35条2項
内　定	□内定の位置付けの確認 □内定の時期 □過去5年間の内定および辞退者の推移 □内定の取消しの有無と時期	労基法20条、労契法16条、
試用期間	□試用期間の長さ □試用期間の更新の有無 □試用期間としての有期雇用契約の有無	労基法20条・21条、労契法16条、

4．人事権

項　目	内　容	法的根拠等
昇格・昇進	□思想信条による差別の有無 □男女差別の有無 □組合員への差別の有無 □妊娠・出産を理由とする差別の有無 □育児・介護休業を理由とする差別の有無 □労基署への申告を理由とする差別の有無 □性差別指針の遵守の確認 □その他人事権の濫用となる権利行使の有無	労契法3条5項、労基法3条、均等法6条、労組法7条等
降　格	□就業規則上の根拠規定の有無 □思想信条による差別の有無	労契法3条5項、労基法3条、均等法

項　目	内　容	法的根拠等
	□男女差別の有無 □組合員への差別の有無 □妊娠・出産を理由とする差別の有無 □育児・介護休業を理由とする差別の有無 □労基署への申告を理由とする差別の有無 □性差別指針の遵守の確認 □その他人事権の濫用となる権利行使の有無	6条、労組法7条等
配　転	□職種・勤務地限定契約者の確認 □就業規則上の根拠規定の有無 □思想信条による差別の有無 □男女差別の有無 □組合員への差別の有無 □妊娠・出産を理由とする差別の有無 □育児・介護休業を理由とする差別の有無 □労基署への申告を理由とする差別の有無 □性差別指針の遵守の確認 □育児・介護者への配慮の有無 □その他人事権の濫用となる権利行使の有無	労契法3条5項、労基法3条、均等法6条、労組法7条等
出　向	□賃金・労働条件等の労働者の利益への配慮の有無 □就業規則上の根拠規定の有無 □思想信条による差別の有無 □男女差別の有無 □組合員への差別の有無 □妊娠・出産を理由とする差別の有無 □育児・介護休業を理由とする差別の有無 □労基署への申告を理由とする差別の有無 □性差別指針の遵守の確認 □育児・介護者への配慮の有無 □その他人事権の濫用となる権利行使の有無	労契法3条5項、労基法3条、均等法6条、労組法7条等
転　籍	□個別合意の有無 □就業規則上の根拠規定の有無 □思想信条による差別の有無 □男女差別の有無 □組合員への差別の有無 □妊娠・出産を理由とする差別の有無 □育児・介護休業を理由とする差別の有無	労契法3条5項、均等法6条、労組法7条等

項　目	内　容	法的根拠等
	□労基署への申告を理由とする差別の有無 □性差別指針の遵守の確認 □その他人事権の濫用となる権利行使の有無	
休　職	□就業規則上の休職事由の該当性の確認 □復職の申し出の有無 □休職辞令発令の有無 □治癒・復職の判断基準の確認 □その他人事権の濫用となる権利行使の有無	労基法19条（類推適用）

5．制裁（懲戒）

項　目	内　容	法的根拠等
戒告・譴責	□就業規則上、懲戒該当事由の有無 □罪刑法定主義に抵触していないことの確認	労契法15条
減　給	□就業規則上、懲戒該当事由の有無 □罪刑法定主義に抵触していないことの確認 □懲戒事由と処分の程度の妥当性の確認 □労基法の上限（1回につき1日分の半分、1賃金支払期で10分の1）を超えていないかの確認	労基法91条、労契法15条
出勤停止	□就業規則上、懲戒該当事由の有無 □罪刑法定主義に抵触していないことの確認 □懲戒事由と処分の程度の妥当性の確認 □出勤停止中の賃金支払いの有無	労契法15条
降　格	□就業規則上、懲戒該当事由の有無 □罪刑法定主義に抵触していないことの確認 □懲戒事由と処分の程度の妥当性の確認 □弁明の機会の付与の有無	労契法15条
諭旨解雇	□就業規則上、懲戒該当事由の有無 □罪刑法定主義に抵触していないことの確認 □懲戒事由と処分の程度の妥当性の確認 □弁明の機会の付与の有無	労契法15条

項　目	内　容	法的根拠等
	□退職願の確認 □懲罰委員会の議事録の確認 □退職金の計算、支給額の確認	
懲戒解雇	□就業規則上、懲戒該当事由の有無 □罪刑法定主義に抵触していないことの確認 □懲戒事由と処分の程度の妥当性の確認 □弁明の機会の付与の有無 □労働基準監督署への解雇予告除外申請の有無 □懲罰委員会の議事録の確認 □退職金の計算、支給額の確認	労契法15条

6．労働契約の終了

項　目	内　容	法的根拠等
解　雇	□解雇予告（30日前）または解雇予告手当（30日分）の有無 □解雇予告除外申請の有無 □解雇制限期間およびその後30日間の確認 □打切補償支払いの有無 □国籍・信条・社会的身分を理由としていないことの確認 □労働組合員を理由としていないことの確認 □性別を理由としていないことの確認 □婚姻・妊娠・出産を理由としていないことの確認 □育児・介護休業を理由としていないことの確認 □裁判員休暇を理由としていないことの確認 □裁量労働制の導入の拒否を理由としていないことの確認 □労基署への申告を理由としていないことの確認 □公益通報保護法上の通報を理由としていないことの確認 □均等法上の紛争解決援助等の申請を理由としていないことの確認	労基法19・20条、労契法16条、均等法6条、労組法7条等

項　目	内　容	法的根拠等
	□派遣法違反の通告を理由としていないことの確認 □パートタイム労働法上の紛争解決援助等の申請を理由としていないことの確認 □就業規則上の解雇事由の該当性 □客観的に合理的な理由の有無 □社会通念上の相当性の有無	
整理解雇	□人員削減の必要性の有無 □解雇回避義務の履行の有無 □解雇対象者の合理的な選定理由の有無 □労働組合のみならず、対象者への説明・手続きの妥当性の有無	4要件（4要素）
退　職	□退職届の確認 □退職理由の確認 □退職届の提出日の確認	民法627条1項
合意解約 （労働者からの申し出）	□退職願の確認 □退職理由の確認 □退職承認日の確認	
退職勧奨	□退職勧奨者の選定理由の確認 □退職勧奨の態様 □退職勧奨合意の条件の確認 □退職合意書の確認	
定　年	□定年年齢の確認 □定年退職か解雇の確認 □高年齢雇用確保措置（定年引上げ、継続雇用制度、定年廃止）の確認 □改正高年齢雇用安定法施行前の対象労働者の労使協定の有無 □定年後再雇用の職務内容と賃金等の確認	高年齢者雇用安定法8条・9条、労契法20条
雇止め	□1年の有期契約の更新回数の確認 □更新しない条項の該当の有無 □1カ月前の雇止め通告の確認 □無期契約型の該当の確認（業務内容、当事者間の言動、過去の更新手続き） □期待保護型の該当の確認（業務内容、当事者間の言動、過去の更新手続き、新卒者の採用）	労契法18条・19条・20条
傷病休職	□休職者の有無→病因および業務上の可能性の有無 □休職辞令発令の有無	労基法19条（類推適用）

項　目	内　容	法的根拠等
	□治癒・復職の判断基準の確認 □休職期間満了日の確認 □休職期間満了の場合の就業規則上の確認（解雇か退職か）	

7．労働安全衛生

項　目	内　容	法的根拠等
総括安全衛生管理者	□選任および報告の有無 □事業場において事業を統括管理する者（工場長、支店長）等の選任の有無 □安全管理者、衛生管理者等の指揮と統括管理の有無	安衛法10条、安衛則2条
安全管理者	□選任および報告の有無 □資格要件の確認 □安全に関する措置の有無	安衛法11条、安衛則4・5・6条
衛生管理者	□選任および報告の有無 □選任数の確認 □毎週1回以上の作業場の巡視の有無 □衛生状態に関する措置の有無	安衛法12条、安衛則7条・10条・11条
安全衛生推進者	□選任の有無 □衛生推進者の氏名を作業場に掲示しているかの確認	安衛法12条の2、安衛則12条の4
産業医（常時50人以上）	□選任の有無 □少なくとも2カ月に1回以上作業場を巡視しているかの確認	安衛法13条、安衛則13条・15条
作業主任者	□選任の有無 □作業主任者の氏名を作業場に掲示しているかの確認	安衛法14条、安衛則18条
統括安全衛生責任者	□選任および報告の有無	安衛法15条
元方安全衛生管理者	□選任および報告の有無	安衛法15条の2
店社安全衛生管理者	□選任および報告の有無	安衛法15条の3
安全衛生責任者	□選任および報告の有無	安衛法16条
安全委員会	□設置の有無	安衛法17条・17条

項　目	内　容	法的根拠等
	□毎月1回以上の開催の有無 □構成メンバーの適正を確認 □議事内容の記録と保管の確認 □議事録の概要を労働者に周知する体制の有無	2項、安衛則23条・23条3項・23条4項
衛生委員会	□設置の有無 □毎月1回以上の開催の確認 □構成メンバーが適正か否かの確認 □議事内容の記録と保管の確認 □議事録の概要を労働者に周知する体制をとっているかの確認	安衛法18条、18条の2項、安衛則23条、23条の3項、4項
健康診断	□雇入れ時の健康診断の有無 □定期健康診断の有無 □常時使用する短時間労働者への健康診断の有無 □深夜業従事者等に6カ月に1回の健康診断の有無 □海外派遣者の健康診断の有無 □再検査等の受診指導の有無 □所見のある者に対して産業医の意見の確認 □個人票は、個人のプライバシー保護を考慮して保存されているかの確認 □個人票の保存の有無（5年保管） □労基署への健康診断結果報告の有無 □ストレスチェックの実施の有無	安衛法66条・104条・66条の10、安衛則43条・44条・45条・45条の2・51条・51条の2・52条
便所の数	□男性60人以内ごとに1つの便房 □女性20人以内ごとに1つの便房 □男性30人以内ごとに1つの小便器	安衛則628条、事務所衛生基準規則17条
臥床可能な休憩室（男女別）	□常時使用する労働者数50人以上 □常時使用する女子労働者数30人以上	安衛則618条、事務所衛生基準規則21条
安全衛生教育	□雇入れ時の安全衛生教育の有無 □配置転換時の安全衛生教育の有無 □危険または有害業務に就かせる時の特別教育の有無 □特別教育の記録の保存の有無（3年） □職長教育の有無	安衛法59条・59条2項・59条3項、60条、安衛則35条・36条・38条・40条

8. パートタイム労働者

項　目	内　容	法的根拠等
雇入れ通知書	□労基法15条1項に規定する労働条件に加え、特定事項（昇給の有無、退職手当の有無、賞与の有無、相談窓口）を記載した文書を交付しているかの確認	パートタイム労働法6条、労基法15条1項
就業規則	□パートタイム労働者が適用する就業規則の有無	労基法89条
健康診断	□常時使用するパートタイム労働者に対する雇入れ時の健康診断の実施の有無 □常時使用するパートタイム労働者に対する1年に1回の健康診断の実施の有無	安衛法66条
年次有給休暇の付与	□年次有給休暇を適正に付与しているかの確認（2019年4月からは5日の付与義務）	労基法39条1項
雇用保険の加入	□31日以上の雇用見込み、かつ、週所定労働時間が20時間以上の者を加入させているかの確認 □雇入れ時に65歳以上であった者の加入手続の有無	雇保法4条・6条
社会保険の加入	□雇用契約期間が2カ月を超えるパートタイム労働者で常用的使用関係（所定労働時間および…所定労働日数が…通常の就労者の…おおむね4分の3以上）に該当する者の加入手続をとっているかの確認 □①週所定労働時間が20時間以上、②賃金月額が88,000円以上、③勤務期間が1年以上見込まれ、④従業員数が501人以上、⑤学生でない者という5要件のすべてに該当する短時間労働者の加入手続をとっているかの確認[1]	健保法3条、厚年法12条、年金機能強化法附則17条・46条
差別的取扱の禁止	□通常の労働者と同視すべき短時間労働者について、短時間労働者であることを理由として、賃金の決定、教育訓練の実施、福利厚生施設の利用その他の待遇について、差別的取扱いをしていないかの確認	パートタイム労働法9条

---

[1] 平成29（2017）年4月1日から、労使が合意した場合、500人以下でもその他の4要件を満たすことにより、被保険者として加入することができる（年金機能強化法附則17条2項、46条2項）。

項　目	内　容	法的根拠等
不合理な待遇の相違を禁止	□パートタイム労働者ということのみを理由として、正社員と待遇の相違があるかの確認	パートタイム労働法8条
教育訓練	□通常の労働者に対して実施する教育訓練であって、職務内容が同一のパートタイム労働者に対しても、これを実施しているかの確認	パートタイム労働法11条1項
福利厚生施設	□通常の労働者に対して利用の機会を与える福利厚生施設を、パートタイム労働者に対しても利用の機会を与えるように配慮しているかの確認	パートタイム労働法12条
短時間雇用管理者	□短時間雇用管理者の選任の有無（パートタイム労働者を常時10人以上雇用している場合）	パートタイム労働法17条
労働契約の無期転換	□平成25年4月1日以降、通算契約期間が5年を超えるパートタイム労働者の有無	労契法18条1項

9．派遣労働者（派遣先としての責務）

項　目	内　容	法的根拠等
派遣先管理台帳	□派遣先管理台帳の作成と保管の有無（3年間保管）	派遣法42条、派遣則36条
派遣先責任者	□派遣先責任者の選任の有無	派遣法41条
派遣労働者の属性	□派遣先を離職して1年以内の者を派遣労働者として受け入れていないかの確認	派遣法40条の9第1項
違法派遣	□適用除外業務（港湾運送・建設・警備・医療の一部）に派遣労働者を受け入れているかの確認 □派遣受入可能期間を超えて派遣を受け入れていないかの確認 □抵触日の1カ月前までに過半数労働組合等から派遣可能期間を延長するための意見聴取を行わず、引き続き労働者派遣を受け入れていないかの確認 □意見を聴取した過半数代表者が管理監督者でないかの確認 □派遣可能期間を延長するための代表者選出であることを明示せずに選出された者	派遣法40条の2・4条・24条の2

項　目	内　容	法的根拠等
	から、意見聴取を行っていないかの確認 □使用者の指名等の非民主的方法によって選出された者から意見聴取を行っていないかの確認	
時間外労働	□派遣元と派遣労働者との間で36協定締結の有無および時間外労働可能時間を把握しているかの確認	労基法32条
偽装請負	□派遣元事業主以外の労働者派遣事業を行う事業主から、労働者派遣の役務の提供を受けていないかの確認	厚労告37号、派遣法24条の2
福利厚生	□給食施設、休憩室、更衣室の利用機会を与えているかの確認	派遣法40条3項
教育訓練・能力開発	□派遣先の労働者が従事する業務の遂行に必要な能力を付与するための教育訓練について、派遣労働者に対しても実施するよう配慮しているかの確認	派遣法40条2項
苦情処理の方法	□苦情に対して、苦情処理を担当する責任者と適切かつ迅速な処理体制を図っているかの確認	派遣法40条

10. 外国人労働者

項　目	内　容	法的根拠等
就労資格の確認	□在留資格の確認が行われているかの確認 □資格外活動の場合、1週28時間を超えていないかの確認	雇対法28条、入管則19条5項
契約期間	□在留資格期間（最長5年）を超えて、労働契約を締結していないかの確認	入管法2条の2
差別的取扱	□国籍を理由として、賃金、労働時間その他の労働条件について、差別的取扱をしていないかの確認	労基法3条
研修制度	□研修制度を悪用し、安価な労働力として利用していないかの確認	最賃法4条
保険加入等	□雇用保険、労災保険、健康保険および厚生年金保険に加入しているかの確認 □保険料および所得税を正確に控除しているかの確認	外国人指針第4の4等

項　目	内　容	法的根拠等
健康診断	□雇入れ時、定期健康診断の実施の有無	安衛法66条
外国人雇用状況届	□雇い入れた場合または離職した場合のハローワークへの届け出の有無	雇対法28条
雇用労務責任者	□雇用労務責任者の選任の有無（外国人労働者を常時10人以上雇用している場合）	外国人指針第6

11. 育児・介護休業
〈育児休業〉

項　目	内　容	法的根拠等
ハラスメント防止措置	□相談窓口等の必要な体制の整備の有無	育介法25条
子の範囲の拡大	□特別養子縁組の監護期間中の子、養子縁組里親に委託されている子等も対象となっているかの確認	育介法2条1号
育児休業の延長	□育児休業の延長規定の確認 〈1歳6カ月・2歳〉	育介法5条4項
有期契約労働者の取得緩和	□取得2要件の確認 ①引き続き雇用された期間が1年以上 ②子が1歳6カ月に達するまでの間に、当該労働契約が満了することが明らかでない	育介法5条1項
子の看護休暇	□小学校就学の始期に達するまでの子が1人の場合は年5日、2人以上の場合は年10日取得できると規定されているかの確認 □負傷し、または疾病にかかった子の世話をするための他、予防接種や健康診断を受けさせるためにも取得できるよう規定されているかの確認 □半日単位で取得できるよう規定されているかの確認 □半日を所定労働時間の2分の1としていない場合は、対象となる労働者の範囲、取得の単位となる時間数、休暇1日当たりの時間数について労使協定を締結しているかの確認	育介法16条の2第2項等

項　目	内　容	法的根拠等
労使協定で子の看護休暇を取得することができないものとして定めることができる労働者の追加	□「業務の性質または業務の実施体制に照らして、1日未満の単位で子の看護休暇を取得することが困難と認められる業務に従事する労働者（1日未満の単位で子の看護休暇を取得しようとする者に限る）」の追加	育介法16条の3第2項
マタニティー・ハラスメント	□マタニティー・ハラスメントが行われないよう、雇用管理上必要な措置を講じているかの確認	育介法25条

〈介護休業〉

項　目	内　容	法的根拠等
介護休業の分割取得	□介護のための勤務時間短縮等の措置とは別に、対象家族1人につき3回、通算93日まで取得できるよう規定しているかの確認	育介法11条2項
介護休暇の取得単位	□対象家族が1人の場合は年5日、2人以上の場合は年10日取得できるよう規定しているかの確認 □半日単位で取得できる規定の有無 □半日を所定労働時間の1／2としていない場合は、対象となる労働者の範囲、取得の単位となる時間数、休暇1日あたりの時間数について労使協定を締結しているかの確認	育介法16条の5第2項
有期契約労働者の取得緩和	□有期契約労働者について、①引き続き雇用された期間が1年以上あり、②93日経過日から6カ月を経過する日までの間に、当該労働契約が満了することが明らかでないという2要件を満たせば、介護休業が取得できるように改正されているかの確認	育介法11条1項
所定外労働の制限	□介護のための所定外労働の制限についての規定の有無	育介法17条1項
介護のための所定労働の短縮等の措置	□介護休業をした日数と別に、利用開始から3年の間で2回以上の利用が可能	育介則74条の第3項

項　目	内　容	法的根拠等
労使協定で介護休暇を取得することができないものとして定めることができる労働者の追加	□「1日未満の単位で介護休暇を取得する者に限り、業務の性質または業務の実施体制に照らして、1日未満の単位で介護休暇を取得することが困難と認められる業務に従事する労働者」が追加されているかの確認	育介法16条の6第2項

12. 助成金の不正受給

項　目	内　容	法的根拠等
出勤簿・研修の内容等	□助成金申請に添付した「対象労働者の出勤簿の写し」と実際の出勤簿との相違の有無 □助成金の対象となる期間の出勤簿と業務日報等の整合性の確認 □助成金の対象となった労働者の各種保険の被保険者資格取得確認通知書の有無 □助成金の対象となる教育訓練の内容と対象者の整合性の確認 □高額な額面の領収書の整合性の確認	詐欺罪（刑法246条）

項　目	内　容	法的根拠等
セクシュアルハラスメントに関する事項	□セクハラ行為の有無 □懲戒処分の有無 □発生の防止・相談体制の有無	均等法11条
パワーハラスメントに関する事項	□パワハラ行為の有無 □懲戒処分の有無 □発生の防止・相談体制の有無	労契法5条
内部通報制度	□内部通報制度の有無 □内部通報責任者 □通報窓口の有無 □通報があった場合の手続フロー	公益通報者保護法

図表1-8　人および人事全般

【人および人事全般の調査項目（詳細）】
1．経営理念・人事理念等

項　目	内　容	目的・ポイント
企業プロファイル	□会社の概要 □業界での位置付け □ビジネスモデル □企業の沿革、歴史 □過去5年間のM＆A、リストラ、労働条件の大幅変更の有無と経緯 □過去5年間の労働紛争・訴訟の有無 □著作権等の帰属の明確化 □会社の業績推移 □SWOT分析 □顧問社労士、コンサルタントの有無	・ターゲット会社の全体像を理解することは、極めて重要であり、正確な現状分析を行ううえで効果的であるため。
経営理念の文言	□経営理念の有無・明確化の確認 □創業者の理念が反映されているかを確認 □表層的で抽象的なものかを確認 □トップインタビュー	・会社に対するパッション、創業の経緯、人材観なども確認するため。
表示媒体等	□ウェブサイト、会社案内、社内報、社是、クレド □朝礼等で唱和するスローガン、訓辞	・各媒体等と合致しているかを確認するため。
人事理念	□人事理念の有無 □経営理念から派生して人事理念が作成されているかの確認 □人事理念の浸透度合い	・経営計画の実現のために人事制度が設計され、期待像が明確になっているかを確認するため。
営業ノルマ	□各部門のノルマの有無 □ノルマ未達の場合の対応	・ノルマ未達成の場合のペナルティの程度を確認するため。 ・ノルマに対するパワハラ、サービス残業等の有無を確

項　目	内　容	目的・ポイント
		認するため。
コンプライアンス	□内部通報制度の有無 □内部監査、外部監査の実施の有無と指摘事項の改善の確認	・遵法経営に対する取組姿勢を確認するため。

2．人的資源の分析

項　目	内　容	目的・ポイント
人員構成	□全体（正社員、パート労働者、出向社員、派遣社員、再雇用者、外注社員、業務委託先、役員、執行役員等）の配置 □部署別 □男女別 □年齢別 □職種別 □女性管理職比率 ※過去5年間の推移表を作成	・平均年齢が高くなるほど人件費総額が増加し、収益性が悪化する傾向があるため。 ・過剰となっている年齢層、不足している年齢層を確認し、早期退職制度や採用活動の要員計画に利用するため。 ・過去5年間の推移表から、時系列で傾向がわかり、将来の人員構成を予測することができるため。
組織図	□個人名を記入した組織図 □職務分掌規程との突合	・指示命令体系を把握し、時間外労働の発生根拠が明確になっているかを確認するため。 ・キーパーソンを確認するため。
総額人件費	□1人あたり売上高 　＝売上÷正社員数[2] □1人あたり付加価値高 　＝付加価値高÷正社員数 □1人あたり人件費[3] 　＝人件費÷正社員数 □1人あたり営業利益高 　＝営業利益÷正社員数	

2　短時間労働者や派遣労働者がいる場合、勤務時間を正社員と比較して、0.3人や0.7人などとしてカウントする。
3　役員報酬、派遣社員への費用を含む。

項　目	内　容	目的・ポイント
	□売上高対人件費率（％） 　＝人件費÷売上高×100 □労働分配率（％） 　＝人件費÷付加価値×100 ※過去5年間の推移表を作成	・自社や業界と比較し、生産性や人件費割合の高低を把握するため。 ・労働分配率が高すぎると経営を圧迫し、低すぎると社員のモチベーションに悪影響を与えるおそれがあるため。 ・過去5年間の推移表を作成すると傾向がわかるため。 ・経常利益ではなく、営業利益を指数に採用することで、本業のビジネスモデルの価値が測定できるため。
報酬水準	□賃金水準 □賞与水準 □年収水準 □退職金水準 ※過去5年間の推移表を作成	・給与水準をプロットし、厚生労働省の「賃金構造基本統計調査」のデータと自社データを比較し、特徴を把握するため。 ・過去5年間の昇給・ベースアップ・賞与の推移表を作成し、傾向を把握しておくため。 ・賞与には、企業規模や業績によりダイレクトに反映されるので、賃金とのバランスを考慮することが重要であるため。 ・賞与の支給額が特筆して高い従業員はキーパーソンである可能性が高く、逆に低い従業員はトラブルメーカーである可能性が高いため。 ・経営陣の血縁、婚姻関係にある社員を把握しておくため。 ・年収水準では、管理職と一般社員の逆転現象がなされていないか、男女差別はないか等を確認するため。

項　目	内　容	目的・ポイント
		・退職金について、一般的に社員の意識はあまり高くないので、水準が高すぎる場合には、退職金制度を見直し、退職金原資を賃金原資に振り分けたり、退職金前払い制度等を導入することを検討するため。
離職率等	□全　体 □部署別 □男女別 □年齢別 □退職理由	・離職率を部署、男女、年齢別に把握することで、ターゲット会社の問題点や課題が予想できるため。 ・過去5年間の離職率の推移表を作成すると、仮説を基礎付けることに繋がるため。 ・退職理由は、人事制度を策定するうえで貴重な情報となるので、離職票等で確認しておく必要があるため。
年次有給休暇の取得率（消化率）	□全　体 □部署ごと □男女別 □年齢別 □未消化分の年休の取扱い（買取） □時季変更権の行使の状況	・離職率とリンクさせると関連度合が認められる場合もあるため。 ・取得率が低い部署は長時間労働が行われている傾向があるので、タイムカード等を確認して、過重労働になっていないか重点的にチェックするため。 ・時効となった年休の取扱いと、買取制度がある場合は単価を確認し、年休取得の障害になっていないかを確認するため。
キーパーソン等	□ターゲット会社の強みに直結している者 □手厚い処遇を受けている者 □特殊な技能を持った者 □個人評価の高い者 □労基法41条2号の管理監督者として扱っている者	・中小企業の場合、会社の強みが属人的要素に支えられていることが多いので、キーパーソンを早期に把握し、人材流出リスクに備え、リテンション（離職防止）策を講じることを検討するた

項　目	内　容	目的・ポイント
	□出向者（給与負担や出向条件） □個人評価の低い者 □私病休職を繰り返す者 □労働者の権利を濫用的に行使する者（問題社員） □労災で休職している者 □個人特性分析	め。 • 中小企業の場合、社長との特殊な関係を持つ者もいるので、従事する業務に対して処遇が厚い者については、留意しておくこと必要があるため。 • 休職を繰り返して在籍している者を把握しておくため。 • 生理休暇が有給である場合、濫用的に行使する者の有無を把握しておくため。 • 労災により療養中の者がいる場合、その原因を把握し、職場のリスクの改善に役立てるため。 • 将来の配置転換等の検討資料とするため。

3．人事制度

項　目	内　容	目的・ポイント
基本給	【年齢給】 □60歳まで上昇し続けるタイプ □一定の年齢で昇給が止まるタイプ □一定の年齢で昇給が止まり、一定の年齢で逓減するタイプ 【勤続給】 □勤続年数に比例して上昇し続けるタイプ □一定の勤続年数で頭打ちになるタイプ 【職能給】 □範囲給[4]型テーブル □定額型[5]テーブル	• 基本給の構成要素である、年齢給、勤続給、職能給について、それぞれどのようなタイプを選択し、ピッチがどれくらいであるかを調べておくことで、基本給の再設計の参考にするため。 • 基本給が賞与や退職金の算出に組み込まれている場合、基本給の見直しには賞与および退職金の金額にも影響があることに留意しておくため。

項　目	内　容	目的・ポイント
手　当	□洗い替え[6]型テーブル □生活関連手当（家族手当、住宅手当等）の有無 □職務関連手当（役職手当、営業手当等）の有無 □業績奨励手当（目標達成手当、精皆勤手当等）の有無 □時間外手当の割増率 □各種手当の支給要件の確認と賃金台帳と突合 □年俸制の有無 □年俸者の時間外労働手当の関係の確認	・手当の支給要件から、社員に対する期待像を確認するため。 ・賃金規程で定義付けられている手当と実際に支給されている手当が合致していることを確認し、支給要件の不明な手当を抽出するため。 ・時間外労働が1カ月60時間を超えた場合の割増率や、所定休日労働と法定休日労働の割増率の設定等については、事業所により異なるため。 ・年俸対象者に対して、時間外手当の未払いが生じていることがあるため。
賞　与	□支給額の支給要件の確認	・支給額が予め確定している（基本給×○カ月等）か、支給の有無および金額がその都度決定されるか、会社の業績により支給しないことがあるかを確認するため。
退職金	□制度の有無 □支給対象者の要件の確認 □懲戒解雇時の支給の有無	・退職給付債務を算出するため（簡便法）。
人事評価	□人事評価制度と処遇および教育の連動性の確認 □考課者訓練および被考課者訓練の有無 □自己評価のフィードバックの有無 □納得性を担保するための施策の確認	・人事評価項目や基準が明確になっており、理解されているかを確認するため。 ・上司からの人事評価結果に対してどのように納得性を担保しているかを確認するため。 ・人事評価と処遇および教育

4　等級別に下限額上限額を持つ。オーバーラップ型、接続型、階差型がある。
5　等級別に一つの金額しかない。
6　評価により、毎年新しく給与が決定する。

項　目	内　容	目的・ポイント
		がどのように連動しているかを確認するため。
教育・研修度制度	□入社時・中途採用時の研修の有無 □OJTの有無 □Off．JTの有無 □管理職研修の有無 □中長期的な教育・研修制度の企画と実施の有無	・会社が行う教育訓練の内容が実態に即して有用であるかを確認するため。 ・自己研鑽の機会が与えられ、社員の成長に結びついているかを確認するため。

4．福利厚生

項　目	内　容	目的・ポイント
法定福利 （協会けんぽ以外）	□健康保険料率 □介護保険料率 □付加給付	・ディールの態様によっては、健康保険組合から脱退することがあり、保険料の自己負担額が上昇したり、また、付加給付が受けられなくなったりする場合があるので、事前に把握しておく必要があるため。
法定外福利	□企業年金 □労災上乗せ保険 □社宅制度 □従業員貸付制度・貸付残高 □従業員持ち株会制度の有無 □ストックオプション制度の有無 □その他	・恩恵的なものか否かを確認し、代替措置や廃止も含め、検討しておくため。

5．組織力測定（意識調査）

項　目	アンケートの内容
風土厚生	□人事考課と賃金システム整合性 □福利厚生の満足度 □休日休暇問題 □職場の雰囲気 □労使慣行

項　目	アンケートの内容
人間関係	□チームワーク □職場の意欲と活気 □コミュニケーション □管理者のマネジメント能力 □採用と人員充足 □定着性
職務遂行	□社員の能力発揮度 □意欲充実度 □目標達成力 □業務実行力と方法 □仕事への姿勢
組織構造	□企業理念 □仕事の能力発揮度合 □仕事の流れ □任務の理解 □目標方針の明確さと浸透度 □他部門との連係
会社への評価	□会社への帰属感 □組織改善への必要性

6．取締役

項　目	内　容	法的根拠等
取締役規程等	□取締役規程の有無 □役員報酬の総枠額・決定方法 □役員賞与の支給方針・支給状況 □取締役の任期の確認 □職務権限 □役員退職慰労金制度の有無・支給状況	会社法332条1項
取締役会	□取締役会の開催の有無 □議事録の作成と保管（10年）の有無 □出席取締役の議事録への署名の有無	会社法369条3項、 会社法371条1項
兼務取締役	□兼務取締役を労基法上の労働者としているかの確認	昭和23年3月17日基発461号

7．労働組合

項　目	内　容	法的根拠等
労働組合員数	□全体の労働者の半数以下 □全体の労働者の半数超え 4 分の 3 未満 □全体の労働者の 4 分の 3 以上 □労働組合員名簿	労組法17条
団体交渉	□団体交渉の場所 □団体交渉の時期 □出席メンバーの確認（会社側、労働者側） □団交の開催の時間帯と平均的な所要時間	
労働協約	□労働協約の内容 □労働協約の期間 □ユニオンショップ協定の有無 □チェックオフ協定の有無（過半数組合の確認） □事前協議条項の有無 □暗黙の了解事項の有無	労組法14〜16条
不当労働行為	□組合員に対する不利益取扱いの有無 □団体交渉を拒否したことがあるかの確認 □支配介入（労組の弱体化）を図ったことがあるかの確認	労組法 7 条
労働紛争	□ストライキ、労働停止、労働遅延等の実績およびそのおそれ □労働委員会等への救済の申立ての有無とその内容	労組法27条

④　資料調査

　収集した資料に基づき、ターゲット会社の労働法制の遵守度合、人および人事全般を調査します。労働法制の遵守度合を基礎づける根拠条文、裁判例、通達などを調査項目ごとに定立し、資料を当てはめてこの段階で当たりをつけ、不明な点をインタビューで確認します。

　原則として、開示された資料を信用して調査しますが、入社日、保険資格取得日、退職日、保険資格喪失日の重要な情報については、それぞれ、労働者名簿、タイムカード、各保険資格確認通知書を突合して整合性を確認しておくとよいでしょう。

なお、リクエストした資料がそもそも存在しない場合には資料が存在しない理由をインタビューで確認しておき、調査ができない場合には調査未了である旨レポートに記載します。

⑤　QAシートの作成・回答依頼

開示された資料をもとに資料を検討し、問題となる点を整理しておき、ターゲット会社の担当者へインタビューすることになります。ここでは、インタビューの前に、質問票（質問日、質問者、質問事項、回答日、回答者、回答内容）を作成・送付し、書き込み・返信してもらっておくことがポイントです。返信の内容によっては追加質問が必要となることがあるので、それも考慮し、スケジューリングしておきます。

なお、資料の検討が進んだ後にインタビューすることが多いように見受けられますが、ケースによっては、早い段階で概括的なインタビューの機会を設け、全体像を把握した後、資料を検討し、詳細なインタビューを再度行うこともあります。

⑥　インタビュー

インタビューでは、詰問口調は言語道断です。質問と異なる回答であったり、法的に問題があるような回答であったりしても話の腰を折らず、問題を指摘するようなことは絶対に避けるべきです。

また、インタビューの回答内容については、M＆A取引終了後、担当者がどのように回答していたかが、重要な問題となることがあるので、できるだけ記録化し、可能であれば録音することも必要でしょう。

⑦　DDレポートの作成・報告

人事DDの報告は、通常、他のDD報告とあわせて、依頼者への説明会で行われます。ケースによっては、中間報告会が開催され、他の

DDと情報の共有化がなされ、追加する調査項目を決定し、最終報告会を行うこともあります。報告書（**図表1－9**）には、特に形式はありませんが、経営者が迅速に意思決定できるよう、図や表を活用するとよいでしょう。なお、報告者には、ここで示された人事上の問題について、解消策等の意見を求められることもあります。

図表1－9　報告書の例

年　月　日

人事デューデリジェンス報告書

株式会社□□□□　御中
　　　　　　　　○○社会保険労務士事務所
　　　　　　　　　調査担当社会保険労務士　○○○○
　　　　　　　　　調査担当社会保険労務士　○○○○

　株式会社□□□□の人事デューデリジェンス業務が完了いたしましたので、ご報告いたします。なお、当該報告書は基準日における開示された資料等をもとに作成いたしましたが、調査期間も限られていたことから、追加調査を行った場合に指摘した以外の事項についても、労働法制に抵触する事項があり得ることを否定するものではありません。

1．違法事項等

	違反事項等	抵触する法律等
1	就業規則の周知	労働基準法106条1項 労働契約法7条、10条

| 2 | 就業規則の相対的必要記載事項の漏れ | 労働基準法89条3号の2 |

2．調査結果の根拠
① 労働基準法上の周知
　就業規則の周知については、労働基準法上の労基法106条1項で「就業規則を見やすい場所に掲示し、または備え付けること、書面で交付することその他厚生労働省令で定める方法によって、労働者に周知させなければならない。」…ます。
② 労働契約法上の周知
　労働契約法7条および10条の「周知」は、労働契約法上の効力の有無という契約法的観点から求められるものであるため、労働基準法で定める周知に限らず…います。
③ 就業規則の相対的必要記載事項
　就業規則には、必ず記載しなければならない絶対的必要記載事項と、…あります（労働基準法120条1号）。

以上

3　人事DDの反映

　人事DDの結果、問題が発見された場合、①ディールブレイク（取引中止）、②スキームの変更、③取引価格の減額、④実行の前提条件の設定、⑤実行前の義務の設定、⑥表明保証、⑦取引成立後の義務などの方法により対応することになります。

① **ディールブレイク（取引中止）**

　人事DDの結果、労働法制上、多くの事項に違法性が認められた

り、アセスメントツールのデータから期待した人材が確保できないことが判明したり、組織の再編に労働組合から強い反発が予想されたりする場合には取引のメリットよりもデメリットのほうが大きいので、取引自体を中止することもあります。

② スキームの変更

労働者と使用者の関係は労働契約関係であり、採用するスキームにより当該労働契約の権利義務は次のようになります**(図表1－10)**。したがって、人事上の問題を縮減または排除して、リスクを回避するため当初の予定スキームを変更することがあります。例えば、合併のスキームを予定していたところ、賃金水準を含め、労働条件の格差が統合できないため、合併のスキームを諦め、対象となる労働者から個別同意を取り付け、スキームを事業譲渡に変更することで、新たな労働条件で雇用することが可能になります。

図表1－10　スキーム別の労働契約上の権利義務関係の移転

スキーム	労働契約の権利義務
合　　併	包括承継（すべて承継）
会社分割	部分承継（対象となる事業に従事する労働者のみ）
事業譲渡	特定承継（原則非承継）
株式譲渡	包括承継（すべて承継）

③ 取引価格の減額

人事DDの結果、労働法制を遵守するために発生する費用（例えば、社会保険の未加入・延滞金、安衛法上義務付けられている健康診断や産業医の採用等に係るもの）が認められた場合には、当初の評価額の前提条件が崩れ、高値掴みをするおそれがあります。このため、当初の取引見込価格から新たに発生する費用を控除して取引価格の合理性を改めて検証する必要があり、当該費用が巨額になる場合、買主

は取引価格の減額を提示することになります。なお、発生する費用が少額である場合は、買主で引き取り、取引価格を減額しない場合もあります。

④ 実行の前提条件の設定

実行日までに労働法制に抵触する項目や取引を阻害する事項が解消されていなければ買収金額の支払義務を負わないものとして、取引から安全に離脱する選択肢を確保するために、実行の前提条件を定め、契約成立の条件とすることがあります。

例えば、労働組合と会社再編時等の事前協議条項の規定が発見された場合、取引がブレイクするおそれがあるので、労働法制に則った方法により、当該労働協約を解除することをクロージングの前提条件の条項として設けることで、合法的かつ迅速な取引を担保することが可能となることが考えられます。

⑤ 実行前の義務の設定

発見された問題の解消を前提条件に規定するのみでは、買主は取引から撤退するしか選択肢がないため、売主が自発的な問題の解消に消極的であった場合、ＤＤ等に費やしたコストが無駄となるので、これを回避するため実行前の義務を設定することがあります。

例えば、民主的な方法で選出されていない者との間で時間外労働に係る労使協定を締結していた場合、労使協定の免罰的効果が認められないので、将来、使用者となる買主は労基法違反として処罰の対象になるおそれがあります。したがって、「労働法制に則った形で時間外労働に係る労使協定を締結し、管轄の労基署へ届け出ること」をクロージングまでの義務として条項に設けることで、取引成立後には、すでに労働法制に抵触する事項を排除することが可能になります。

⑥ 表明保証

　表明保証とは、売主が契約締結日や取引実行日など特定の時点において、リスクに該当する事実が存在しない旨を表明し、保証することをいいます。期間や費用上の制約で完全なＤＤが困難であった事項については、会社法上、役員に求められる注意義務を果たすという意味でも、売主に労働法制に抵触する人事マネジメントを行っていない旨、表明保証させておくべきでしょう。

⑦ 取引成立後の義務

　取引成立後も重要な前提条件を維持するため、売主に対して取引成立後の義務を負わせ、履行請求や損害賠償請求を可能にする場合もあります。

　例えば、取引成立後もキーパーソンを社内に留めるため、リテンションの策定に協力する義務を負うことを条項に追加したり、また、キーパーソンが一定の期間内に退職したりする場合、買主が被る損害として、あらかじめ決めていた額を売主に支払う義務を負わせる旨、条項に追記することで、ＰＭＩ後のリスクを回避することが考えられます。

4　行政機関による調査

　ところで、労働法制の遵守度合については、行政指導により、不備を指摘されることがあります。使用者の労基法等の労働法制違反について、労働者の立場からは、事前に防止されることが理想であり、かつ、違反が行われている職場では早急に改善する必要があります。そこで、労働基準監督署（以下、「労基署」という）による監督制度が設けられ、必要に応じて労働基準監督官（以下、「監督官」という）が事業所に立ち入り、労基法等違反の有無を確認し、違反事項があれば、使用者にその旨を伝え、是正を促しています（これを「是正勧

告」という)。臨検監督を行った結果、監督官は労基法等の違反がある場合には「**是正勧告書**」を、労基法違反はないが改善が望ましい場合には「**指導票**」を、安衛法に抵触し、危険な場合には施設設備の「**使用停止等命令書**」をそれぞれ交付します。

　ターゲット会社において、是正勧告を受けていた場合には、その内容をＤＤの段階で把握し、指摘事項がどのように改善されたのか「**是正報告書**」で確認しておきます。

　また、労働法制の遵守度合の調査については、労基署のみならず、労働局でも行います。労基署の臨検では、労基法、安衛法および最賃法の違反の有無を調査しますが、労働局の雇用環境・均等室の調査では、男女雇用機会均等法、育児介護休業法、そしてパートタイム労働法の遵守度合（特に法改正の部分）を中心に調べます。

　調査対象となる企業は、一定規模以上の事業所であり、一般的に職員が事業所を訪問して調査を実施しますが、法改正があった場合、集団指導という形式で労働局に事業所の担当者を呼び出して実施することもあります。

　某労働局の場合、事前に事業所に「報告徴収ヒアリング票」**(図表1－11)** が送付され、職員が事業所を訪問します。「報告徴収ヒアリング票」の回答をもとに調査が行われ、必要に応じて資料（規則・労働条件通知書等）のコピーを回収されることがあります。なお、違反事項があるにもかかわらず是正しない場合には、「**是正指導書**」が交付され、指定された期日までに、是正報告書とその根拠資料等を均等室に報告することになります。是正報告をしない場合、「**勧告書**」が交付され、それでも是正報告を怠ると厚生労働大臣による対応になり、企業名公表という制裁を受けることがあります **(図表1－12)**。

図表1-11　報告徴収ヒアリング票

報告徴収ヒアリング票

平成　　年　　月　　日現在

1　事業所の概要

事業所名			事業開始	昭和・平成　年　月　日		
所在地	〒 TEL FAX		(本社所在地) 〒 TEL FAX			
事業内容			事業所数	カ所（うち県外　　カ所）		
代表者職・氏名			労働組合の有無	有・無	短時間労働者の加入 有・無	

労働者数	正社員 「短時間正社員」の制度はありますか？→有・無		正社員以外の労働者				総　計
			短時間労働者		フルタイムの労働者		
	男	女	男	女	男	女	
企業全体							人
当該事業所							人

※1　「短時間労働者」とは、1週間の所定労働時間が正社員の所定労働時間に比べて短い労働者です（パート、嘱託など呼称は問いません）
※2　「労働者」には、派遣労働者、請負等の雇用関係のない者は含まれません。

★就業規則、労働条件通知書、会社概要、組織図などありましたらご用意ください。

パートタイム労働者の雇用管理に関しての方針や
特に取り組まれていることがあればご記入ください

当局記入欄

2 短時間労働者の雇用の状況（当該事業所の状況についてご記入ください。）

職種名	人数（男／女）	契約期間	1週間の労働時間	同じ職種への正社員の配置の有無	同じ職種の正社員の1週間の労働時間
（記入例）販売	（5／12）	有（1年間）・期間の定めなし	30時間	有・無	40時間
	（　／　）	・有（　　　）・期間の定めなし	時間	有・無	時間
	（　／　）	・有（　　　）・期間の定めなし	時間	有・無	時間
	（　／　）	・有（　　　）・期間の定めなし	時間	有・無	時間
	（　／　）	・有（　　　）・期間の定めなし	時間	有・無	時間
	（　／　）	・有（　　　）・期間の定めなし	時間	有・無	時間

➡ 有りの場合は下に

3 短時間労働者と正社員との職務の内容について

＊短時間労働者と正社員が従事している業務内容が比較できるようできるだけ具体的に記入してください。

＊職種が2つを超える場合は裏面に記入してください。

短時間労働者及び正社員が従事しているそれぞれの業務について、主要な業務、主だった業務に○をつけてください。（○はいくつでも）

職種名	職務の内容	短時間労働者	正社員
[記入例] 販売	1）接客	○	○
	2）品出し	○	○
	3）商品の陳列	○	○
	4）クレーム処理（一般的）		○
	5）レジ	○	○
	6）発注		○
	7）在庫管理		○
	8）売り場のレイアウト変更		○
	仕事に関する目標やノルマの設定		○

職種名	職務の内容	短時間労働者	正社員
	仕事に関する目標やノルマの設定		

職種名	職務の内容	短時間労働者	正社員
	仕事に関する目標やノルマの設定		

職種名	職務の内容	短時間労働者	正社員
	仕事に関する目標やノルマの設定		

職種名	職務の内容	短時間労働者	正社員
	仕事に関する目標やノルマの設定		

職種名	職務の内容	短時間労働者	正社員
	仕事に関する目標やノルマの設定		

4 雇用管理の状況

以下の資料をご用意ください

労働条件の文書交付	・行っている　・行っていない ↓　昇給の有無についての記載 　　退職手当の有無についての記載 　　賞与の有無についての記載 　　相談窓口についての記載	有　無 有　無 有　無 有　無	直近に交付した**労働条件通知書等（写）**、雇入れを行っていない場合はひな形を添付
賃金等の決定方法	①賃金の決定方法 （決定にあたっての考慮している要素について該当するものすべてに○をつけてください。）　　　　　短時間労働者　正社員 　　　　職務内容 　　　　成　果 　　　　意　欲 　　　　能　力 　　　　経　験 　その他（　　　　　　　　） ②賞与の決定方法 　　正社員と同じ　　正社員と異なる　　支給していない ③役職手当の決定方法 　　正社員と同じ　　正社員と異なる　　支給していない		**就業規則**、賃金規程等関係の資料添付

		短時間労働者 (「有」の場合職種名も)	正社員	以下の資料を ご用意ください。
雇用管理の 状況	・転勤の有無	有（　　　　　） 無	有・無	就業規則、賃金 規程等関係の資 料添付
	・職務の変更に伴う配 置換えの有無	有（　　　　　） 無	有・無	
	・昇進（役職への登用） の有無	有（　　　　　） 無	有・無	
教育訓練	正社員と同様に実施 している……………◎ 実施している………○ 実施していない……×	仕事に必要な能力付 与のための教育訓練	それ以外の教育訓練	教育訓練資料添 付 内容、参加者名 簿等
	正社員			
	正社員と職務内容が 同一の短時間労働者			
	正社員と職務内容が 異なる短時間労働者			
福利厚生 施設の利用	①正社員と同様に利用できる　②利用できない ③利用できるが正社員と同様ではない 　　③の場合どのように行っていますか 　　[　　　　　　　　　　　　　　　　　　]			「福利厚生施設」 とは、給食施 設・休憩室・更 衣室等を指しま す
正社員への 転換措置	①措置を講じている　　②措置を講じていない 　　①の場合、次のどれに該当しますか 　　[　イ．正社員募集の際、その内容を雇用している短時間労働者に 　　　　周知している 　　　ロ．正社員社内公募の際、雇用している短時間労働者に応募の 　　　　機会を与えている 　　　ハ．正社員への転換制度を就業規則等に規定している 　　　ニ．その他上記以外（内容を下に記入してください） ＊正社員への転換実績　　有　（過去1年間の転換実績　　　　人） 　　　　　　　　　　　　無			資料添付 転換制度概要 求人案内 社内公募時の応 募要領
パートタイム労 働者を雇入れ （契約更新も含 む）した時の事 業主が講ずる措 置の説明	①説明している　　②説明していない 　　①の場合、次のどれに該当しますか 　　イ．労働条件通知書等を交付するときに説明している 　　ロ．雇入れ時の説明会などの機会に説明している 　　ハ．説明すべき事項をもれなく記載した文書を交付している 　　ニ．その他（内容を下に記入してください） 説明している事項について○をつけてください 　　イ　待遇の差別的取扱いの禁止　ロ　賃金の決定方法 　　ハ　教育訓練の実施　　ニ　福利厚生施設の利用 　　ホ　正社員への転換を推進するための措置			就業規則、人事 担当者マニュア ル（説明事項一 覧等）、説明会 の説明メモ（説 明事項一覧等）
パートタイム労 働者から採用 後、待遇につい て説明を求めら れたとき	①説明している　　②特に説明していない ③説明を求められたことがない 　　①の場合どのような例がありましたか　②の場合なぜですか 　　[　　　　　　　　　　　　　　　　　　　　　　　　]			

		以下の資料を ご用意ください。
相談体制の 整備	パートタイム労働者からの苦情を含めた相談に応ずる窓口等の体制を整備し、パートタイム労働者に相談窓口を文書の交付などにより明示していますか ①相談のための体制を整備している　②相談のための体制は未整備 　　　↓ 　　相談窓口：部署名 　　　　　　担当者職氏名	就業規則、相談 窓口設置要領、 相談窓口担当者 マニュアル等
就業規則の 意見聴取	パートタイム労働者に適用される就業規則を整備していますか ①正社員に適用する就業規則を一部流用している ②パートタイム労働者用の就業規則を整備している ③就業規則は整備していない ①、②の場合、就業規則の作成・変更時に短時間労働者の過半数を代表すると認められている者の意見を聞いていますか 　イ　短時間労働者の過半数を代表するものからも意見を聞いている 　ロ　短時間労働者の過半数を代表するものから聞いていない	
短時間雇用管理 者の選任	短時間雇用管理者を選任していますか 　①選任している（職：　　　　　　氏名：　　　　　　） 　②短時間労働者が10人以上だが選任していない 　　⇒新たに選任（職：　　　　　　氏名：　　　　　　） 　③短時間労働者が10人未満のため選任していない	

5　男女労働者の雇用管理の状況
1．募集・採用
(1) 新規学卒者

(人)

募集・採用状況		平成　年　月採用				平成　年　月採用				平成　年　月採用			
募集・採用区分		募集人数	応募者数	採用者数	採用者に占める女性比率	募集人数	応募者数	採用者数	採用者に占める女性比率	募集人数	応募者数	採用者数	採用者に占める女性比率
	男												
	女				％				％				％
	男												
	女				％				％				％
	男												
	女				％				％				％

＊募集・採用区分の例：「四大卒・営業」「高卒・事務」等
＊募集・採用区分ごとに採用年月が異なる場合は、過去3回分について記入し、欄外等に採用年月をご記入ください。

(2) 中途採用者(過去1年間の実績) ＊正規社員についてお書きください。

(人)

募集・採用区分		転勤要件	募集人数	応募者数	採用者数	採用者に占める女性比率
	男性	有・無				
	女性					％
	男性	有・無				
	女性					％

2．配置
(1) 配置転換の実施状況(過去1年間の正規社員の実施状況)

配置転換の方針や慣行の有無	有・無

(人)

区分	事業場内配置転換	事業場間配置転換	うち、転居を伴うもの
男性			
女性			

(2) 労働者全体の現在の配置状況

(人)

職務名								
正規	男性							
	女性							
非正規	男性							
	女性							

＊職務名の例：「営業事務」「営業外勤」「技術現業」「研究」「総務」等、部署、コース区分が同じであっても職務内容が異なる場合は異なる職務としてご記入ください。

(3) 現在、女性又は男性が就いていない、又は少ない職務について

女性がいない・少ない職務名		≪女性がいない・少ない理由≫
男性がいない・少ない職務名		≪男性がいない・少ない理由≫

3. 昇進・昇格
(1) 職能資格等級別人数等

(人・( ) 内は年数)

資格名称	【例】L	L					
等級	1等級	2等級					
役職：分布状況	←　リーダー　→						
昇格要件 (例) 人事考課、試験、転勤経験 要件等							
在籍者数　男性	(～)	(～)	(～)	(～)	(～)	(～)	(～)
在籍者数　女性	(～)	(～)	(～)	(～)	(～)	(～)	(～)
管理職 (課長相当職以上) に占める女性 (正社員について)				人		％	

＊職能資格制度とは、労働者を職務能力により決定される資格等級（職能資格等級）によって格付けし、その資格等級を基準として労働者間の序列・地位を確立し、それに基づいて人事管理を行っている制度です。該当しない場合はご記入いただかなくて結構です。
＊「昇格要件」については、定めがある場合、資料添付でも構いません。
＊(～)には、「在職者の勤続年数の幅」として、勤続年数の最長と最短についてご記入ください。

(2) 役職別人数

(人 ( ) 内は年)

役職名						
昇格要件 (例) 人事考課、試験、転勤経験 要件など						
在籍者数　男性	(～)	(～)	(～)	(～)	(～)	(～)
在籍者数　女性	(～)	(～)	(～)	(～)	(～)	(～)
管理職 (課長相当職以上) に占める女性 (正社員について)			人		％	

＊「昇格要件」については、定めがある場合資料添付でも構いません。
＊(～)には、「在職者の在勤年数の幅」として、勤続年数の最長と最短をご記入ください。
＊短時間労働者など非正規社員については、制度がある場合、同様に別紙にご記入ください。

(3) 女性管理職がいない・少ない場合

≪女性管理職がいない・少ない理由≫

4．定年・退職・解雇（過去1年間の状況）

(人)

		定年	退職					解雇
			結婚	妊娠・出産	育児	介護	その他	
正規	男性							
	女性							
非正規	男性							
	女性							

＊有期契約労働者についてはご記入いただかなくて結構です。

5．ハラスメント防止対策について
以下について、該当するものに○をつけ、具体的な方法を記入してください。

		セクシュアルハラスメント防止対策	妊娠・出産・育児休業・介護休業等に関するハラスメント防止対策
ハラスメント防止対策を計画的に講じていますか。	・対策の方法	就業規則・チラシ・その他（　　）	就業規則・チラシ・その他（　　）
	・措置の内容	防止の方針・ハラスメントの内容	防止の方針・ハラスメントの内容
		対処の方針・対処内容	対処の方針・対処内容
		プライバシーの保護	プライバシーの保護
		不利益取り扱い	不利益取り扱い
	非正規社員や派遣社員にも措置を講じていますか。	いる・いない	いる・いない
相談窓口を設け、周知していますか。		いる・いない	いる・いない
業務体制の整備など労働者の実情に応じた必要な措置の実施			いる・いない／妊娠をした女性はいない
過去に事案がありましたか。		有・無	有・無
ハラスメント全般の相談に一元的に対応できるような措置を講じていますか。		いる・いない	

6．母性健康管理に関する措置について
以下について、該当するものに○をつけてください。

区　分	制度に関する規定の有無	申出・利用の有無
妊産婦が保健指導又は健康診査を受けるための時間の確保（通院休暇）	有・無	有・無
妊娠中の通勤緩和（時差出勤、勤務時間短縮、交通手段や経路の変更等）	有・無	有・無
妊娠中の休憩に関する措置（休憩時間延長、回数増加、時間帯の変更等）	有・無	有・無
妊娠中又は出産後の症状に対応する措置（作業制限、勤務時間短縮、休業等）	有・無	有・無
労働者から母性健康管理指導事項連絡カードの提出	有・無	
妊娠・出産で退職した労働者	有・無	

6 育児・介護関係の制度について　以下について、該当するものに○をつけてください。

区　　分	育児休業制度	介護休業制度	子の看護休暇の制度
就業規則等への規定の有無	有　・　無	有　・　無	有　・　無
利用者数 （過去1年間）	男性（　　　）人 女性（　　　）人	男性（　　　）人 女性（　　　）人	男性（　　　）人 女性（　　　）人

区　　分	介護休暇の制度	育児のための 短時間勤務制度	介護のための勤務時間の 短縮等の措置
就業規則等への規定の有無	有　・　無	有　・　無	有　・　無

区　　分		育児・介護のための 所定外労働の制限の制度	育児・介護のための 時間外労働の制限の制度	育児・介護のための深夜業 （夜10時から翌朝5時まで） の制限の制度
		所定外労働が 　　有　・　無	時間外労働が 　　有　・　無	深夜業が 　　有　・　無
就業規則等への規定の有無	育児	有　・　無	有　・　無	有　・　無
	介護	有　・　無	有　・　無	有　・　無

図表 1－12　男女雇用機会均等法違反事案の指導の流れ

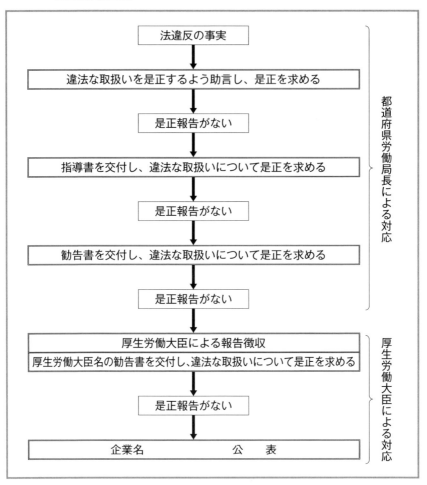

出所：厚生労働省「男女雇用均等法第30条に基づく公表について～初めての公表事案、妊娠を理由とする解雇～」を一部編集

第1章の参考文献

- 江頭憲治郎著 『株式会社法［第7版］』（有斐閣）
- 水町勇一郎著 『労働法［第7版］』（有斐閣）
- 菅野和夫著 『労働法［第11版補正版］』（弘文堂）
- 社会保険労務士法人野中事務所編 『M＆Aの人事デューデリジェンス』（中央経済社）
- 社会保険労務士法人野中事務所編 『M＆Aの労務デューデリジェンス［第2版］』（中央経済社）
- 特許庁 「知的財産デュー・デリジェンス標準手順書および解説」
- 山本紳也著 「コンサルタントが見た組織再編と人事の役割 －組織再編に不可欠なHRデューデリジェンス（人事精査）」日本労働研究雑誌 2008年1月号（No.570）

第2章

労働法制の遵守度合の報告書例

　本章では、人事DDの調査対象のひとつである「労働法制の遵守度合」に関する主な調査事項について、事例をあげて、事例に係る規範・ルール等を定立し、ターゲット会社に当てはめた報告書例を紹介します。なお、ここにあげた報告書例はあくまでも参考例ですから、実務では個別案件の特徴に応じて工夫して対応してください。

I 法定三帳簿・雇入通知書・労使協定

1 事 例

ターゲット会社のA社(正社員5名、パート9名)の帳票を確認したところ、次のような不備がありました。
① 賃金台帳に記載された労働時間とタイムカードの労働時間が異なっており、1日30分未満の労働時間を切り捨てて集計した労働時間が賃金台帳に記載されていた。
② 雇用契約書は締結していたが、雇入通知書を交付していなかった。
③ 時間外労働に係る労使協定を締結するにあたり、正社員5名の挙手で労働者の過半数代表者を選出していた。

2 規範・ルール等の定立

人事DDでは、**法定三帳簿(賃金台帳、出勤簿、労働者名簿)**が最重要資料です。労基法上、使用者には帳票の調製を義務付けていますが、法定記入事項の漏れがあったり、労働時間の改ざんを行っていたり、そもそも調製していなかったりと、これらをずさんに管理している企業は、もともと遵法経営の意識が低く、その他の労働法制上の違反事項も見られるケースが多いです。

(1) 賃金台帳

賃金台帳等については、労基法108条で使用者に調製することを義務付け、同法施行規則54条1項で掲げる次の事項の記載を課しています。

> 第2章　労働法制の遵守度合の報告書例
> Ⅰ　法定三帳簿・雇入通知書・労使協定

> 一　氏　名
> 二　性　別
> 三　賃金計算期間
> 四　労働日数
> 五　労働時間数
> 六　法第33条もしくは法第36条第1項の規定によって労働時間を延長し、もしくは休日に労働させた場合または午後10時から午前5時（厚生労働大臣が必要であると認める場合には、その定める地域または期間については午後11時から午前6時）までの間に労働させた場合には、その延長時間数、休日労働時間数および深夜労働時間数
> 七　基本給、手当その他賃金の種類ごとにその額
> 八　法第24条第1項の規定によって賃金の一部を控除した場合には、その額

　賃金台帳の調製を必要とする理由は、国の監督機関が各事業場の労働者の労働条件を随時たやすく把握することができること、および労働の実績と支払賃金との関係を明確に記録することによって、使用者のみならず労働者にも労働とその対価である賃金に対する認識を深めさせることにあります。そのために、同法施行規則55条で、賃金台帳の記入様式は常時使用される労働者は施行規則の様式第20号**（図表2－Ⅰ－1）**、日々雇入れられる者（1カ月を超えて引き続き使用される者を除く）については、施行規則の様式第21号[7]**（図表2－Ⅰ－2）**で調製することを義務付けています。

---

[7]　1カ月以内しか使用しない日雇労働者については、賃金台帳に賃金計算期間を記入する必要はない。

図表2-Ⅰ-1　賃金台帳様式第20号

様式第20号（第55条関係）

賃　金　台　帳（常時使用される労働者に対するもの）

氏名	性別	賃金計算期間	労働日数	労働時間数	休日労働時間数	早出残業時間数	深夜労働時間数	基本賃金	所定時間外割増賃金	手当		小計	臨時の給与	賞与	合計	控除金		実物給与

記載心得
　一　氏名は当該事業場で使用する労働者番号をもつて代えることができる。
　二　残業又は休日労働が深夜に及んだ場合には、深夜の部分の残業労働時間数を深夜労働時間数の欄にも記入すること。
　三　実物給与の欄には、当該賃金計算期間において支給された実物給与の評価額をその種類ごとに記入すること。

図表2-Ⅰ-2　賃金台帳様式第21号

様式第21号（第55条関係）

賃　金　台　帳（日日雇い入れられる者に対するもの）

支払月日	氏名	性別	労働日数	労働時間数	早出残業時間数	深夜労働時間数	基本賃金	賃金所定時間外割増	手当		合計	控除額	実物給与

記載心得
- 一　残業又は休日労働が深夜に及んだ場合には、深夜の部分の残業労働時間数を深夜労働時間数の欄にも記入すること。
- 二　実物給与の欄には、当該賃金計算期間において支給された実物給与の評価額をその種類ごとに記入すること。

この様式については、法定必要記載事項を具備しさえすれば、横書き、縦書き、その他異なる様式を用いることも差し支えありません（労基則59条の2）。なお、管理監督者などの労基法41条の各号に該当する労働者については、労働時間数、延長時間数、休日労働時間数を記載する必要はありません[8]（労基則54条5項）。また、年次有給休暇権を行使した際の賃金台帳の記載については、年次有給休暇手当を支払った場合には賃金台帳の手当欄に「年次有給休暇手当」として記入すること（昭和22年12月26日基発573号）、年次有給休暇の期間における日数、時間数は、実際に従事した日数および労働時間数とみなしてそれぞれ様式該当欄に記入し、その日数および時間数をそれぞれ該当欄に別掲し括弧で囲み、宿日直勤務については、手当欄に宿直手当または日直手当として記入し、おのおのその回数を括弧で囲んで金額欄に付記するよう要請しています（昭和23年11月2日基収3815号）。

　特に「労働時間数」については要注意です。毎月、各自の労働時間を集計する必要があり、事務も煩雑であることから、記載漏れが多いのみならず、事例のように1日1時間未満の労働時間を削除している場合では、賃金台帳記載の労働時間数と出勤簿（タイムカード）記載の労働時間数が異なる例も見受けられます。賃金台帳記載の労働時間が出勤簿記載の労働時間よりも短い場合、時間外労働等の未払賃金が生じている可能性もあるので、労基法上記載事項の有無を確認するのみならず、これらを突合して不当に労働時間が削除されていないかを確認する必要があります。

（2）出勤簿

　出勤簿（または、タイムカード）については、備え付け義務を直接

---

[8] 労基法41条に該当する労働者については、深夜割増賃金の対象となるので、当該労働者が深夜業をした場合、深夜労働時間数は賃金台帳に記入するよう指導される（昭和23年2月3日基発161号）。

課している労基法上の条文はありません。しかし、労基法上、労働時間、休日、深夜業等について規定を設けていることから、使用者が労働時間を適正に把握するなど適切に管理する義務を有していることは明らかです。厚生労働省では、労働時間の把握に係る自己申告制（労働者が自己の労働時間を自主的に申告することにより労働時間を把握するもの）の不適正な運用に伴い、割増賃金の未払いや過重な長時間労働といった問題が生じることのないよう、平成29年1月20日に新たに「労働時間の適正な把握のために使用者が講ずべき措置に関するガイドライン」を発出しました（基発0120第3号）。

　新ガイドラインでは、着替え等の準備行為に要する時間や、いわゆる手待時間、使用者の指示による研修・学習等の時間など、使用者の指揮命令下に置かれていると評価できる時間を労働時間として取り扱うべき旨新たに記載されました。また、自己申告した労働時間を超えて事業場内にいる時間について、その理由等を労働者に報告させる場合には、当該報告が適正に行われているかについて確認し、休憩や自主的な研修、教育訓練、学習等であるため労働時間ではないと報告されていても、実際には使用者の指示により業務に従事しているなど使用者の指揮命令下に置かれていたと認められる時間については、労働時間として扱わなければならないこと、労使協定（36協定）により延長することができる時間数を超えて労働しているにもかかわらず、記録上これを守っているように記載することが、実際に労働時間を管理する者や労働者において、慣習的に行われていないかについても確認すること等が加わりました。

（3）労働者名簿

　労働者名簿についても、賃金台帳と同様に労基法107条で使用者に調製義務を課しています。労働者名簿の記入事項については、同法同条で、労働者の氏名、生年月日、履歴の記入を要請しているほか、労基則53条1項で、①性別、②住所、③従事する業務（常時30人以上労

図表2−I−3　労働者名簿

様式第19号（第53条関係）

フリガナ		性別	
氏名			
生年月日	年　　月　　日		
現住所			
雇入年月日	年　　月　　日		
業務の種類			
履歴			
解雇・退職または死亡	年月日	年　　月　　日	
	事由		
備考			

働者を使用する事業)、④雇入れ日、⑤退職の年月日およびその事由(退職の事由が解雇の場合にあってはその理由を含む)、⑥死亡の年月日およびその原因の事項についても記入義務を課しています**(図表2－Ⅰ－3)**。なお、上記に加え、これ以外の事項を記入しても差し支えなく、表彰・制裁履歴および勤務成績履歴やマイナンバー(個人番号)等をあわせて記入していることがあります。

(4) 雇入通知書

労基法15条で、労働契約関係が成立した際に、雇入通知書の交付を義務付け、その内容については、同法施行規則5条1項で次に掲げるものとしています**(図表2－Ⅰ－4)**。

図表2－Ⅰ－4　雇入通知書に記載すべき事項

一　労働契約の期間に関する事項
一の二　期間の定めのある労働契約を更新する場合の基準に関する事項
一の三　就業の場所および従事すべき業務に関する事項
二　始業および終業の時刻、所定労働時間を超える労働の有無、休憩時間、休日、休暇ならびに労働者を2組以上に分けて就業させる場合における就業時転換に関する事項
三　賃金(退職手当および第五号に規定する賃金を除く。以下この号において同じ。)の決定、計算および支払いの方法、賃金の締切りおよび支払いの時期ならびに昇給に関する事項
四　退職に関する事項(解雇の事由を含む)
四の二　退職手当の定めが適用される労働者の範囲、退職手当の決定、計算および支払いの方法ならびに退職手当の支払いの時期に関する事項
五　臨時に支払われる賃金(退職手当を除く)、賞与および第八

条各号に掲げる賃金ならびに最低賃金額に関する事項
六　労働者に負担させるべき食費、作業用品その他に関する事項
七　安全および衛生に関する事項
八　職業訓練に関する事項
九　災害補償および業務外の傷病扶助に関する事項
十　表彰および制裁に関する事項
十一　休職に関する事項

　ただし、第一号の二に掲げる事項については期間の定めのある労働契約であって当該労働契約の期間の満了後に当該労働契約を更新する場合があるものの締結の場合に限り、第四号の二から第十一号までに掲げる事項については使用者がこれらに関する定めをしない場合においては、この限りでない。

これらの事項を雇入通知書に記載するにあたり、通達では次の点に留意するよう指摘しています。

① 期間の定めのある労働契約の場合はその期間、期間の定めのない労働契約の場合はその旨を記載する必要がある（平成11年1月29日基発45号）。
② 就業の場所および従事すべき業務に関する事項は雇入れ直後に明示すればよく、将来の就業場所や従事させる業務を併せて網羅的に明示することは差し支えない（平成11年1月29日基発45号）。
③ 当該労働者に適用される労働時間等に関する具体的な条件については明示しなければならない（平成11年1月29日基発45号）。
④ 賃金に関する事項については、就業規則の規定と併せ、賃金に関する事項が当該労働者について確定し得るものであればよい（昭和51年9月28日基発690号）。

⑤ 退職に関する事項は、退職の事由および手続、解雇の事由等を明示しなければならないが、当該明示すべき事項の内容が膨大なものとなる場合においては、労働者の利便性をも考慮し、当該労働者に適用される就業規則上の関係条項を網羅的に示すことで足りる（平成11年1月29日基発45号、平成15年10月22日基発1022001号）。

なお、パートタイム労働法6条1項では、①昇給の有無、②退職手当の有無、③賞与の有無、そして④相談窓口の有無の4つの事項については絶対明示事項とされており、違反した場合には10万円以下の過料が課されるおそれがあります。

(5) 労使協定

労基法32条で、1週について40時間、1日について8時間を超えて労働させることを禁止しており、この法定労働時間を超えて労働させた場合、使用者は6カ月以下の懲役または30万円以下の罰金に処せられるおそれがあります（同法119条1項）。ただし、労基法36条で、過半数代表者等との書面による協定をし、これを行政官庁に届け出た場合においては、第32条から第32条の5までもしくは第40条の労働時間（以下この条において「労働時間」という）または前条の休日（以下この項において「休日」という）に関する規定にかかわらず、「その協定で定めるところによって労働時間を延長し、または休日に労働させることができ」、「協定で定める労働時間の延長、または休日に労働させること」が許されることになります。つまり、当該労使協定には使用者への免罰的効果があるのです。

労使協定の労働者側の締結当事者については、過半数代表者等がなりますが、過半数代表を選出する際には、同法施行規則6条の2で「労基法41条2号の監督または管理の地位にある者でないこと」および、「投票、挙手等の方法による手続により選出された者であること」

が要請され、これら以外の者との労使協定を締結しても、当該労使協定は無効となり、免罰的効果は発生しないことになります。

また、任期を定めて従業員代表を選出し、その任期中は選出手続をとらずに、継続して従業員代表として協定の当事者になることもありますが、法は任期制を予定していないため、実務上、事業場の労働者の人数に大きな変動がなく、また従業員代表が期間の定めのある労働契約を締結している者であっても労働契約を超えて任期を定めるもの等の従業員代表の要件を欠かない限り、任期制は認められています。

一方、会社側の締結当事者については、労基法では「使用者」とのみ規定され、取締役以上の者等の具体的な要請は行われていません。この使用者については、労基法10条で「事業主または事業の経営担当者その他その事業の労働者に関する事項について、事業主のために行為をするすべての者をいう」とあることから、代表取締役のみならず、人事部長等での取締役以外の者でも構いません。なお、会社側の締結当事者として人事部長等の代表取締役以外の者が労使協定を締結する場合の使用者印については、代表取締役印を使用せず、個人印を押印することになりますが、自署の場合では押印そのものを省略することも可能です。

また、労働時間の延長できる限度について、労基法36条2項で「厚生労働大臣は、労働時間の延長を適正なものとするため、前項の協定で定める労働時間の延長の限度、当該労働時間の延長に係る割増賃金の率その他の必要な事項について、労働者の福祉、時間外労働の動向その他の事情を考慮して基準を定めることができる」とあり、次の時間を厚生労働大臣が限度時間として定めています[9]**（図表2－Ⅰ－5）**。

9 　平成10年労働省告示154号、最終改正：平成21年5月29日厚生労働省告示316号の3条。

図表2−Ⅰ−5　延長時間の限度基準

期　　間	限度時間
1週間	15時間
2週間	27時間
4週間	43時間
1カ月	45時間
2カ月	81時間
3カ月	120時間
1　年	360時間

　ただし、あらかじめ次の要件を満たした労使協定（特別条項付36協定）を締結した場合には、限度時間を超えて時間外労働を行わせることができます。

① 原則の限度時間としての延長時間を限度時間以内の時間で定めること。
② 限度時間を超えて行わなければならない「特別の事情」をできるだけ具体的に記載すること。
③ 「特別の事情」は、一時的または突発的であること。全体として1年の半分を超えないことが見込まれること。
④ 「特別の事情」が生じ、限度時間を延長する場合における労使間の手続きを、協議、通告、その他具体的に定めること。
⑤ 限度時間を超えることのできる回数を定めること。
⑥ 限度時間を超えることのできる一定の時間を定めること。
⑦ ⑥を定めるにあたり、当該時間をできる限り短くするよう努めること。
⑧ 限度時間を超える時間外労働に係る割増賃金の率を定めること。
⑨ ⑧の割増賃金の率は、法定割増賃金率[10]（2割5分）を超え

る率とするよう努めること。

　なお、時間外労働の上限については、2019年4月1日（中小企業は2020年4月1日）より、特別条項を付していたとしても、月100時間未満、2～6カ月平均で80時間以内、年720時間までとなります（運輸・建設業等の一部の業界は猶予）。

（6）記録の保存

　労基法109条では使用者に、労働者名簿等の書類を3年間保存する義務を課していますが、近い将来、賃金請求消滅時効の2年が5年に変更された場合、当該3年は5年以上に延長されることが予想されます。なお、この3年の起算日については、書類により異なり、労基則56条では次のように定めています。

一　労働者名簿については、労働者の死亡、退職または解雇の日
二　賃金台帳については、最後の記入をした日
三　雇入れまたは退職に関する書類については、労働者の退職または死亡の日
四　災害補償に関する書類については、災害補償を終った日
五　賃金その他労働関係に関する重要な書類については、その完結の日

　保存義務が課されている書類については、光学式読取装置により読み取り、画像情報として光磁気ディスク等の電子媒体に保存する場合であって、①画像情報の安全性が確保されていること、②画像情報を正確に記録し、かつ、長期間にわたって復元できること、③労働基準監督官の臨検時等、保存文書の閲覧、提出等が必要とされる場合に、

10　60時間を超える時間外労働の割増率は5割以上であるが、平成35（2023）年3月31日までは中小企業の適用を猶予されている。

直ちに必要事項が明らかにされ、かつ、写しを提出し得るシステムとなっていること等の要件のいずれも満たすときは、本条違反とはならないと解されています。

退職金制度で退職金額の算出に基本給を採用している場合、退職金の請求消滅時効は5年（労基法115条）であることから、退職者から退職金額に対する根拠の問合せ等に対応するため、賃金台帳を少なくとも5年間は保管しておく必要があります。

3 確認する資料および目的

調査を実施するための資料および目的については、**図表2－Ⅰ－6**のとおりです。

図表2－Ⅰ－6　調査資料と目的

資料の名称	目的
賃金台帳	労基法上の明示事項と出勤簿との整合性の確認
出勤簿（タイムカード）	労基法上の明示事項の確認と賃金台帳との整合性の確認
労働者名簿	労基法上の明示事項の確認
雇入通知書	労基法・パートタイム労働法上の明示事項の確認
雇用契約書	雇入通知書が交付されていない場合、労基法上の明示事項の漏れの確認
就業規則	雇入通知書が交付されていない場合、労基法上の明示事項の確認
労使協定	過半数代表者、選出方法の確認

4 当てはめ

まず、「賃金台帳に記載された労働時間とタイムカードの労働時間が異なっていた」点について、それぞれ法定記載事項は具備しているので直ちに法違反を指摘することはできませんが、1日の時間外労働

時間について30分未満を切り捨てて集計しているので、法定労働時間を超えた割増賃金の未払いが発生していると思われます。

次に、「雇用契約書は締結してはいたが、雇入通知書を交付していなかった」点について、**雇入通知書**の交付は労基法15条1項に依拠しますが、**雇用契約書**は労契法4条2項「できる限り書面により確認するもの」に依拠している点で異なります。すなわち、雇入通知書を交付していない場合には労基法違反として罰金30万円（パートタイマーの場合は過料としてさらに10万円）を課されるおそれがありますが、雇用契約書を書面で取り交わすことは任意であり、処罰の対象となりません。なお、雇用契約書の内容が雇入通知書の必須の明示事項をすべて充足していたり、就業規則等で網羅的に記載されて配付されていれば、雇入通知書を交付せず雇用契約書のみ取り交わしたり、就業規則を配付しただけでも労基法15条1項（パートタイマーの場合はパートタイム労働法6条1項）違反にはなりません。ただし、充足していない場合には労基法に抵触して罰金（過料）を課されるおそれがあります。

そして、「時間外労働に係る労使協定を締結するにあたり、正社員5名の挙手で労働者の過半数代表者を決めていた」点について、労働者の過半数は正社員のみならず、パートタイム労働者を含めた総人数の過半数が必要となるため、当該事例ではパートタイム労働者を含めた14名から選出する必要がありました。したがって、過半数労働者の選出に瑕疵があるので労使協定は無効となり、法定労働時間を超えて働かせた場合には労基法32条に抵触して使用者は6カ月以下の懲役または30万円以下の罰金に処せられるおそれがあります。

5　報告書作成例

年　月　日

人事デューデリジェンス報告書

株式会社□□□□　御中

〇〇社会保険労務士事務所
調査担当社会保険労務士　〇〇〇〇
調査担当社会保険労務士　〇〇〇〇

　株式会社A社の人事デューデリジェンス業務（法定三帳簿、雇入通知書、雇用契約書、労使協定）が完了いたしましたので…ください。

※ P.69の例参照。

1．違法事項等

　株式会社A社は、下記の事項において労働基準法等に抵触するおそれがあります。

	違反事項等	抵触する法律等
1	割増賃金の未払い	労働基準法37条
2	労働条件の明示	労働基準法15条1項
3	法定労働時間	労働基準法32条

2．調査結果の根拠
（1）割増賃金の未払い

　賃金台帳記載の1カ月を集計した労働時間数とタイムカード記載の1カ月を集計した労働時間数が、賃金台帳への転記

時に1日30分未満の時間外労働が切り捨てられていたため、労働時間数が異なっていました。1カ月の労働時間を集計する際に30分以上を1時間に切り上げ、30分未満を切り捨てることは通達で許されていますが（昭和23年2月20日基発297号）、1日の労働時間について、30分未満を切り捨てることは認められておらず、切り捨てた労働時間が労働基準法上の法定労働時間を超えている場合、割増賃金を支払わなければなりません。したがって、A社は労働基準法37条に抵触し、6カ月以下の懲役または30万円以下の罰金に処せられるおそれがあります（同法119条1項）。

（2）労働条件の明示違反

　A社では、雇用契約書は締結していましたが、雇入通知書については交付していませんでした。雇入通知書の交付は労働基準法15条1項で使用者に義務付けられており、これを交付しない場合、法律に抵触することになります。ただし、雇用契約書や就業規則で雇入通知書の必須の明示事項をすべて充足している場合には、労働基準法15条1項違反は成立しません。A社では、正社員から社食代金を徴収していましたが、雇用契約書には雇入通知書の必須の明示事項である「労働者に負担させるべき食費」に関して明示されておらず、また就業規則にも明示されていないことから、労働基準法15条1項に抵触し、30万円以下の罰金に処せられるおそれがあります（同法120条）。

（3）法定労働時間違反

　労働基準法32条により、1週40時間、1日8時間を超えて労働させることは禁止されていますが、同法36条で示さ

れた方法により労使協定を締結し、労基署に届け出ることで、同法32条の違反に対して免罰効果が生じます。Ａ社では、労使協定の締結にあたり、パートタイム労働者を含めた全労働者から過半数代表者を選任しなければならなかったところ、正社員からのみ選出された者を労使協定の当事者として労使協定を締結していることから、当該労使協定は無効となります。したがって、労働基準法32条に抵触し、６カ月以下の懲役または30万円以下の罰金に処せられるおそれがあります（同法119条１項）。

以上

Ⅱ 就業規則の周知

1 事 例

> ターゲット会社B社（常時労働者数30名）では、就業規則を「休憩室」に備え付けてあり、いつでも社員が見られる状態にしていました。また、就業規則の退職金規定には「第○条　退職金については、中小企業退職金共済への加入を行い、中小企業退職金共済から支払われる額を退職金の額とする。」と記載がありました。

2 規範・ルール等の定立

(1) 労基法上の「周知」

　常時10人以上の労働者を使用する使用者は、労基法89条に定める事項について、就業規則を作成し、行政官庁に届け出の義務を負います。さらに、就業規則の周知については、労基法106条1項で就業規則を「常時各作業場の見やすい場所に掲示し、又は備え付けること、書面で交付することその他の厚生労働省令で定める方法によって、労働者に周知させなければならない。」と定めています。

　なお、「その他の厚生労働省令で定める方法」とは、「①常時各作業場の見やすい場所へ掲示し、又は備え付けること、②書面を労働者に交付すること、③磁気テープ、磁気ディスクその他これらに準ずる物に記録し、かつ、各作業場に労働者が当該記録の内容を常時確認できる機器を設置すること」（労基則52条の2）であり、本条は周知方法を特定しているので、これによらない方法により周知を図っても労基法の定める方法で労働者が常時確認できる状態でなければ、本条違反は成立します。

（2）労契法上の周知

　労契法7条の「周知」と同法10条の「周知」は、労契法上の効力の有無という契約法的観点から求められるものであるため、労基法で定める周知に限らず、いかなる方法によるものであっても実質的にみて労働者が知ろうと思えば知り得る状態になっていればよいと解され、労基法上の周知とは異なる概念として、「**実質的周知**」と呼ばれています。

　当該実質的周知については、第1に**周知方法**（就業規則の定める労働条件へのアクセスの問題）が、第2に**周知対象**（周知される情報）**の適切性・的確性が問題**になります。つまり、労契法10条においては、就業規則に定める労働条件が労働契約の内容となる前提要件であるので、周知の客体たる情報が適切・的確であることも要請されます。

　中部カラー事件（東京高判平成19年10月30日）では、変更後の退職金制度を就業規則に「退職金は、中小企業退職金共済と〇〇生命保険相互会社の養老保険への加入を行い、その支払い金額とする。」と定め、朝礼で説明し、休憩室の壁に掛けていましたが、新しい退職金の計算方法等が具体的に記載されていなかったことから、実質的に周知されたとはいえず、無効と判示しています。

　また、退職金については、労基法89条3号の2で「適用される労働者の範囲、退職手当の決定、計算及び支払の方法並びに退職手当の支払の時期に関する事項」とあるので、退職金制度を採用した場合には、当該規定で要請される内容を具備しなければなりません。

3　確認する資料および目的

　調査を実施するための資料および目的については、**図表2－Ⅱ－1**のとおりです。

図表2-Ⅱ-1　調査資料と目的

資料の名称	目　的
□　就業規則	・労基法上の絶対記載事項の記載の確認 ・労基法上の手続（作成、届出、周知）の確認 ・労契法上の周知の確認

4　当てはめ

　就業規則を備え付ける方法により周知する場合には、「作業場」に備え付けるよう指定されていますが、B社では、「休憩室」に備え付けてあるので労基法上においては周知されたとはいえず、労基法106条1項に抵触することになり、30万円以下の罰金に処せられるおそれがあります（同法120条1号）。

　また、B社の就業規則の退職金規定では、「第○条　退職金については、中小企業退職金共済への加入を行い、中小企業退職金共済から支払われる額とする。」とありますが、対象者や支給額等が不明であり、周知対象（周知される情報）の適切性・的確性について問題があるので、労契法7条および10条にある「周知」がなされていたとは認められません。

　さらに、就業規則には、必ず記載しなければならない絶対的必要記載事項と、そのような制度を設ける場合には記載する必要がある相対的必要記載事項があります。退職金については、相対的必要記載事項であり、退職金制度を定めた場合、支給対象となる労働者の範囲、決定、計算、支払方法、支払時期について定めるよう要請しています（労基法89条3号の2）が、B社の規定では当該事項が記載されていないので、労基法89条違反が成立し、30万円以下の罰金に処せられるおそれがあります（同法120条1号）。

5 報告書作成例

年　月　日

人事デューデリジェンス報告書

株式会社□□□□　御中

　　　　　　　　○○社会保険労務士事務所
　　　　　　　　　調査担当社会保険労務士　○○○○
　　　　　　　　　調査担当社会保険労務士　○○○○

　株式会社B社の人事デューデリジェンス業務（法定三帳簿、雇入通知書、雇用契約書、労使協定）が完了いたしましたので…ください。

※ P.69の例参照。

1．違法事項等

	違反事項等	抵触する法律等
1	就業規則の周知	労働基準法106条1項 労働契約法7条、10条
2	就業規則の相対的必要記載事項の漏れ	労働基準法89条3号の2

2．調査結果の根拠
(1) 労働基準法上の周知
　就業規則の周知については、労働基準法106条1項で「就業規則を見やすい場所に掲示し、又は備え付けること、書面で交付することその他の厚生労働省令で定める方法によっ

て、労働者に周知させなければならない。」と定めがあります。

　当該「その他の厚生労働省令で定める方法」とは、「①常時各作業場の見やすい場所へ掲示し、又は備え付けること、②書面を労働者に交付すること、③磁気テープ、磁気ディスクその他これらに準ずる物に記録し、かつ、各作業場に労働者が当該記録の内容を常時確認できる機器を設置すること」（労働基準法施行規則52条の2）であり、本条は周知方法を特定しているので、これによらない方法により周知を図っても、労基法の定める方法で労働者が常時確認できる状態でなければ、本条違反は成立します。

　B社においては、就業規則を「作業場」ではなく、「休憩室」に備え付けてある方法により周知を行っているので、労働基準法上では周知されたとはいえず、同法106条1項に抵触することになり、30万円以下の罰金に処せられるおそれがあります（同法120条1号）。

(2) 労働契約法上の周知
　労働契約法7条および同法10条の「周知」は、労働契約法上の効力の有無という契約法的観点から求められるものであるため、労働基準法で定める周知に限らず、いかなる方法によるものであっても実質的にみて労働者が知ろうと思えば知り得る状態になっていればよいと解され、労働基準法上の周知とは異なる概念として、「実質的周知」と呼ばれています。

　当該実質的周知については、第1に周知方法（就業規則の定める労働条件へのアクセスの問題）が、第2に周知対象（周知される情報）の適切性・的確性が問題になりますが、

就業規則に定める労働条件が労働契約の内容となる前提要件であるので、周知の客体たる情報が適切・的確であることが要請されます。

　Ｂ社の就業規則には退職金規定について、「第〇条　退職金については、中小企業退職金共済への加入を行い、中小企業退職金共済から支払われる額とする。」とあるだけで、対象者や支給額等が不明であり、周知対象（周知される情報）の適切性・的確性について問題があり、労働契約法7条および10条にある「周知」がなされていたとは認められません。

(3) 就業規則の相対的必要記載事項

　就業規則には、必ず記載しなければならない絶対的必要記載事項と、そのような制度を設ける場合には記載する必要がある相対的必要記載事項があります。退職金については、相対的必要記載事項であり、退職金制度を定めた場合、支給対象となる労働者の範囲、決定、計算、支払方法、支払時期について定める義務が生じます（労働基準法89条3号の2）。Ｂ社の退職金規定では当該事項が記載されていないので、労働基準法89条違反が成立し、30万円以下の罰金に処せられるおそれがあります（同法120条1号）。

以上

Ⅲ　人事権

1　事例

C社における人事について調べたところ、次のようなことが判明しました。

① 人事考課

営業部長の赤城氏が広島カープファンであったことが阪神タイガースの熱烈ファンであった社長の耳に入り、営業成績が営業部の目標を達成していたにもかかわらず、直後の査定では従来よりもかなり低い査定がなされていた。

② 昇格・昇進

営業部主任の伊吹氏が阪神タイガースの大ファンだったことが阪神タイガースの熱烈ファンであった社長の耳に入り、営業部長に昇進させていた。

③ 降格

時間外労働について、30時間を超える部分が切り捨てられて、残業手当が支払われないことを管轄の労基署へ告発した総務部長の雲仙氏は、告発したことがわかり、社長の逆鱗に触れ、役職を解かれて、基本給も引き下げられることになった。

④ 配転

総合職として採用した越後氏に対して、本人が病気の母を介護しているから拒否したにもかかわらず、沖縄支店へ配転させていた。

⑤ 出向

労働組合の書記長である大山氏に対して、労働組合を弱体化させるため、就業規則の出向規定に基づき、出向辞令を発令し、B社へ出向させていた。

⑥ 転籍
　就業規則の転籍規定に基づき、川上氏の同意なくＢ社へ転籍させていた。

2 規範・ルール等の定立

　人事権は、そこで働く労働者の人事（採用、試用、配置、教育訓練、昇格・降格、配転、出向、休職、懲戒、解雇等）を包括的に管理・決定・変更する権限が本来的に使用者に帰属しており、この人事権をもって個別の人事を企業組織の運営の一環として処理していくとの理解が定着しています。

　終身雇用を前提とするわが国の雇用システムにおいて、人事権の一つである解雇権の行使の場面では、解雇権濫用法理という厳しい要件を課す代わりに、それ以外の人事権については、使用者に広範な行使を認め、柔軟に配転・出向などが行われてきました。とはいえ、人事権の行使は、差別的取扱いなど労働法制上の規制のほか、就業規則や労働契約等の規制を受け、これらの規制の範囲内で認められています。これら労働法制上の規制や就業規則上の規制の範囲を超えて人事権を行使する場合には、権利濫用として無効となり、損害賠償を請求されることもあるので、ターゲット会社において、どのように人事権が行使されてきたかの調査が必要となります。

　本節では、主な人事権のうち、①人事考課、②昇格・昇進、③降格、④配転、⑤出向、⑥転籍を取り上げ人事権に係る規範・ルールについて整理し、「採用」、「解雇」、「懲戒」、「休職」については、別の節で詳解します。

（1）人事考課

　役職や職能資格上の位置付けは、多くの場合、人事考課（査定）に

基づいて決定されます。人事考課をどのような基準で評価するかは自由ですが、①能力（職務遂行能力）、②情意（やる気、勤務態度）、③業績（当該評価期間の成績）の３つの評価項目から構成されるのが一般的です。

人事考課は使用者の経営判断と結びついたものであり、特に日本では評価項目が広範にわたり抽象的なものが多いため、使用者は人事考課を行うにあたり、原則として広い裁量権を持つと解されています。

しかし、人事考課が、①労働法制上禁止されている事由、例えば、国籍・信条などの均等待遇の原則（労基法3条）、配置・昇進・教育訓練に関する男女平等規制（雇用機会均等法6条）、不当労働行為の禁止（労組法7条）、妊娠・出産産前産後休業等を理由とする差別の禁止（雇用機会均等法9条3項）、育児・介護休業を理由とする差別の禁止（育児介護休業法10条）、労基法違反等の申告を理由とする差別の禁止（労基法104条）、公益通報を理由とする差別の禁止（公益通報者保護法5条）、通常労働者と同視すべき短時間労働者に対する差別の禁止（パートタイム労働法9条）などを考慮に入れた場合、②目的が不当で裁量権の濫用（民法1条3項、労契法3条5項）にあたると認められる場合、③婚姻の有無などの所定の考課要素以外の要素に基づいて評価をしたり、評価対象期間以外の出来事を評価したりするなどした場合には、人事権の濫用として損害賠償を請求されることがあります。

また、人事考課について学説上では、人事考課の内容に使用者の専権的判断事項が多くその判断が実際に使用者に委ねられているような場合には、使用者に広く人事考課上の裁量権を認める見解と、人事考課の過程で目標設定や自己評価など労働者の関与が組み込まれて人事制度が設計・運用されている場合には、使用者は人事考課にあたり公正評価義務を負い、当該義務に反する場合には債務不履行として損害賠償請求ができるという見解に分かれています。

（2）昇格・昇進

　職能資格制度において資格が上昇することを「**昇格**」、部長や課長等の職位が上昇することを「**昇進**」といいます。昇格・昇進は、その決定について使用者の裁量の余地が大幅に認められていますが、人事考課と同様に労働法制上の規制を受けます。

　特に性差別について、次のような昇進（昇格を含む）に係る労務管理上の措置を講じている場合は、「労働者に対する性別を理由とする差別の禁止等に関する規定に定める事項に関し、事業主が適切に対処するための指針」（以下、「性差別指針」という）[11]で、雇用機会均等法6条に抵触し、違反となるとしています。したがって、ターゲット会社において次のような性差別となるような措置が講じられているか否か調査する必要があります。

---

① 一定の役職への昇進にあたって、その対象から男女のいずれかを排除すること。
〈排除していると認められる例〉
　（ⅰ）女性労働者についてのみ、役職への昇進の機会を与えない、または一定の役職までしか昇進できないものとすること。
　（ⅱ）一定の役職に昇進するための試験について、その受験資格を男女のいずれかに対してのみ与えること。
② 一定の役職への昇進にあたっての条件を男女で異なるものとすること。
〈異なるものとしていると認められる例〉
　（ⅰ）女性労働者についてのみ、婚姻したこと、一定の年齢に達

---

[11] 平成18年厚生労働省告示614号。

したことまたは子を有していることを理由として、昇格できない、または一定の役職までしか昇進できないものとすること。
- (ii) 課長への昇進にあたり、女性労働者については課長補佐を経ることを要するものとする一方、男性労働者については課長補佐を経ることなく課長に昇進できるものとすること。
- (iii) 男性労働者については出勤率が一定の率以上である場合または一定の勤続年数を経た場合に昇格させるが、女性労働者についてはこれらを超える出勤率または勤続年数がなければ昇格できないものとすること。
- (iv) 一定の役職に昇進するための試験について、女性労働者についてのみ上司の推薦を受けることを受験の条件とすること。

③ 一定の役職への昇進にあたって、能力および資質の有無等を判断する場合に、その方法や基準について男女で異なる取扱いをすること。

〈異なる取扱いをしていると認められる例〉
- (i) 課長に昇進するための試験の合格基準を、男女で異なるものとすること。
- (ii) 男性労働者については人事考課において平均的な評価がなされている場合には昇進させるが、女性労働者については特に優秀という評価がなされている場合にのみその対象とすること。
- (iii) AからEまでの5段階の人事考課制度を設けている場合において、男性労働者については最低の評価であってもCランクとする一方、女性労働者については最高の評価であってもCランクとする運用を行うこと。
- (iv) 一定年齢に達した男性労働者については全員役職に昇進で

> きるように人事考課を行うものとするが、女性労働者につい
> てはそのような取扱いをしないこと。
> (v) 一定の役職に昇進するための試験について、男女のいずれ
> かについてのみその一部を免除すること。
> (vi) 一定の役職に昇進するための試験の受験を男女のいずれか
> に対してのみ奨励すること。
> ④ 一定の役職への昇進にあたり男女のいずれかを優先するこ
> と。
> 〈優先していると認められる例〉
> 一定の役職への昇進基準を満たす労働者が複数いる場合に、男
> 性労働者を優先して昇進させること。

　さらに、人事考課と同様に権利の濫用にあたると認められる場合や、人事考課に係る契約上の定めに反する場合には、人事権の濫用として損害賠償を請求されることがあります。ただし、昇進については、ポストの数や配置など企業の経営判断と結びつくため、法に抵触するような差別に該当したとしても、救済方法としては損害賠償に限定されるのが一般的です。なお、例外として、勤続3年で主任に昇進するなど就業規則の規定や労使慣行によって、一定の要件が満たされれば当然に昇進がなされるという取扱いがなされていた場合には、労働者に昇進請求権が認められることもあります。

(3) 降　格

　降格とは、企業内での労働者の位置付けについて上位の職階から下位の職階への移動を行うことをいいます。降格のほとんどが、賃金、処遇、職務権限、責任等の低下を伴うことから、降格理由に労働者が納得しない場合には、降格によって減額となった賃金等についてその回復を求められることがあります。降格には、①懲戒処分の降格、②

人事権行使による役職・職位の降格、③職能資格の引下げ措置としての降格、④職務・役割等級制における等級の引き下げ（降級）があり、それぞれの留意点は次のとおりです**（図表２−Ⅲ−１）**。

図表２−Ⅲ−１　降格の種類と留意点

降格の種類	留意点
懲戒処分の降格	就業規則の根拠規定が必要。当該懲戒処分が懲戒権の濫用の場合、降格処分は無効となる。
人事権による役職・職位の降格	就業規則に根拠規定がなくとも、裁量的判断により可能。ただし、不当な目的や動機により、経済的損失および精神的苦痛を与えた場合、不法行為責任を負う。
職能資格の引下げ措置としての降格	職務遂行能力の認定を引き下げる措置は、本来予定されていないため就業規則に根拠規定が必要。ただし、著しく不合理な評価によって大きな不利益を与えた降格の場合、根拠規定が存在しても人事権の濫用となることがある。
職務・役割等級制における等級の引下げ（降級）	給与等級（グレード）の引下げについて、就業規則に根拠規定が必要。ただし、当該降級を正当化するような勤務成績の不良が認められず、退職誘導など他の動機が認められるような場合、人事評価権を濫用したものとして降級が無効となることもある。

出所：社会保険労務士法人野中事務所『M＆Aの人事デューデリジェンス』（中央経済社）

　降格も、均等待遇原則（労基法３条）など労働法制上の規制を受け、特に、性差別については、次のような降格に係る労務管理上の措置を講じている場合、性差別指針で、雇用機会均等法６条に抵触し違反となるとしているため、ターゲット会社において次のような措置が講じられているか否か調査する必要があります。

①　降格にあたって、その対象を男女のいずれかのみとすること。
〈男女のいずれかのみとしていると認められる例〉

一定の役職を廃止するに際して、当該役職に就いていた男性労働者については同格の役職に配置転換をするが、女性労働者については降格させること。
② 降格にあたっての条件を男女で異なるものとすること。
〈異なるものとしていると認められる例〉
　　女性労働者についてのみ、婚姻または子を有していることを理由として、降格の対象とすること。
③ 降格にあたって、能力および資質の有無等を判断する場合に、その方法や基準について男女で異なる取扱いをすること。
〈異なる取扱いをしていると認められる例〉
　（ⅰ）営業成績が悪い者について降格の対象とする旨の方針を定めている場合に、男性労働者については営業成績が最低の者のみを降格の対象とするが、女性労働者については営業成績が平均以下の者は降格の対象とすること。
　（ⅱ）一定の役職を廃止するに際して、降格の対象となる労働者を選定するにあたり、人事考課を考慮する場合に、男性労働者については最低の評価がなされている者のみ降格の対象とするが、女性労働者については特に優秀という評価がなされている者以外は降格の対象とすること。
④ 降格にあたって、男女のいずれかを優先すること。
〈優先していると認められる例〉
　　一定の役職を廃止するに際して、降格の対象となる労働者を選定するにあたって、男性労働者よりも優先して、女性労働者を降格の対象とすること。

　人事権の行使については、労契法3条5号で濫用を禁止しており、濫用が認められた場合は、無効となることがあります。降格が人事権の濫用になるか否かについては、裁判[12]では、①使用者側における業

務上・組織上の必要性の有無およびその程度、②能力や適性の欠如等の労働者側の帰責性の有無およびその程度、③労働者の受ける不利益の性質およびその程度等の諸事情を総合考慮して判断しています。

（4）配　転

　配転とは、従業員の配置の変更であって、職務内容または勤務場所が相当の長期間にわたって変更されるものをいい、同一勤務地内の所属部署の変更を「**配置転換**」、勤務地が変更になる場合を「**転勤**」といいます。配転権の行使にあたり、いわゆる総合職に対しては広く認められていますが、まずは就業規則等に「業務の都合により出張、配置転換、転勤を命じることがある」との根拠となる規定があることが前提となります。しかし、就業規則等に配転の根拠となる条文があっても、そもそも労働契約上、職種や就業場所が限定されている場合には、配転命令が無効になる場合があります。すなわち、労働契約上、職種限定の合意がなされていた場合には、労働者の同意なしにその範囲外の職種へ配転を命じることはできず、さらに、労働契約上、勤務地を限定する合意がある場合にも、労働者の同意なしに使用者は限定された勤務地以外の勤務地への転勤を命じることは許されません。

　したがって、ターゲット会社において、職種・勤務地を限定する労働契約が締結されている者の有無を確認し、そのような労働契約がなされている者については、将来の人事配置を検討する際に影響を及ぼすおそれがあることを、事前に把握しておく必要があります。

　また、配転についても、均等待遇原則（労基法3条）など労働法制上の規制を受け、特に性差別については、次のような配転に係る労務管理上の措置を講じている場合、性差別指針で、雇用機会均等法6条に抵触し違反となるとしているため、ターゲット会社において次のような措置が講じられているか否か調査する必要があります。

12　バンク・オブ・アメリカ・イリノイ事件・東京地判平成7年12月4日。

①　一定の職務への配置にあたって、その対象から男女のいずれかを排除すること。
〈排除していると認められる例〉
　(i)　営業の職務、秘書の職務、企画立案業務を内容とする職務、定型的な事務処理業務を内容とする職務、海外で勤務する職務等一定の職務への配置にあたって、その対象を男女のいずれかのみとすること。
　(ii)　時間外労働や深夜業の多い職務への配置にあたって、その対象を男性労働者のみとすること。
　(iii)　派遣元事業主が、一定の労働者派遣契約に基づく労働者派遣について、その対象を男女のいずれかのみとすること。
　(iv)　一定の職務への配置の資格についての試験について、その受験資格を男女のいずれかに対してのみ与えること。
②　一定の職務への配置にあたっての条件を男女で異なるものとすること。
〈異なるものとしていると認められる例〉
　(i)　女性労働者についてのみ、婚姻したこと、一定の年齢に達したことまたは子を有していることを理由として、企画立案業務を内容とする職務への配置の対象から排除すること。
　(ii)　男性労働者については、一定数の支店の勤務を経た場合に本社の経営企画部門に配置するが、女性労働者については、当該一定数を上回る数の支店の勤務を経なければ配置しないこと。
　(iii)　一定の職務への配置にあたって、女性労働者についてのみ、一定の国家資格の取得や研修の実績を条件とすること。
　(iv)　営業部門について、男性労働者については全員配置の対象とするが、女性労働者については希望者のみを配置の対象とすること。

③ 一定の職務への配置にあたって、能力および資質の有無等を判断する場合に、その方法や基準について男女で異なる取扱いをすること。

〈異なる取扱いをしていると認められる例〉
 (i) 一定の職務への配置にあたり、人事考課を考慮する場合において、男性労働者は平均的な評価がなされている場合にはその対象とするが、女性労働者は特に優秀という評価がなされている場合にのみその対象とすること。
 (ii) 一定の職務への配置の資格についての試験の合格基準を、男女で異なるものとすること。
 (iii) 一定の職務への配置の資格についての試験の受験を男女のいずれかに対してのみ奨励すること。

④ 一定の職務への配置にあたって、男女のいずれかを優先すること。

〈優先していると認められる例〉
 営業部門への配置の基準を満たす労働者が複数いる場合に、男性労働者を優先して配置すること。

⑤ 配置における業務の配分にあたって、男女で異なる取扱いをすること。

〈異なる取扱いをしていると認められる例〉
 (i) 営業部門において、男性労働者には外勤業務に従事させるが、女性労働者については当該業務から排除し、内勤業務のみに従事させること。
 (ii) 男性労働者には通常の業務のみに従事させるが、女性労働者については通常の業務に加え、会議の庶務、お茶くみ、そうじ当番等の雑務を行わせること。

⑥ 配置における権限の付与にあたって、男女で異なる取扱いをすること。

〈異なる取扱いをしていると認められる例〉
(ⅰ) 男性労働者には一定金額まで自己の責任で買い付けできる権限を与えるが、女性労働者には当該金額よりも低い金額までの権限しか与えないこと。
(ⅱ) 営業部門において、男性労働者には新規に顧客の開拓や商品の提案をする権限を与えるが、女性労働者にはこれらの権限を与えず、既存の顧客や商品の販売をする権限しか与えないこと。

⑦ 配置転換にあたって、男女で異なる取扱いをすること
〈異なる取扱いをしていると認められる例〉
(ⅰ) 経営の合理化に際し、女性労働者についてのみ出向の対象とすること。
(ⅱ) 一定の年齢以上の女性労働者のみを出向の対象とすること。
(ⅲ) 女性労働者についてのみ、婚姻または子を有していることを理由として、通勤が不便な事業場に配置転換すること。
(ⅳ) 工場を閉鎖する場合において、男性労働者については近隣の工場に配置するが、女性労働者については通勤が不便な遠隔地の工場に配置すること。
(ⅴ) 男性労働者については、複数の部門に配置するが、女性労働者については当初に配置した部門から他部門に配置転換しないこと。

　転勤については「育児」と「介護」が免罪符となる場合があります。すなわち、育児介護休業法26条で「就業の場所の変更により、就業しつつその子の養育又は家族の介護を行うことが困難となる労働者がいるときは、当該労働者の子の養育又は家族の介護の状況に配慮しなければならない。」とあり、当該規定は転勤命令権の権利濫用性の

判断に影響を与えるものと解されています（ネスレ日本事件・大阪高判平成18年4月14日）。

これに加え、少子化や労働者の健康問題との関連で、ワーク・ライフ・バランスの社会的要請が高まる中、労契法3条3項で「労働契約は、労働者及び使用者が仕事と生活の調和にも配慮しつつ締結し、又は変更すべきものとする」と明文化されており、転勤のみならず、配転命令の権利濫用判断に影響を与えるものと解されています。

配転命令に係る判例（東亜ペイント事件・最二小判昭和61年7月14日）の立場では、①業務上の必要性がない、②配転命令に不当な動機・目的がある、③労働者に通常甘受すべき程度を著しく超える不利益を負わせるものである場合、権利濫用として無効となる旨判示しています。したがって、将来設計する人事配置に影響を及ぼすおそれがあるため、ターゲット会社でなされた配転命令が権利濫用となるようなものでなかったか否か調査しておく必要があります。

なお、賃金を引き下げる配転命令については、長期雇用システム下の配転は、基本的にはそれによって賃金が下がらないことを前提に行われ、そのことがまた、頻繁かつ広範な配転が円滑に実施される基礎的条件になっていたので、労働者を別個の職種に配転して職種が変わったことを理由に賃金を引き下げることは、配転命令権によってはなしえないと解されています。したがって、職務内容によって賃金が決定される制度があり職務変更により賃金減額の根拠規定（減額の程度は問題となる）がある場合を除き、労働者の同意のない配転による賃金減額については、賃金減額措置が無効となるおそれがあります。

(5) 出　向

出向とは、労働者が自己の雇用先に在籍したまま、他の企業の従業員（ないし役員）となって相当期間にわたって当該他の企業の業務に従事することをいいます（在籍出向、長期出張、社外勤務、応援派遣、休職派遣などとも呼ばれる）。日本企業では、企業内の配転のみ

ならず、他企業へ出向させることで、余剰人員の雇用調整を行いますが、出向においては、就業規則等に根拠規定や入社時に同意書があったとしても、勤務先の変更に伴う賃金・労働条件等が出向規程等によって労働者の利益に配慮して整備されていることが必要となります。したがって、出向命令に根拠がなかったり、また、人選の合理性や労働者の利益を著しく欠いたりするような出向命令については、その権利を濫用したものとして無効となります。

また、出向も均等待遇原則（労基法3条）など労働法制上の規制を受け、これらに抵触する出向命令は無効となります。したがって、将来設計する人事配置に影響を及ぼすおそれがあるため、ターゲット会社でなされた出向命令が権利濫用となるようなものでなかったか否か調査しておく必要があります。

(6) 転　籍

転籍とは、労働者が自己の雇用先の企業から他の企業へ籍を移して当該他企業の業務に従事することをいいます（移籍とも呼ばれる）。転籍は在籍していた企業との労働契約を終了させ、新しく転籍先企業と労働契約を結び直すことになります。ただし、労働者と転籍先との間に労働契約が成立することを条件に転籍元を退職するものであるため、転籍先から雇用を拒否されるなどして労働契約が成立しなければ転籍元の退職の合意は無効となります。

したがって、勤続年数もリセットされ、転籍と同時に退職金の支払いも行われることもあるので、ターゲット会社において、転籍が行われていた場合、勤続年数の取扱いや退職金の清算について確認しておく必要があります。

なお、事業譲渡のケースにおける「転籍」についても、譲渡企業と譲受企業間で事業譲渡契約が成立したところで、労働契約が当然に承継されるものではありません。

転籍は民法625条1項で「使用者は、労働者の承諾を得なければ、そ

の権利を第三者に譲り渡すことができない」（**労働契約不承継の原則**）とされており、就業規則等による包括的な同意では足りず、当該労働者の個別合意を取り付けなければなりません。

　この労働契約の譲渡方法には、譲渡会社を一旦退職し、譲受会社へ再雇用という方法（再雇用型）と労働契約上の地位そのものを譲渡する方法（譲渡型）とがありますが、法的効果については、前者の場合、譲受会社は転籍前の退職金、未払債務、勤続年数を承継する必要はありませんが、後者の場合は、債権債務の包括的譲渡の結果、これらも譲渡されると解される余地があるとされています。したがって、再雇用型の事業譲渡の場合には、簿外・偶発債務リスクを回避できるため、譲受会社では、再雇用型を選択する傾向が多く見受けられます。

3　確認する資料および目的

　調査を実施するための資料および目的については、**図表3－Ⅲ－2**のとおりです。

図表3－Ⅲ－2　調査資料と目的

資料の名称	目的
就業規則	人事権行使の根拠条文の確認
辞令（控）	どのような辞令を発令してきたのかの確認
労働者名簿等	扶養する家族の有無、表彰、制裁の履歴の確認
育児休業給付金次回申請日指定通知書	配慮が必要な労働者を把握しておくため
介護休業給付金支給・不支給決定通知書等	配慮が必要な労働者を把握しておくため

4 当てはめ

(1) 人事考課

　どのような基準で人事考課（査定）を行うのかは企業の自由であり、使用者は広い裁量権を持つと解されています。しかし、人事考課が、①労働法制上禁止されている事由を考慮に入れた場合、②目的が不当で権利の濫用にあたると認められる場合、③考課要素以外の要素に基づいて評価をしたり、評価対象期間以外の出来事を評価したりするなど人事考課に係る契約上の定めに反する場合には、人事権の濫用として損害賠償を請求されることがあります。

　ターゲット会社Ｃ社において、人事考課の過程で目標設定や自己評価など労働者の関与が組み込まれて人事制度が設計・運用されている場合には、使用者は人事考課にあたり公正評価義務を負い、「広島カープファン」を理由として低い査定をしたということが当該義務に反し、債務不履行として損害賠償を請求されるおそれがあります。

(2) 昇格・昇進

　昇格・昇進も原則としてどのような基準で行うかについては企業の自由ですが、人事考課と同様に労働法制上等の規制を受けます。当該事例では、営業部長に昇進した伊吹氏以外で、部長に昇進するべき者がいた場合、昇進請求権が認められるかが問題となります。

　人事考課と同様に昇進も裁量権の濫用にあたると認められる場合や、人事考課に係る契約上の定めに反する場合には、人事権の濫用として損害賠償を請求されることがありますが、昇進については、ポストの数や配置など企業の経営判断と結びつくため、法に抵触するような差別に該当したとしても、救済方法としては損害賠償に限定されるのが一般的であり、労働者に昇進請求権は認められません。しかし、Ｃ社において、勤続○年以上で、かつ○年連続で営業成績の目標を達

成した場合には部長に昇進するなど就業規則の規定や労使慣行によって、一定の要件が満たされれば当然に昇進がなされるという取扱いがなされていた場合には、労働者に昇進請求権が認められることもあります。

(3) 降　格

　労基法104条で、「この法律又はこの法律に基いて発する命令に違反する事実がある場合においては、労働者は、その事実を行政官庁又は労働基準監督官に申告することができる」とし、同条2項で「使用者は、前項の申告をしたことを理由として、労働者に対して解雇その他不利益な取扱をしてはならない」としています。この「その他不利益な取扱い」とは、配置転換、降職、賃金引下げ等他の者に比して不利益な取扱いをすることをいいます。同条に違反して、労働者を不利益な取扱いをすると、使用者は6カ月以下の懲役または30万円以下の罰金に処せられることがあります（労基法119条1号）。さらに同条違反の不利益取扱いは民事上も無効と解されます。
したがって、労基法違反等の申告を理由とする雲仙氏の降格は、労基法104条の不利益取扱いの禁止に抵触し無効であり、降格に伴う賃金減額の回復を求められる可能性があります。

(4) 配　転

　配転命令権の行使は、総合職に対しては広く認められており、労働法制上等の制約に抵触しない限り、C社の就業規則等にも根拠規定があるので、越後氏への配転命令は有効です。しかし、育児介護休業法26条で「養育又は家族の介護を行う」者に対しては配慮義務を課していることから、病気の母を介護しているため配転を拒否したにもかかわらず行われた沖縄支店への配転命令は配慮義務を果たしておらず、債務不履行として配転命令権の濫用にあたり、無効となるおそれがあります。

(5) 出　向

　出向命令権の行使について、C社の就業規則等に根拠規定があり、労働条件に一定の配慮があれば、労働法制上等の制約に抵触しない限り、大山氏への配転命令は有効です。ただし、大山氏への出向命令は労働組合を弱体化させるためという労組法7条の不当労働行為にあたり違法であるため、当該出向命令は無効となり、大山氏から回復を求められた場合には出向命令を取り消す必要があります。

(6) 転　籍

　転籍命令権の行使は、出向命令権の行使よりもハードルが高く、民法625条1項で当該転籍予定者から個別に同意を取りつけることを要請されています（労働契約不承継の原則）。なお、当該同意については、就業規則等による包括的な同意では足りず、当該労働者の個別合意を取り付けなければなりません。したがって、B社へ転籍させていた川上氏については、個別に合意を取り付けていないため、無効であり、川上氏から回復を求められた場合にはC社へ戻す必要があります。

5　報告書作成例

　　　　　　　　　　　　　　　　　　　　　　　年　月　日

　　　　　　　　人事デューデリジェンス報告書

株式会社□□□□　御中

　　　　　　　○○社会保険労務士事務所
　　　　　　　　調査担当社会保険労務士　○○○○

調査担当社会保険労務士　〇〇〇〇

　株式会社Ｃ社の人事デューデリジェンス業務が完了いたしましたので、…ください。
※ P.69の例参照。

１．違法事項等
　Ｃ社における人事について、下記の法律等に抵触し、処罰の対象となったり、または、人事権を濫用したものとして無効となるおそれがあります。

	違反事項等	抵触する法律等
1	人事考課	民法１条３項、労働契約法３条５項
2	降　格	労働基準法104条
3	配　転	育児介護休業法26条
4	出　向	労働組合法７条
5	転　籍	労働組合法７条、民法625条

２．調査結果の根拠
（１）人事考課
　どのような基準で人事考課（査定）を行うのかは企業の自由ですが、①労働法制上禁止されている事由を考慮に入れた場合、②目的が不当で権利の濫用にあたると認められる場合、③考課要素以外の要素に基づいて評価をしたり、評価対象期間以外の出来事を評価したりするなど人事考課に係る契約上の定めに反する場合には、人事権の濫用として損害賠償を請求されることがあります。
　ターゲット会社Ｃ社において、労働法制上禁止されている事由で人事考課は行われていませんが、目的が不当な人事権

濫用の可能性があります。また、人事考課の過程で目標設定や自己評価など労働者の関与が組み込まれて人事制度が設計・運用されている場合には、使用者は人事考課にあたり公正評価義務を負い、「広島カープファン」ということのみを理由として低い査定がなされた場合、当該義務に反し、債務不履行として損害賠償を請求されるおそれがあります。

(2) 降　格
　労働基準法104条で労働者に対して、法令に違反する事実がある場合、行政官庁または労働基準監督官に申告することを認め、使用者には同条2項で申告をしたことを理由として、労働者に対して解雇その他不利益な取扱をしてはならないとしています。したがって、法定労働時間を超過しているにもかかわらず、30時間以上の時間外労働に対する賃金の未払いを労基署へ申告したことを理由とする雲仙氏の降格は、労働基準法104条の不利益取扱いの禁止に抵触し無効であり、降格に伴う賃金減額の回復を求められる可能性があります。

(3) 配　転
　配転命令権の行使は、広く認められており、労働法制上等の制約に抵触しない限り、C社の就業規則等にも根拠規定があるので、配転命令は有効です。しかし、育児介護休業法26条で「養育又は家族の介護を行う」者に対しては配慮義務を課していることから、越後氏が病気の母を介護しているため配転を拒否したにもかかわらず行われた沖縄支店への配転命令は配慮義務を果たしておらず、配転命令権の濫用にあたり、無効となるおそれがあります。

（4）出　向
　出向命令権の行使について、C社の就業規則等にも根拠規定があり、労働条件に一定の配慮があれば、労働法制上等の制約に抵触しない限り、大山氏への出向命令は有効です。ただし、大山氏への出向命令は労働組合を弱体化させるためであり、労働組合法7条の不当労働行為にあたり違法であるため、当該出向命令は無効となり、大山氏から回復を求められた場合には出向命令を取り消す必要があります。

（5）転　籍
　転籍は民法625条1項で「使用者は、労働者の承諾を得なければ、その権利を第三者に譲り渡すことができない」（労働契約不承継の原則）とされており、就業規則等による包括的な同意では足りず、当該労働者の個別合意を取り付けなければなりません。したがって、B社へ転籍させていた川上氏ついては、合意を取り付けていないため、無効であり、川上氏から回復を求められた場合にはC社へ戻す必要があります。

以上

Ⅳ 採　用

1 事　例

　ターゲット会社D社の採用基準を調べたところ、採用の際にD社独自の採用基準を定めた文章があることがわかりました。その文書は、担当者のみ閲覧可能な文章で、内容に該当する者は、原則として、D社では不採用とする旨が書かれていました。

◎文章の内容

「次に該当する者は、原則として不採用とする。

①　営業職について、女性は不採用

　　夜討ち朝駆けの営業スタイルのため、女性には担当させられないため。

②　現場技術者について、35歳未満は不採用

　　若手社員は採用してもすぐに辞めてしまうため、辞めそうもない35歳以上の人材が欲しいため。

③　障害者手帳を持っている者は不採用

　　障害に対応した社内環境を整備する必要があるため。

④　労働組合活動を行っていた経験がある者は不採用

　　社内で労働組合を作られることを社長が嫌がるので。

⑤　ＬＧＢＴ(性的少数者)は不採用

　　服装やトイレ等の問題や社内の秩序を乱されるため。

⑥　宗教団体の信者

　　職場の社員達とうまくやっていけるか不安だから。社内で勧誘活動などをされると困るため。

以上の点を踏まえて選考にあたられるよう注意されたい。」

2 規範・ルール等の定立

(1) 採用の自由

　雇用契約は契約関係の一つとして捉えられており、雇用関係に入るときには両当事者に契約締結の自由が認められています。この労働契約締結の自由を使用者側からみたものが「採用の自由」です。使用者には「採用の自由」が広く認められており、どのような人物を何名採用するか、どのような採用基準で募集採用するか、使用者の裁量が広く認められています。

　これは、憲法22条の「何人も、公共の福祉に反しない限り、居住、移転及び職業選択の自由を有する。」と、憲法29条の「財産権は、これを侵してはならない。」に基づき、財産権の行使および営業その他広く経済活動の自由をも基本的人権として保障されているところから、使用者は、法律その他による特別の制限がない限り、原則として、いかなる者を何人採用するかどうかにつき、自由に決定し得るとされているものです。

　しかし、私的自治にすべて委ねられると労働者が不利な状況におかれ、また近年はプライバシー保護の観点から、性別や年齢、障害等、法令により採用の自由にも一定の制約が加えられています。

　採用差別となり得る要素ごとに解説していきます。

① 性　別

　性別を理由とした募集・採用は、禁止されています（均等法5条）。

　例えば、男性のみ募集・女性のみ募集・トラック運転手（男性歓迎）、看護師（女性歓迎）と性別を区別にするのは同法に違反する措置ということになり許されません。

　また、募集・採用にあたって身長・体重・体力要件をつけたり、募集・採用にあたって転居を伴う転勤要件をつけたりすること、昇進に

おいて転勤経験を要件とすることを間接差別として原則禁止しています（均等法7条、均等則2条）。ただし、同条違反については、罰則規定は設けられていません。厚生労働大臣（都道府県労働局長）による助言・指導・勧告の対象となり、その勧告にも従わないときは、その旨が公表されることとされています（均等法29条・30条）。なお、性別を理由とする採用差別が認定された場合、同条違反に対して、不法行為（民法709条）が成立して、損害賠償が請求されるおそれがあります。

② 年　齢

　平成29（2017）年10月1日に施行された改正雇用対策法は、労働者の募集・採用にあたって年齢制限をつけることが原則禁止されています（雇用対策法10条）。

　これは、年齢制限を設ける求人が相当数あり、高齢者や一部の労働者の応募の機会が少なくなっている状況を改善することを目的に改正されました。ただし、この原則に反して、一定の年齢の者を雇用する必要がある場合や、年齢制限に合理的理由がある場合、例外的に年齢制限を行うことができる場合が4つあります。

[年齢制限における合理的理由]

> (i) 長期勤続によるキャリア形成を図る観点から、若年者等を募集・採用する場合
> (ii) 技能伝承の観点から、特定の職種において特定の年齢層に限定して募集・採用する場合
> (iii) 芸術・芸能の分野における表現の真実性を確保するため、特定の年齢層を募集・採用をする場合
> (iv) 高年齢者の雇用促進を目的として、60歳以上等の特定層の募集・採用をする場合

　なお、年齢を理由とする採用差別が認定された場合、同条違反に対

して、不法行為（民法709条）が成立して、損害賠償が請求されるおそれがあります。

③ 障 害

平成28（2016）年4月より改正障害者雇用促進法が施行されました。そこでは、労働者の募集および採用について、障害者に対して、障害者でない者と均等な機会を与えなければならないとされています（障害者雇用促進法34条）。

募集・採用時に具体的に差別となるのは、例えば、障害者だからという理由で、障害者の応募を拒否すること、障害者に対してのみ特定の資格を有することを応募要件とすること、または採用基準を満たす者が複数名存在した場合に、その労働能力等に基づかず、障害者でない者から順番に採用すること等があげられます。

また、事業主に障害の特性に応じた必要な措置（合理的配慮）を講じることを義務付けています（障害者雇用促進法36条の2）。これは、障害者の権利に関する条約（障害者権利条約）における障害者差別禁止規定を踏まえ、国内法を整備する必要があったため設けられました。

必要な措置について、募集・採用時では、3つのプロセスが必要です。

まず、障害者から支障となっている事情およびその改善のために必要な措置を申し出てもらいます。その後、事業主は、申出を受けて支障となっている事情が確認された場合、どの様な措置を講ずるかについて話合いを行います。そして、事業主は講ずる措置を確定するとともに、措置の内容および理由を障害者に説明します。ただし、講ずる措置が過重な負担にあたる場合は、その旨とその理由を説明します。

過重な負担にあたるかどうかは、**図表2－Ⅳ－1**の6つの要素を総合的に勘案しながら、個別の措置ごとに事業主が判断することになります。

図表2−Ⅳ−1　過重な負担の判断要素

判断要素	主な内容
事業活動への影響の程度	当該措置を講ずることによる事業所における生産活動やサービス提供への影響その他の事業活動への影響の程度をいう。
実現困難度	事業所の立地状況や施設の所有形態等による当該措置を講ずるための機器や人材の確保、設備の整備等の困難度をいう。
費用・負担の程度	当該措置を講ずることによる費用・負担の程度をいう。ただし、複数の障害者から合理的配慮に関する要望があった場合、それらの複数の障害者に係る措置に要する費用・負担も勘案して判断することになる。
企業の規模	当該企業の規模に応じた負担の程度をいう。
企業の財務状況	当該企業の財務状況に応じた負担の程度をいう。
公的支援の有無	当該措置に係る公的支援を利用できる場合は、その利用を前提としたうえで判断することになる。

　過重な負担の判断にあたって疑義が生じた場合、都道府県労働局長による助言、指導および勧告や紛争調整委員会における調停があります。都道府県労働局長は、事業主が障害者との話合いに応じない等、指針に定める手続きに反する事実がある場合は、事業主への助言、指導および勧告を行うことができます。

　なお、障害を理由とする採用差別が認定された場合、同条違反に対して、不法行為（民法709条）が成立して、損害賠償が請求されるおそれがあります。

【障害者雇用制度】

　障害者雇用促進法により、「障害者雇用率制度」が設けられており、常時雇用している労働者数が46名以上の事業主は、常時雇用する労働者の法定雇用率（2.2％）の障害者を雇用しなければなりません（障害者雇用促進法37条・43条）。

　法定雇用率未達のうち、常用労働者101名以上の事業主から「障害

者雇用納付金」として、法定雇用障害者数の不足1人あたり月5万円の障害者雇用納付金を徴収することにしています（障害者雇用促進法53条）。

　また、徴収された納付金は、障害者雇用率を超えて障害者を雇用している事業主に支給される障害者雇用調整金等の財源にあてられています。この障害者雇用調整金は、障害者を雇用する場合、作業施設の改善等の経済的な負担が伴うため、法定雇用障害者数を超えた事業主に支給されます（障害者雇用促進法50条）。

　人事ＤＤでは、（ⅰ）ターゲット会社が障害者雇用納付金制度の対象となる常時雇用している労働者数が100名を超える事業主か、（ⅱ）障害者雇用義務があるならば法定雇用障害者数を満たしているか、（ⅲ）法定雇用障害者数を満たしてない場合、障害雇用納付金を納付しているか否かの3点を確認します。

④　労働組合

　三菱樹脂事件・最大判昭和48年12月12日の判例では、組合活動を理由とした不利益取扱いを禁止する労組法7条1号は原則として採用には適用されないと解釈しているので、労働組合に加入していることを理由とした不採用自体は労組法には抵触しません。ただし、「労働者の個人情報に関する行動指針（以下、指針）」によれば、労働組合への加入・労働組合活動に関する個人情報を収集してはならないとあるので、当該個人情報を採用基準にしているのは適切とはいえません。

図表2-Ⅳ-2 採用における労働組合加入に関する裁判例

事件名	要　旨
JR北海道・日本貨物鉄道事件 (最小判平成15年12月22日)	労働組合活動をしていたという理由で不採用とした場合には、労組法7条にいう使用者として不当労働行為の責任を負わないとされた事件
中労委（青山会）事件 (東京地判平成13年4月12日)	病院の譲渡において、看護職員らが労働組合の組合員であり、組合活動を行っていたことを理由にして、当初から意図的に不採用にしたと認められた事件

⑤　LGBT（性的少数者）

今後、採用差別の事例が顕在化していくと考えられますが、これは性別による差別にあたります（均等法5条）。また、面接時のトイレ使用について、男女で分けず、性差に関係のないトイレの設置を要求された場合には特別な配慮をしなければなりません。

⑥　思想・信条

労働者の思想・信条については、労基法3条で「使用者は、労働者の国籍、信条又は社会的な身分を理由として、賃金、労働時間その他の労働条件について、差別的な取扱いをしてはならない」と定めています。この条文に違反した場合、6ヵ月以下の懲役または30万円以下の罰金を使用者に課しています（労基法119条）。

しかし、三菱樹脂事件・最大判昭和48年12月12日では、「企業者が特定の思想、信条を有する者をそのゆえをもつて雇い入れることを拒んでも、それを当然に違法とすることはできない」と判示し、労基法3条は採用後の労働条件の差別に対して適用されるものであり、採用段階での差別には適用されないものとしています。

もっとも、厚生労働省の「労働者の個人情報保護に関する行動指針」は、労働者の募集を行う者は、「特別な職業上の必要性が存在す

ることその他業務の目的の達成に必要不可欠であって、収集目的を示して本人から収集する場合」を除いて、思想および信条に関する個人情報を収集してはならないことを定めています。

　一方で、採用にあたっては、応募者を多角的に見て、慎重に採否の判断をする必要があります。採否の判断は、本人の適性・能力以外にも、応募者の人柄と会社の社風との相性がポイントになります。応募者の適性と能力や業務内容に直接関連する質問以外の質問をして応募者を見極める必要があります。

（２）労働者の個人情報収集の注意点

　厚生労働省は、採用活動に伴う労働者の個人情報の収集等について、「労働者の個人情報保護に関する行動指針」（平成12（2000）年２月）を定めました。さらに、平成15（2003）年に制定された個人情報保護法により、厚生労働省は、雇用管理分野における個人情報保護に関するガイドラインや、健康情報の取扱いにあたっての留意事項に関する通達を発出しました。

　当該ガイドラインは、平成29（2018）年５月30日をもって、個人情報保護委員会の個人情報の保護に関する法律についてのガイドライン（通則編）他３編のガイドラインに一元化されることに伴い廃止されましたが、その指針の中で、使用者は原則として、労働者の「①人種、民族、社会的な身分、門地、本籍、出生地その他の社会的差別の原因となるおそれのある事項、②思想、信条、信仰、③労働組合への加入、労働組合活動に関する個人情報、④医療上の個人情報」を収集してはならないと定めていました。

　背景には、プライバシー保護の要請の高まり、つまり一度個人情報が収集されると使用者が人事上その情報をいかに利用したかを労働者が立証することが極めて困難であることがあります。例えば、労働組合へ加入したことを理由にして、使用者が労働者に不利益な取扱いをしたこと等があげられます。職務内容や職業能力との関連性がないに

もかかわらず、思想・信条など労働者のプライバシーにかかわる重大事項について、使用者が調査・質問することは、公序良俗または不法行為に該当するおそれがあります。

図表2-Ⅳ-3　指針のポイント

項　目	指針記載事項
個人情報を収集してはならない	①　人種、民族、社会的身分、門地、本籍、出生地その他の社会的差別の原因となるおそれのある事項 ②　思想、信条および信仰 　（ただし、法令に定めがある場合、特別な職業上の必要があること、その他業務の適正な実施に不可欠であって収集目的を示して本人から収集する場合を除く。） ③　労働組合への加入または労働組合活動に関する個人情報 　（ただし、法令・労働協約に特段の定めがある場合等を除く。）
医療上の個人情報	（原則）医療上の個人情報を収集してはならない。 （例外）（イ）特別な職業上の必要性がある場合 　　　　（ロ）労働安全衛生および母性保護に関する措置 　　　　（ハ）（イ）および（ロ）に掲げるほか労働者の利益になることが明らかであって、医療上の個人情報を収集することに相当の理由があると認められるとき

3　確認する資料および目的

調査を実施するための資料および目的については、**図表2-Ⅳ-4**のとおりです。

図表2-Ⅳ-4　調査資料と目的

資料の名称	目　的
□　応募・募集の広告	・男女差別の有無の確認 ・年齢差別の有無の確認 ・障害者差別の有無の確認 ・思想信条による差別の確認 ・組合員加入への差別の確認
□　面接票等	

4 当てはめ

（1）営業職について、女性は不採用

　均等法5条は、「事業主は、労働者の募集及び採用について、その性別にかかわりなく均等な機会を与えなければならない」と定めています。また、同法同条等に関し、「労働者に対する性別を理由とする差別の禁止等に関する規定に定める事項に関し、事業主が適切に対処するための指針」（平成18年10月11日厚労告614号）が発せられています。

　それによれば、男性のみの募集のような措置は均等法5条に違反するものとされています。不採用基準から削除すべきです。

（2）現場技術者については、35歳未満は不採用

　募集、採用にあたって、雇用対策上、年齢を制限することはできません。また、D社の場合、厚生労働省令で定める例外規定にも該当しないため、雇用対策法10条違反となりますので、不採用基準から削除すべきです。

（3）障害者手帳を持っている者は不採用

　障害者に関しては、平成25（2013）年に改正された障害者雇用促進法が障害を理由とした募集・採用差別を禁止しています（障害者雇用促進法34条）。障害者であることを理由として、障害者の応募自体を拒否することや、障害者に対して不利な応募条件をつけたり、同じ条件の下、障害者よりも障害者でない者を優先したりすることは禁止されていますので、不採用基準から削除すべきです。

（4）労働組合活動を行っていた経験がある者は不採用

　所属労働組合や労働組合活動歴を不採用基準にすることは、企業の採用活動の自由であり、労組法7条1号で禁止する不利益取扱いには

該当せず、不当労働行為は成立していません。しかし、当該情報収集については、「労働者の個人情報保護に関する行動指針」で禁止しているため、不採用基準としておくことは適切ではありません。

（5）LGBT（性的少数者）は不採用

これは性別による差別にあたりますので、不採用基準から削除すべきです（均等法5条）。

（6）宗教団体の信者は不採用

労基法3条は、「労働者の国籍、信条又は社会的身分」を理由とする「賃金、労働時間その他の労働条件」についての差別的取扱いを禁止しています。ここでいう「労働条件」には採用は含まれないものと考えられており、前述の三菱樹脂事件最高裁判決も、労基法3条は採用後の労働条件のみに適用されることを認めています。ただし、「労働者の個人情報保護に関する行動指針」で禁止しているため、不採用基準としておくことは適切ではありません。

5　報告書作成例

年　月　日

人事デューデリジェンス報告書

株式会社□□□□　御中

〇〇社会保険労務士事務所
調査担当社会保険労務士　〇〇〇〇
調査担当社会保険労務士　〇〇〇〇

株式会社D社の人事デューデリジェンス業務が完了いたし

ましたので、…ください。
※ P.69の例参照。

1．違法事項等

	違反事項等	抵触する法律等
1	性別を理由とした募集採用差別	男女雇用機会均等法5条
2	募集・採用時の年齢制限	雇用対策法10条
3	障害者に対する差別禁止	障害者雇用促進法34条
4	労働組合および宗教活動の情報収集	労働者の個人情報に関する行動指針違反

2．調査結果の根拠
（1）性別を理由とした募集採用差別
　男女雇用機会均等法5条には、「事業主は、労働者の募集及び採用について、その性別にかかわりなく均等な機会を与えなければならない」と定められており、厚生労働省から、同法10条1項に基づき、「労働者に対する性別を理由とする差別の禁止等に関する規定に定める事項に関し、事業主が適切に対処するための指針」（平成18年10月11日厚生労働省告示614号）が発せられています。それによれば、男性のみの募集のような措置は男女雇用機会均等法5条に違反するものとされています。したがって、「男性のみ」を募集することは同法に違反する措置ということになり許されませんので、不採用基準文章から削除すべきです。なお、ＬＧＢＴを不採用とするという文言についても同様です。

（2）募集・採用時の年齢制限

　募集、採用にあたって、年齢を制限することはできません。また、Ｄ社の場合、厚生労働省令で定める例外規定にも該当しないため、雇用対策法10条違反となります。したがって、不採用基準から削除すべきです。

（3）障害者に対する差別禁止

　障害者雇用促進法34条では、労働者の募集および採用について、障害者に対して、障害者でない者と均等な機会を与えなければならないと定めています。障害者手帳を持っている者を除外することは、障害者であるという理由で応募を拒否することとなり、本条違反となりますので、不採用基準から削除すべきです。

（4）労働組合および宗教活動

　労働組合活動をしていたことを理由とする採用拒否は、労働組合法7条1号の不当労働行為にはあたりません。
　また、労働基準法3条は、「労働者の国籍、信条又は社会的身分」を理由とする「賃金、労働時間その他の労働条件」についての差別的取扱いを禁止しています。ここでいう「労働条件」には採用は含まれないものと考えられており、労働基準法3条は採用後の労働条件のみに適用されることを認めています。ただし、「労働者の個人情報に関する行動指針」によれば、労働組合や宗教活動に関する個人情報を収集してはならないとあるので、当該個人情報を不採用基準にしているのは適切とはいえません。

以上

V 制裁(懲戒)

　企業は、企業秩序を維持・確保するため必要なことがらを規則をもって一般的に定め、あるいは具体的に労働者に指示・命令することができるとされています。また、企業秩序に違反する行為があった場合には、違反者に対しその内容・態様・程度等を明らかにして、秩序の回復に必要な業務上の指示・命令を発したり、事実関係の調査[13]および制裁として懲戒処分を行ったりすることができるとされています。

　これを法律上明文化したのが労契法15条であり、同条では「使用者が労働者を懲戒することができる場合において、当該懲戒が、当該懲戒に係る労働者の行為の性質及び態様その他の事情に照らして、客観的に合理的な理由を欠き、社会通念上相当であると認められない場合は、その権利を濫用したものとして、当該懲戒は、無効とする」と定めています。

　同条の「使用者が労働者を懲戒することができる場合」とは、周知された就業規則等に懲戒事由を定めた規定(根拠規定)があり、労働者の行為が当該規定の定める事由に該当し、さらに、その行為について懲戒処分を行うことができる旨の規定が置かれている場合をいいます。ただ、企業秩序違反行為の制裁罰である懲戒処分には、罪刑法定主義類似の要請がかかり、ある行為を違反行為と類推して解釈したり(類推解釈)、就業規則に違反行為として定められる以前の行為について遡及して適用したり(遡及処罰)、同じ事由について繰り返し懲戒処分を行ったり(二重処罰)することは認められません。

　また、懲戒事由については、形式的に就業規則の懲戒規定に該当す

13　富士重工業事件・最三小判昭和52年12月13日。
14　国鉄札幌運転区事件・最一小判昭和54年10月30日。

るのみならず、実質的に企業秩序を乱している、または乱すおそれがあることが必要です。

なお、懲戒の定めをする場合、その種類および程度に関する事項については就業規則に定めるよう労基法89条9号で規定されています。また、一般的に懲戒処分の種類は軽い順に、戒告・譴責、減給、出勤停止、降格、諭旨解雇、懲戒解雇とされています。

【V－1】戒告・譴責

1 事 例

> ターゲット会社Ｅ社（常時労働者120名）の従業員の霧島氏は、無計画にクレジットカードを使用した結果、自己破産しました。会社は金銭管理ができない社員は不適格であるとして、譴責処分を行いました。
> なお、現在、Ｅ社の就業規則の「戒告・譴責」事由には、従業員が「自己破産」をした場合の記載はなく、Ｅ社は来月の会議でその旨の規定を「追記」する予定としています。

2 規範・ルール等の定立

（1）懲戒処分の有効要件

前述したとおり、懲戒処分は、労契法15条により懲戒権の濫用と認められる場合のほか、強行法規に抵触する場合には無効となります（**図表2－V－1**）。なお、この場合、懲戒の種類は問いません。

図表2－V－1　懲戒処分の有効要件

1　根拠となる規定の存在 　　□周知の有無

☐就業規則の規定の有無
　　　☐遡及適用の有無
　2　懲戒事由に該当する事実の存在
　　　☐懲戒事由の内容（秩序を乱すか、または乱すおそれがあるか）
　　　☐客観的事実の有無
　　　☐類推解釈の有無
　3　相当性
　　　☐非違行為の態様・動機・影響・処分歴・業務に及ぼす影響の程度
　　　☐同様の非違行為をした他者との比較（平等取扱い）
　　　☐処分手続き（弁明の機会、懲罰検討委員会の開催等）
　4　強行法規への抵触の有無
　　　☐労基法91条（減給）
　　　☐労基法104条2項（違反申告）[15]
　　　☐労組法7条1号（労組加入等）[16]
　　　☐育児介護休業法10条（育児休業取得者への不利益取扱い）
　　　☐育児介護休業法16条（介護休業取得者への不利益取扱い）
　　　☐民法90条（公序良俗）
　　　☐公益通報者保護法5条（不利益取扱い）

（2）戒告・譴責

　一般的に、「戒告」とは、将来を戒めるのみで始末書の提出を伴わず、一方「譴責」とは、始末書の提出を伴う処分とされています。戒告・譴責は最も軽微な懲戒処分であり、一見、実質的不利益がないよ

---

[15] 当該「不利益な取扱い」は労組法7条1号の場合と同様：厚生労働省労働基準局編『平成22年版　労働基準法（下）』（労務行政）。
[16] 西谷敏著『労働組合法［第3版］』（有斐閣）。

うに思えるのですが、昇給・賞与・昇格などの考課査定上不利に考慮されたり、処分が何回か重なった場合には、より重い懲戒処分がなされたりすることもあるので、罪刑法定主義類似の要請がかかり、労契法15条の懲戒権濫用法理が適用されます。

③ 確認する資料および目的

調査を実施するための資料および目的については、**図表2－V－2**のとおりです。

図表2－V－2　懲戒処分の有効要件

資料の名称	目　的
□ 就業規則	・労基法上の相対的必要記載事項の記載の確認 ・労契法の「客観的に合理的な理由」、「社会通念上相当」の確認 ・懲戒事由と処分の程度の妥当性の確認 ・強行法規に抵触していないかの確認
□ 懲戒処分通知書	・服務規律違反の事由などの確認

④ 当てはめ

　戒告・譴責処分は懲戒処分の中でも最も軽微なものですが、昇進や査定に影響を与えるため、安易に適用することはできません。軽微な懲戒処分であっても、懲戒権の行使が有効とされるためには、前述の懲戒処分の有効要件を満たす必要があります。これらを満たさずに懲戒処分が行われた場合には懲戒権の濫用として無効となります。

　当該ケースにおいて、E社は霧島氏に対し、「無計画にクレジットカードを使用した結果自己破産に至った、金銭管理ができない者で、自社社員として不適格である」という事由から譴責処分を行いました。

　しかし、E社の就業規則における懲戒事由の条項には「社員が自己

破産した場合、懲戒処分を科す」といった根拠となる規定はありません。仮にそのような規定があったとしても、自己破産は当該従業員の私生活上のことであり、企業秩序を乱すおそれが少ないことから、それは合理的な理由とはいえず、その効力は否定される可能性が高いといえます。

5 報告書作成例

年　月　日

人事デューデリジェンス報告書

株式会社□□□□　御中

〇〇社会保険労務士事務所
調査担当社会保険労務士　〇〇〇〇
調査担当社会保険労務士　〇〇〇〇

株式会社E社の人事デューデリジェンス業務が完了いたしましたので、…ください。

※ P.69の例参照。

1．違法事項等

	違反事項等	抵触する法律等
1	就業規則の相対的必要記載事項の漏れ	労働基準法89条3号の2
2	懲戒権の行使の濫用	労働契約法15条

2．調査結果の根拠

　企業が懲戒権を行使するためには、あらかじめ就業規則等に根拠となる規定を記載することを要し（労働基準法89条9号の3）、また、非違行為に対して罪刑法定主義のもと類推して解釈することは認められず、強行法規に抵触することも許されません。さらに、懲戒処分ができる場合であっても、客観的に合理的な理由を欠き、社会通念上相当であると認められない場合は、その権利を濫用したものとして当該懲戒は無効となります（労働契約法15条）。

　E社では、破産したことを理由に霧島氏に対して始末書を提出させて将来を戒める譴責処分を行っていました。しかし、E社の就業規則の懲戒事由条項には、「社員が自己破産した場合に懲戒処分を科す」といった根拠となる規定はありません。さらに自己破産は、当該従業員の私生活上のことであり、企業秩序を乱すおそれが少ないことから、仮に就業規則にそのような記載があったとしても、それは合理的な内容とはいえず、その効力は否定される可能性が高いといえます。

　したがって、E社の霧島氏に対する譴責処分については、「根拠となる規定」がなく、懲戒権を濫用したものとして無効となると思われます。

以上

【Ⅴ-2】減　給

1　事　例

> ターゲット会社F社（常時労働者40名）において、正社員の黒部氏が就業中にインターネットで株取引をしていたことが判明しました。会社は懲戒処分として、10,000円の減給処分を科しました。なお、黒部氏の給料は月給制で基本給20万円、職能給4万円です。

2　規範・ルール等の定立

（1）懲戒処分の有効要件

　前述したとおり、懲戒処分は、労契法15条により懲戒権の濫用と認められる場合のほか、強行法規に抵触する場合には無効となります。

（2）減　給

　「減給」については労働者の生活への影響が多大であるため、労基法91条で、①「1回の額が平均賃金の1日分の半額」を、②「総額が一賃金支払期における賃金の総額の10分の1」を超えてはならないとして制限しています。

　なお、当該「賃金の総額」とは、当該賃金支払期において現実に支払われる賃金の総額を指し（昭和25年9月8日基収1338号）、一賃金支払期とは、「非違行為があった時点」ではなく、「減給が行われる時点」を含む賃金の支払期を意味します。したがって、複数の非違行為がなされ、一賃金支払期に対する減給合計額がその賃金総額の10分の1を超える場合には、その超過分の減給は、次期に繰り越さなければなりません。

また、労基法91条の制限を超えて減給した場合には、30万円以下の罰金に処せられるほか（労基法120条1号）、当該減給処分は無効と解すべきでしょう[17]。

（3）減給の留意事項

実務では、懲戒処分としての減給のみならず、様々な理由での賃金控除や減額もあるので、混同しないようここで整理します。

① 早退・欠勤等の賃金控除

早退・欠勤等に対する賃金控除は、現実に労務提供がなされていない場合に、ノーワークノーペイの原則に従って行われる限り「懲戒処分としての減給」にはあたりません。しかしながら、30分未満の遅刻を30分に切り上げて賃金控除すると定めている場合や、労務を提供しなかった時間にかかわりなく、一定の金額を定めて賃金から控除する場合には、「懲戒処分としての減給」として労基法91条の適用を受けることになります。

② 降格等に伴う賃金減額

降格等による賃金の引下げは、職務変更で当然に賃金が変動する賃金制度（役職給制度や職務等級制度など）が採用されている場合は、このような賃金制度の適用の結果にすぎず、労基法91条の制約はなく「懲戒処分としての減給」にはあたりません。

③ 出勤停止期間における賃金控除

出勤停止期間における賃金控除についての行政解釈は、「就業規則に出勤停止及びその期間中の賃金を支払わない定めがある場合において、労働者がその出勤停止の制裁を受けるに至った場合、出勤停止期

17　厚生労働省労働基準局編『平成22年版　労働基準法（下）』（労務行政）。

間中の賃金を受けられないことは、制裁としての出勤停止の当然の結果であって、通常の額以下の賃金を支給することを定める減給制裁に関する労基法91条の規定には関係はない」（昭和23年7月3日基収2177号）とされています。

また、裁判例にも、「期間中の賃金を支払わない出勤停止の場合の賃金控除は、労務の提供を受領しつつその賃金を減額するものではないから、それが懲戒処分としてなされる場合でも労基法91条の適用はなく、控除される金額の計算方法が労働契約及び労基法24条に照らし合理的なものであればよい」としたものがあります（パワーテクノロジー事件・東京地判平成15年7月25日）。

このように、就労した場合の賃金の減額に関する労基法91条を、就労の事実がない出勤停止に適用することは困難であろうと考えられることから、出勤停止期間における賃金控除には同条の適用はないと思われます。

④　賞与の減額

賞与の査定期間中に非違行為をしたとして賞与を減額する場合、減給の制裁に該当するかが問題となります。この点、本人の勤務態度や業績を査定したうえで賞与の金額を決定する場合は、査定には企業の「裁量がある」ため、これが広く認められた結果での減額は、減給の制裁には該当しません。ただし、賞与の額が「夏期は基本給の〇カ月分」などとあらかじめ確定しており、企業に賞与査定の「裁量がない」場合には減給の制裁と評価されるおそれがあるので注意が必要です。

3　確認する資料および目的

調査を実施するための資料および目的については、**図表2－Ⅴ－3**のとおりです。

図表２－Ⅴ－３　調査資料と目的

資料の名称	目的
☐ 就業規則	・労基法上の相対的必要記載事項の記載の確認 ・労契法の「客観的に合理的な理由」、「社会通念上相当」の確認 ・懲戒事由と処分の程度の妥当性の確認 ・強行法規に抵触していないかの確認
☐ 賃金台帳	・労基法の上限（１回につき平均賃金の１日分の半分、一賃金支払期で10分の１）を超えていないかの確認

4　当てはめ

　インターネットの私的利用を懲戒事由とすることについては、社内コンピュータへのウイルス感染や、電子メールによる情報漏洩リスクが予見されるため、合理的な理由として認められています。ただし、就業時間中の私用メール送信の頻度が低く、インターネットの私的利用が就業規則等で明確に禁止されていない場合には、職務専念義務違反が否定されたケースもあります。

　当該ケースについては、減給を制限している労基法91条に抵触しないかを確認します。

　労基法上の平均賃金の算出方法は、平均賃金を算定すべき事由の発生した日以前３カ月間に、その労働者に対して支払われた賃金の総額を、その期間の総日数で除した金額です（同法12条）から、まず黒部氏の平均賃金を算出しておく必要があります。黒部氏の１日分の平均賃金は8,000円（（24万円＋24万円＋24万円）÷90日）であることから、労基法91条により、１回の減給額は4,000円（8,000円÷2）を超えることは許されません。

　しかしF社では、就業中にインターネットで株取引をしていた黒部氏に対して、10,000円の減給処分を科しており減給可能額の4,000円を超えているため、当該減給処分は労基法91条に抵触し無効となります。

5 報告書作成例

年　月　日

人事デューデリジェンス報告書

株式会社□□□□　御中

〇〇社会保険労務士事務所
　　調査担当社会保険労務士　〇〇〇〇
　　調査担当社会保険労務士　〇〇〇〇

　株式会社F社の人事デューデリジェンス業務が完了いたしましたので、…ください。

※ P.69の例参照。

1. 違法事項等

	違反事項等	抵触する法律等
1	労基法の上限（1回につき平均賃金の1日分の半分、一賃金支払期で10分の1）を超える減給額	労働基準法91条

2. 調査結果の根拠

　減給の制裁については、労働基準法91条により、「1回の額が平均賃金の1日分の半額を、総額が一賃金支払期における賃金の総額の10分の1を超えてはならない」という制限があります。労働基準法91条の制限を超えて減給した場合には、使用者は30万円以下の罰金に処せられるほか（労働基準法120条1号）、労働基準法91条違反の減給処分は無効とな

ります。

　なお、「平均賃金」の算出方法は、労働基準法12条により、平均賃金を算定すべき事由の発生した日以前3カ月間に、その労働者に対して支払われた賃金の総額を、その期間の総日数で除した金額となります。

　F社では、就業中にインターネットで株取引をしていた黒部氏に対して、10,000円の減給処分を科していましたが、黒部氏の1日分の平均賃金は、労働基準法12条により、8,000円（(24万円＋24万円＋24万円)÷90日）であり、労働基準法91条では1回の額は4,000円（8,000円÷2）を超えることを制限しているため、当該減給処分は労働基準法91条に抵触し無効となるほか、30万円以下の罰金に処せられます（労働基準法120条1号）。

以上

【V－3】出勤停止

1　事　例

　ターゲット会社G社（常時労働者40名）の営業部長である塩見氏の叱責行為は暴力を伴うもので、パワーハラスメント（以下、「パワハラ」という）ではないかと、社員から苦情がありました。その調査のため、会社は、塩見氏に5日間の自宅待機を命じました。複数の社員からの証言で、日常の叱責行為は業務の適正な範囲を超え不快に感じるなど、職場環境を乱していることが判明しました。塩見氏もパワハラを認めたので、会社はさらに7日間の出勤停止命令を発令し、自宅待機期間と出勤停止期間を合わせた12日間を無給としました。

2 規範・ルール等の定立

(1) 懲戒処分の有効要件

　前述したとおり、懲戒処分は、労契法15条により、懲戒権の濫用と認められる場合のほか、強行法規に抵触する場合には無効となります。また、懲戒処分の効力が争われた場合、適正な手続きを履践していることが重要であり、就業規則に定めがなくとも、処分の重い場合や本人が事実を認めていない場合には、処分の前に弁明の機会を設けるべきでしょう。

(2) 出勤停止

　「出勤停止」とは、服務規律違反に対する制裁として、労働契約を存続させながら労働者の就労を一定期間禁止する処分をいいます。企業によっては、就労期間の禁止を短期（例えば、30日以内）と長期（例えば、1カ月以上）に分け、前者を出勤停止とし、後者を停職としているところがあります[18]。出勤停止による無給処分について、通達では「制裁としての出勤停止の当然の結果であって、通常の額以下の賃金を支給することを定める減給制裁に関する労基法91条の規定には関係はない」としています（昭和23年7月3日基収2177号）。

　また、出勤停止の期間について法律上の制限はなく、上限は使用者が自由に定めることができますが、6カ月の懲戒休職（出勤停止）は重すぎるとして3カ月を限度に効力を承認した裁判例[19]もあります。

(3) 出勤停止と自宅待機

　使用者は、懲戒処分としての「出勤停止」とは別に、労働者に対し

---

[18] 浅井隆著「出勤停止による無給処分は減給の制裁に当たるか」実務家のための法律基礎講座（36）労政時報3757号付録（労務行政）。
[19] 岩手県交通事件・盛岡地一関支判平成8年4月17日。

て業務命令として「自宅待機」を命ずることができます。例えば、使用者が懲戒処分に先立って調査を行うため本人を職場から遠ざける場合や、心身の故障により業務に従事させるのが不適当と判断される場合などです。

　一般に労働者には就労請求権までは認められないと解されており、労働者に賃金を「全額支給」し続ける限り自宅待機は適法といえます。ただし、賃金を「全額不支給」とする場合や、労基法26条に従い休業手当として平均賃金の6割を支払う場合には注意が必要です。

　つまり、使用者が天災事変その他やむを得ない事由により操業不能状態にある場合や、労働者が心身の故障により療養を要するといった場合など、使用者側に労務の受領を拒絶することができる正当な事由がない限り、危険負担の法理（民法536条2項）により、使用者には全額の賃金支払義務が消滅しないからです。したがって、当該調査のための自宅待機命令を発する場合（懲戒処分を行うにあたり、事実関係の調査や審議のために本人に自宅待機を命ずるという場合も含む）の期間については、賃金の不支給および減額については認められません。

　ただし、就業規則等で「調査した結果、懲戒事由に該当する事実が判明し、出勤停止処分とすることが適当であると会社が判断した場合には、調査期間を出勤停止期間とみなすことができる」と規定されている場合には、調査期間が出勤停止期間へと転化するため、賃金支払義務が生じないと解する余地もあります。

　なお、自宅待機はあくまでも業務命令としてなされるものであり、懲戒処分である出勤停止とは異なるので、使用者が懲戒処分に先立って自宅待機命令を発したとしても、二重処分には該当しません。

図表2－V－4　自宅待機と出勤停止

区　分	自宅待機	出勤停止
法的性格	業務命令	懲戒処分
根　拠	業務命令権	懲戒処分としての就業規則の定め
賃金請求権の有無	有　り	無　し

※丸尾拓養著『解雇・雇止め・懲戒Q&A［補訂版］』（労働法実務相談シリーズ）（労務行政）

3　確認する資料および目的

調査を実施するための資料および目的については、**図表2－V－5**のとおりです。

図表2－V－5　調査資料と目的

	資料の名称	目　的
☐	就業規則	・労基法上の相対的必要記載事項の記載の確認 ・労契法の「客観的に合理的な理由」、「社会通念上相当の確認」 ・懲戒事由と処分の程度の妥当性の確認 ・強行法規に抵触していないかの確認

（就業規則等で懲戒手続について規定がある場合）

	資料の名称	目　的
☐	弁明書	・本人からの弁明の確認
☐	弁明の機会開催通知書	・弁明の機会が実施されているかの確認
☐	懲罰委員会の議事録	・懲罰委員会が実施されているかの確認
☐	懲戒処分通知書	・服務規律違反の事由などの確認

4　当てはめ

パワハラについては、防止策を企業に義務付ける法制化が検討されていますが、厚生労働省の行政通達で「同じ職場で働く者に対して、職務上の地位や人間関係などの職場内の優位性を背景に、業務の適正

な範囲を超えて、精神的・身体的苦痛を与える又は職場環境を悪化させる行為をいう」(平成24年9月10日基発0910第5・基発0910第3)と定義されています。パワハラにより、職場のモチベーション低下や人材流出が生じるだけでなく、被害者が精神疾患に罹患する場合もあり、秩序を乱す行為といえるので、パワハラを懲戒事由として懲戒処分することについては、合理的な理由として認められています。ただし、企業秩序違反行為に対する懲戒権の行使である「出勤停止命令」は服務規律に違反した労働者に対する制裁であり、使用者が人事権の行使の一環として行う「自宅待機命令」とは、明確に区別する必要があります。

　G社が調査のために発令した自宅待機命令は、事実関係を調査するために必要であったといえます。しかし、パワハラの事実関係を調査した結果、懲戒事由が認められたとしても、就業規則に「調査した結果、懲戒事由に該当する事実が判明し、出勤停止処分とすることが適当であると会社が判断した場合には、調査期間を出勤停止期間とみなすことができる」との定めがある場合を除き、自宅待機期間を懲戒処分の出勤停止期間に転化することはできず、自宅待機期間を無給とすることは許されません。

　したがって、G社が塩見氏に対して行った自宅待機期間中の5日間を賃金不支給とする懲戒処分ついては労基法24条1項の全額払い違反となり、労基法120条により使用者は30万円以下の罰金に処せられるおそれがあります。

5 報告書作成例

年　月　日

人事デューデリジェンス報告書

株式会社□□□□　御中

　　　　　　　○○社会保険労務士事務所
　　　　　　　　調査担当社会保険労務士　○○○○
　　　　　　　　調査担当社会保険労務士　○○○○

　株式会社G社の人事デューデリジェンス業務が完了いたしましたので、…ください。

※ P.69の例参照。

1．違法事項等

	違反事項等	抵触する法律等
1	自宅待機期間中の賃金不支給	労働基準法24条1項
2	出勤停止処分	労働契約法15条

2．調査結果の根拠

　出勤停止とは、労働契約を継続させながら、服務規律に違反した労働者に対する制裁として就労を一定期間禁止する処分をいいます。出勤停止期間中の賃金の支払いについては就業規則の定めるところによりますが、多くの企業では賃金が支給されず、勤続年数にも算入しない取扱いとされています。出勤停止の期間については、法律による上限が定められていません。

しかし、出勤停止期間中の賃金の不支給は、労働者の生活を脅かす重大な不利益となり得るため、長期間に及ぶ場合には裁判所において有効性を厳格に審査され、効力を制限されることがあります。

　G社が調査のために営業部長の塩見氏へ下した自宅待機命令は、パワーハラスメント（以下、「パワハラ」という）の事実関係を調査する業務命令の目的としては必要な行為です。

　しかし、当該調査期間については、直ちに賃金支払義務が免除されるわけではなく（危険負担の法理、民法536条2項）、事実関係を調査した結果、懲戒事由が認められたとしても、自動的に自宅待機期間を懲戒処分の出勤停止期間に転化することは認められません。

　また、G社の就業規則に「調査した結果、懲戒事由に該当する事実が判明し、出勤停止処分とすることが適当であると会社が判断した場合には、調査期間を出勤停止期間とみなすことができる」との定めがないことから、G社が塩見氏に対して行った自宅待機期間中の5日間の賃金不支給については、労働基準法24条1項の賃金全額払い違反となり、労働基準法120条により、使用者は30万円以下の罰金に処せられるおそれがあります。

　　　　　　　　　　　　　　　　　　　　　　　　以上

【Ⅴ-4】降 格

❶ 事 例

> ターゲット会社H社（常時労働者40名）は1カ月前にパワハラ行為をした営業の白木氏に対して、7日間の出勤停止命令を下しました。しかし、白木氏は全く反省しておらず、社内では追加の懲戒処分を求める声が多くなっていました。そこで、追加の懲戒処分として、営業部長の役職を解きました。なお、就業規則には「懲戒処分として降職させる場合には、辞令の発令前に弁明の機会を与える」となっていましたが、実際には弁明の機会を与えずに、辞令を発令していました。

❷ 規範・ルール等の定立

（1）懲戒処分の有効要件

前述したとおり、懲戒処分は、労契法15条により、懲戒権の濫用と認められる場合のほか、強行法規に抵触する場合には無効となります。また、懲戒処分の効力が争われた場合、適正な手続きを履践していることが重要であり、就業規則に定めがなくとも処分の重い場合や本人が事実を認めていない場合には、処分の前に弁明の機会を設けるべきでしょう。

（2）降 格

降格には、「職位や役職を引き下げるもの」（「降職」ともいう）と、「職能資格制度上の資格や職務・役職等級制度上の等級を引き下げるもの」があります。降格の権限については、「人事権行使によるもの」と「懲戒権行使によるもの」に二分されます。

成績不振を理由として役職を解くといった「人事権行使による降格」は、企業にその裁量権が広く認められています。例えば、「課長職から係長職へ職位や役職を引き下げるもの」や「下位の資格や等級に格付ける」など職能資格制度や職務・役割等級制度上の資格や等級を引き下げるものがあります。前者の場合、就業規則に根拠規定などがなくても人事権の行使として、使用者の裁量判断によって降格は可能であると考えられていますが、後者の場合、先例として、労働者の同意、または就業規則において降格の要件を明示しなればならないとしたものがあります（マルマン事件・大阪地判平成12年5月8日）。

　一方、「懲戒権行使による降格」の場合には、他の懲戒処分と同様に法律上の規制を受けることになりますが、懲戒処分として資格等を格下げした場合の職務変更による賃金の減額は、労基法91条の減給の制裁に抵触することにはならないとされています（昭和26年3月14日基収518号）。ただし、従来と同一の業務に従事しながら、賃金額だけを下げる場合には、通常の労働に対する対価としての賃金を一定額継続的に減額することとなるので、このような降格については、労基法91条の適用を受けることになります（昭和37年9月6日基発917号）。

　また、弁明の機会については、就業規則や労働協約に、懲戒処分に先立って弁明の機会を付与する旨の定めがある場合は、その手続きを踏まなければなりません。必要な手続きを怠った場合の懲戒処分は、無効と判断される可能性が高くなります（川中島バス事件・長野地判平成7年3月23日）。

　就業規則などで弁明の機会を定めていない場合でも、重い処分を行うケースや、懲戒事実を本人が争っているケース等では、被処分者の弁明を聴取する機会を与えることが相当です（手続的相当性）。被処分者の弁明を聴いておくことは、会社側が丁寧に対応したことの証拠の一つとして、懲戒権行使の有効性を補強することにもつながります。

3 確認する資料および目的

調査を実施するための資料および目的については、**図表2－V－6**のとおりです。

図表2－V－6　調査資料と目的

資料の名称	目　的
□ 就業規則	・労基法上の相対的必要記載事項の記載の確認 ・労契法の「客観的に合理的な理由」、「社会通念上相当」の確認 ・懲戒事由と処分の程度の妥当性の確認 ・強行法規に抵触していないかの確認
□ 弁明書	・本人からの弁明の確認
□ 弁明の機会開催通知書	・弁明の機会が実施されているかの確認
□ 懲罰委員会の議事録	・懲罰委員会が実施されているかの確認
□ 懲戒処分通知書 　（降格辞令）	・服務規律違反の事由などの確認

4 当てはめ

　使用者は、「人事権行使の降格命令」と企業秩序違反行為に対する「懲戒権行使の降格命令」とを明確に区別しておく必要があります。当該降格命令は、パワハラ行為を行った営業部長の白木氏に対する懲戒権の行使としての性格を持つものです。

　ここで問題となるのは、H社では、既に懲戒処分として出勤停止処分を白木氏に行っているため、さらに追加的になされた懲戒処分としての降格命令の効力の可否です。

　追加処分については、就業規則で懲戒処分の併科（1つの懲戒行為に対して2つ以上の処分を組み合わせること）を明記していれば2つの処分を組み合わせて行うことが可能ですが、罪刑法定主義類似の諸原則の適用があるため「一事不再理の原則（二重処分の禁止）」から、一度懲戒処分が確定した事案について再度の懲戒処分を行うことは許

されません。このように追加的になされた懲戒処分については、この一事不再理の原則（二重処分の禁止）に反し無効となります。

　裁判例でも、「懲戒処分は、使用者が労働者のした企業秩序違反行為に対してする一種の制裁罰のため、一事不再理の法理は就業規則の懲戒条項にも該当し、過去にある懲戒処分の対象となった行為について重ねて懲戒することはできず、過去に懲戒処分の対象となった行為について反省の態度が見受けられないことだけを理由として懲戒することはできない」と判示しています（平和自動車交通事件・東京地判平成10年2月6日）。

　ただし、当該降格が人事権の行使によるものであるならば、一事不再理の原則（二重処分の禁止）には該当せず、降格は有効となります。

　また裁判では、懲戒処分の有効性の判断に際し、手続きを重視する傾向があります。H社の就業規則においては、「降格処分の場合は事前に弁明の機会を与える」旨の定めがありますが、当該降格処分をする事前にも事後にも、弁明の機会を与えていません。裁判例（川中島バス事件・長野地判平成7年3月23日）では、就業規則や労働協約等に、懲戒処分に先立って弁明の機会を付与する旨の定めがあるにもかかわらず、事前に弁明の機会を与えずに懲戒処分を行った場合、必要な手続きを怠ったとしてその懲戒処分は無効と判示しています。軽微な道路交通法違反でも、刑罰法規では手続きを重視しているように、懲戒処分も刑罰法規類似の手続きが要請されます。

5 報告書作成例

年　月　日

人事デューデリジェンス報告書

株式会社□□□□　御中

　　　　　　　　〇〇社会保険労務士事務所
　　　　　　　　　調査担当社会保険労務士　〇〇〇〇
　　　　　　　　　調査担当社会保険労務士　〇〇〇〇

　株式会社H社の人事デューデリジェンス業務が完了いたしましたので、…ください。
　※ P.69の例参照。

1．違法事項等

	違反事項等	抵触する法律等
1	一度懲戒処分が確定した事案について再度の懲戒処分を行うこと	一事不再理の原則（二重処分の禁止）
2	懲戒権の行使無効	労働契約法15条

2．調査結果の根拠

　降格には「人事権行使によるもの」と「懲戒権行使によるもの」があります。
　成績不振を理由として役職を解くといった人事権行使による「降格」は、その裁量権が会社に広く認められていますが、懲戒権行使としての降格の場合には、法律上の規制を受けることになります。また、労働基準法89条9号によって

就業規則に降格に関する規定を設けることも要請されており、労働契約法15条が定める懲戒権の濫用に該当しないことも重要となります。

　H社では、懲戒処分として1カ月前に「出勤停止」命令を下した白木氏に対して、追加の懲戒処分として「降格」を言い渡し営業部長の役職を解いています。懲戒処分については、一度懲戒処分が確定した事案について再度の懲戒処分を行うことは「一事不再理の原則（二重処分の禁止）」により懲戒権の濫用として無効となります。

　また、懲戒処分の手続きの側面からも、当該降格処分の効力を検討する必要があります。H社の就業規則においては、「降格処分の場合は事前に弁明の機会を与える」旨の定めがありますが、実際には弁明の機会を与えていません。就業規則や労働協約等に、懲戒処分に先立って弁明の機会を付与する旨の定めがあるにもかかわらず、事前に弁明の機会を与えずに懲戒処分を行った場合、必要な手続きを怠ったとしてその懲戒処分は無効と判断される可能性が高くなります（川中島バス事件・長野地判平成7年3月23日）。

以上

【V-5】諭旨解雇

1　事　例

　ターゲット会社I社（常時労働者200名）は、重篤な病気の母親を介護しているため勤務地の移動を拒否していた立山氏に対して、介護負担を軽

減するような配慮を示すことなく、東京本社から札幌支店への転勤辞令を発出しました。しかし、立山氏が転勤を拒んだため、懲戒解雇処分を回避するために退職願を提出することを勧告し、期限内に退職願が提出されたため、諭旨解雇処分を行いました。

なお、I社の就業規則には「業務の都合により、従業員に対して転居を伴う配置転換を命じることがある」との規定がありました。

2 規範・ルール等の定立

(1) 懲戒処分の有効要件

前述したとおり、懲戒処分は、労契法15条により、懲戒権の濫用と認められる場合のほか、強行法規に抵触する場合には無効となります。また、懲戒処分の効力が争われた場合、適正な手続きを履践していることが重要であり、就業規則に定めがなくとも、処分の重い場合や本人が事実を認めていない場合には、事前に弁明の機会や懲罰委員会を開催しておくべきでしょう。

(2) 諭旨解雇

「諭旨解雇」とは、非違行為のあった労働者に対する制裁として、労働者に退職願や辞表等の提出を勧告し、所定期間内に勧告に応じない場合は懲戒解雇にするなどの扱いがなされる懲戒解雇と類似した処分をいい[20]、企業によっては「諭旨退職」と呼ぶこともあります。懲戒解雇事由には該当しても、情状酌量の余地がある場合やこれまでの貢献等を考慮して、懲戒解雇よりも軽い処分として行われます。

20　君和田伸仁著『労働法実務解説5　解雇・退職』（旬報社）。

(3) 配転命令権拒否による懲戒処分

　長期雇用慣行のもと、正社員については職種や勤務地を限定せずに採用されていることが多く、一般的に企業には広範囲に配転命令権限を有すると解されています。

　有効な配転命令に対してなされる命令拒否は、企業秩序維持に重大な悪影響を及ぼしますので、懲戒事由として認められ、諭旨解雇や懲戒解雇などの重い懲戒処分として許容されやすくなると考えられます。しかし、配転命令に従わない者に対する懲戒処分が常に有効と判断されるわけではなく、法令による制約（労組法7条1号等）、契約による制約（職種・勤務地限定）、権利濫用法理による制約（不当な動機・目的、育児介護休業法26条の配慮義務）があり、これらの制約にあてはまる場合には、配転命令は無効と判断され、無効な配転命令に従わなかったことを理由とした懲戒処分は無効となります。

3　確認する資料および目的

　調査を実施するための資料および目的については、**図表2－V－7**のとおりです。

図表2－V－7　調査資料と目的

	資料の名称	目　的
☐	就業規則	・労基法上の相対的必要記載事項の記載の確認 ・労契法の「客観的に合理的な理由」、「社会通念上相当」の確認 ・懲戒事由と処分の程度の妥当性の確認 ・強行法規に抵触していないかの確認
☐	退職金規程	・退職金の不支給・減額の根拠規定（退職金制度・退職金規程の確認） ・退職金の計算・支給額の確認
☐	退職願	・退職願の提出の有無の確認
☐	弁明書	・本人からの弁明の確認

資料の名称	目的
☐ 弁明の機会開催通知書	・弁明の機会が実施されているかの確認
☐ 懲罰委員会の議事録	・懲罰委員会が実施されているかの確認
☐ 懲戒処分通知書	・服務規律違反の事由などの確認

4 当てはめ

　人事の一環として行われる配転命令は、根拠となる規定があることを前提としています。ただし、根拠となる規定や明示がなくても、本社採用の幹部候補生などのように、労働関係の類型から当然に会社に包括的な配転命令権が黙示の労働契約の内容として認められる場合もあります[21]。

　また、判例（東亜ペイント事件・最二小判昭和61年7月4日）では、配転命令が認められるためには、命令が権利濫用とならないことが必要であると判示しています。具体的に次のようなケースでは当該配転命令は権利濫用として無効となり得、無効の配転命令を拒否したことによる懲戒権の行使も無効となります。

---
① 業務上の必要性がない場合
② 配転命令が他の不当な動機・目的をもってなされた場合
③ 労働者に通常甘受すべき程度を著しく超える不利益を負わせるものである場合

　Ｉ社では、親の介護のために転勤を拒否していた立山氏に対して、介護負担を軽減するような配慮を示すことなく、就業規則の規定を根拠として東京本社から札幌支店への転勤辞令を発出しました。しかし、育児介護休業法26条では、労働者の配置に関する配慮として、

---

[21] 第一東京弁護士会労働法制委員会編『変化する雇用社会における人事権～配転、出向、降格、懲戒処分等の現代的再考～』（労働開発研究会）。

「事業主は、その雇用する労働者の配置の変更で就業の場所の変更を伴うものをしようとする場合において、その就業の場所の変更により就業しつつその子の養育又は家族の介護を行うことが困難となることとなる労働者がいるときは、当該労働者の子の養育又は家族の介護の状況に配慮しなければならない」と定めており、また、裁判例（明治図書出版事件・東京地決平成14年12月27日）でも「育児介護休業法26条の配慮については…育児の負担がどの程度のものであるのか、これを回避するための方策はどのようなものがあるのかを、少なくとも当該労働者が配置転換を拒む態度を示しているときは、真摯に対応することを求めているものであり、既に配転命令を所与のものとして労働者に押しつけるような態度を一貫してとるような場合は、同条の趣旨に反し、その配転命令が権利の濫用として無効となることがある」と判示しています。

したがって、当該配転命令については、③の当該配転が「労働者に通常甘受すべき程度を著しく超える不利益を負わせるものである場合」の類型にあたり、配転命令権の濫用で無効となるおそれがあります。また、無効な配転命令に従わなかったことを理由とした懲戒処分も無効となります。

5 報告書作成例

　　　　　　　　　　　　　　　　　　　　　　　　　年　月　日

　　　　　　　　　　人事デューデリジェンス報告書

株式会社□□□□　御中
　　　　　　　　〇〇社会保険労務士事務所
　　　　　　　　　調査担当社会保険労務士　〇〇〇〇
　　　　　　　　　調査担当社会保険労務士　〇〇〇〇

株式会社Ｉ社の人事デューデリジェンス業務が完了いたしましたので、…ください。
※ P.69の例参照。

1．違法事項等

	違反事項等	抵触する法律等
1	労働者の配置に関する配慮	育児介護休業法26条
2	懲戒権の濫用	労働契約法15条

2．調査結果の根拠
（1）配転命令の効力
　長期雇用慣行のもと、正社員については職種や勤務地を限定せずに採用されています。ただし、育児や介護等を行う者については、育児介護休業法26条で「その就業の場所の変更により就業しつつその子の養育又は家族の介護を行うことが困難となることとなる労働者がいるときは、当該労働者の子の養育又は家族の介護の状況に配慮しなければならない」と定めており、裁判例（明治図書出版事件・東京地決平成14年12月27日）でも「育児介護休業法26条の配慮については…育児の負担がどの程度のものであるのか、これを回避するための方策はどのようなものがあるのかを、少なくとも当該労働者が配置転換を拒む態度を示しているときは、真摯に対応することを求めているものであり、既に配転命令を所与のものとして労働者に押しつけるような態度を一貫してとるような場合は、同条の趣旨に反し、その配転命令が権利の濫用として無効となることがある」と判示しています。
　Ｉ社では、親の介護のために転勤を拒否していた立山氏に対して、何ら介護負担を軽減するような配慮を示すことな

く、就業規則の規定を根拠として東京本社から札幌支店への転勤辞令を発出しました。しかし、当該辞令の発令の際に、育児介護休業法26条で要請されている配慮がなく、介護の負担がどの程度のものであるのか、これを回避するための方策はどのようなものがあるのか等の検討もなされていないため、同条の趣旨に反し、当該配転命令は権利の濫用として無効となると思われます。

(2) 諭旨解雇

「諭旨解雇」は法律上定められている制度ではなく、就業規則に定めることによって発生する懲戒処分の種類です。このため企業によってどのような懲戒処分を諭旨解雇と定義しているかは異なりますが、通常、情状酌量の余地やこれまでの貢献等を考慮した、懲戒解雇よりも軽い処分として定義されています。退職金については全額または一部支給とする場合が多く、一般的に本人が退職に応じない場合には、懲戒解雇の取扱いがなされます。

有効な配転命令に対してなされる命令の拒否は、企業秩序維持に重大な悪影響を及ぼしますので、懲戒事由として認められ、諭旨解雇や懲戒解雇などの重い懲戒処分として許容されやすくなると考えられます。しかしI社の場合、配置転換命令を拒否している立山氏に対して何ら配慮がなされていないため、配転命令権が無効となり、無効な配転命令に従わなかったことを理由とした懲戒処分（諭旨解雇処分）は無効となります。

以上

【Ⅴ－6】 懲戒解雇

1　事　例

> ターゲット会社Ｊ社（常時労働者200名）では、臨検の結果、労働基準監督署から過去２年間の未払賃金２億４千万円を支払うよう勧告がなされ、これに従い対象となった社員に対して未払賃金の全額を支払っていました。後日、社内調査で、当該臨検は総務部門の奈良氏の告発に端を発したものと判明しました。よってＪ社は、当該告発行為はＪ社就業規則記載の懲戒事由の「会社に著しい損害を与えた場合」に該当するとし、奈良氏に弁明の機会を設け、懲罰委員会で検討しました。そしてその結果、会社に対する忠誠心を欠き、かつ、２億４千万円もの損害を与えた行為は懲戒解雇が妥当と判断して、懲戒解雇しました。さらに、「懲戒解雇された社員には退職金を支給しない」旨の定めに従い、退職金の支給をしませんでした。

2　規範・ルール等の定立

（1）懲戒処分の有効要件

　前述したとおり、懲戒処分は、労契法15条により、懲戒権の濫用と認められる場合のほか、強行法規に抵触する場合には無効となります。また、懲戒処分の効力が争われた場合、適正な手続きを履践していることが重要であり、就業規則に定めがなくとも処分の重い場合や本人が事実を認めていない場合には、事前に弁明の機会や懲罰委員会を開催しておくべきでしょう。

(2) 懲戒解雇

「懲戒解雇」とは、使用者が労働者との労働契約を一方的に解消する処分であり、刑法でいえば極刑に相当し、懲戒処分の中でも最も重い処分といえます。また、懲戒処分の性格と解雇の性格をあわせ持つものであり、労契法上は懲戒処分に関する規定（15条）と解雇に関する規定（16条）の双方が適用されるので[22]、2つの側面から有効性を検討する必要があります。

(3) 懲戒解雇と解雇予告

懲戒解雇の効力は、労基法20条の解雇予告手当の除外申請が承認されれば有効性が認められ、否認されれば有効性が認められないというものではありません。当該申請が承認されることは、解雇の有効性を補強する要素とはなりますが、解雇の有効性を判断する要素ではなく判例では、使用者が即時解雇に固執していなければ、解雇予告の除外申請が認められなくとも、解雇の通知から30日間を経過するか、解雇予告手当を支払った時点において解雇の効力が生じるとしています（細谷服装事件・最二小判昭和35年3月11日）。

(4) 懲戒解雇と退職金不支給

労働者を懲戒解雇した場合は、退職金を全額支給しないとする条項が設けられていることが多いです。ただし、そのような規定がある場合でも、退職金は功労報償的性格に加えて賃金の後払的性格を有すると解されているため、懲戒解雇の有効性とは別に、永年の勤続の功を抹消してしまうほどの重大な背信行為であるか否かの観点で、退職金の減額や不支給の効力が判断されることになります。懲戒解雇を有効としつつ、小田急電鉄（退職金請求）事件（東京高判平成15年12月11日）

---

[22] 水町勇一郎著『労働法〔第7版〕』（有斐閣）。

では退職金の3割の支給を命じ、橋元運輸事件(名古屋地判昭和47年4月28日)では、退職金の6割に限り減額を承認しています。

3 確認する資料および目的

調査を実施するための資料および目的については、**図表2－Ⅴ－8**のとおりです。

図表2－Ⅴ－8　調査資料と目的

資料の名称	目　的
□ 就業規則	・労基法上の相対的必要記載事項の記載の確認 ・労契法の「客観的に合理的な理由」、「社会通念上相当」の確認 ・懲戒事由と処分の程度の妥当性の確認 ・強行法規に抵触していないかの確認
□ 退職金規程	・退職金の不支給・減額の根拠規定(退職金制度・退職金規程の確認) ・退職金の計算・支給額の確認
□ 弁明書	・本人からの弁明の確認
□ 弁明の機会開催通知書	・弁明の機会が実施されているかの確認
□ 懲罰委員会の議事録	・懲罰委員会が実施されているかの確認
□ 解雇予告の除外認定申請書・資料の確認	・解雇予告の除外認定申請書の有無の確認
□ 懲戒処分通知書	・服務規律違反の事由などの確認

4 当てはめ

労基法104条には、「この法律又はこの法律に基いて発する命令に違反する事実がある場合においては、労働者は、その事実を行政官庁又は労働基準監督官に申告することができる」とあり、さらに同法2項で「使用者は、前項の申告をしたことを理由として、労働者に対して解雇その他不利益な取扱をしてはならない」とあります。

J社の奈良氏への懲戒解雇処分の事由は、奈良氏が賃金の未払いを

労働基準監督署へ申告したことであり、それを理由に不利益な取扱いをすることは労基法104条2項に抵触します。

したがって、当該懲戒解雇処分は無効となります。よって労基法104条違反で労基法119条により、使用者は6カ月以下の懲役または30万円以下の罰金に処せられるのみならず、解雇期間中の賃金について奈良氏から請求された場合、支払う必要があります。

5 報告書作成例

年　月　日

人事デューデリジェンス報告書

株式会社□□□□　御中

　　　　　　　　○○社会保険労務士事務所
　　　　　　　　　調査担当社会保険労務士　○○○○
　　　　　　　　　調査担当社会保険労務士　○○○○

　株式会社J社の人事デューデリジェンス業務が完了いたしましたので、…ください。

※ P.69の例参照。

1．違法事項等

	違反事項等	抵触する法律等
1	申告を理由とする解雇	労働契約法104条2項

2．調査結果の根拠
（1）懲戒解雇
　懲戒解雇は、使用者が労働者との労働契約を一方的に解消する処分であり、刑法でいえば極刑に相当し、懲戒処分として最も重い処分です。また、懲戒処分の性格と解雇の性格をあわせ持つものであり、労契法上は懲戒処分に関する規定（15条）と解雇に関する規定（16条）の双方が適用されるので、2つの面から有効性を検討する必要があります。

（2）申告を理由とする解雇
　労働基準法104条には、「この法律又はこの法律に基いて発する命令に違反する事実がある場合においては、労働者は、その事実を行政官庁又は労働基準監督官に申告することができる」とあり、さらに同法2項で「使用者は、前項の申告をしたことを理由として、労働者に対して解雇その他不利益な取扱をしてはならない」とあります。
　J社の奈良氏への懲戒解雇処分の懲戒事由は、賃金の未払いを労働基準監督署へ申告したことであり、奈良氏がそれを理由に不利益な取扱いをすることは、労働基準法104条2項に抵触します。
　したがって、当該懲戒解雇処分は無効となります。よって、労働基準法104条違反で労働基準法119条により、使用者に対して6カ月以下の懲役又は30万円以下の罰金に処せられるのみならず、解雇期間中の賃金について奈良氏から請求された場合、支払う必要があります。

以上

Ⅵ 解　雇

1　事　例

　ターゲット会社のＫ社では、社長に対して「お前、偉そうに命令するなよ」と暴言を吐いた二条城氏を解雇予告、解雇予告手当の支払いもせずに懲戒解雇していたことが人事ＤＤの調査で判明しました。また、Ｋ社の退職金制度は「退職金前払い制度」と「退職金積立制度」のいずれかを従業員が選択することができ、二条城氏は退職金積立制度を選択していましたが、懲戒解雇であるため就業規則の退職金不支給条項により、会社は退職金を支給しませんでした。なお、Ｋ社の就業規則は入社時に配付されており、解雇については「懲戒事由に該当した場合」と記載されていました。

2　規範・ルール等の定立

　解雇は、使用者からの労働契約の一方的な解約です。民法627条では、2週間の告知期間を置くことでいつでも解約することができるとされていますが、解雇は労働者の生活に多大な打撃をもたらすことから、労働法制で一定の制限を加えています。

(1) 解雇の予告

　労基法20条では、労働者を解雇しようとする場合、少なくとも30日前にその予告をしなければならず、予告をしない使用者は、30日分以上の平均賃金を支払わなければならないとしています。ただし、天災事変その他やむを得ない事由のために事業の継続が不可能となった場合や労働者の責に帰すべき事由に基づいて解雇する場合には、予告なく即時解雇できるとされています（労基法20条3項）。

　なお、解雇予告をせずに予告手当も支払わないでなされた解雇の効

力については、学説上、無効説、有効説、労働者選択説などといった見解が見られますが、判例（細谷服装事件・最二小判昭和35年3月11日）では、解雇後30日が経過した時点または予告手当を支払った時点で解雇の効果が発生するという相対的無効説の立場をとっています。

（2）解雇の時期的規制

解雇の時期的規制とは、労基法19条1項で「労働者が業務上の負傷や疾病による療養のために休業する期間およびその後30日間と、産前（6週間）産後（8週間）の期間およびその後30日間」の時期について、当該労働者を解雇することはできないというものです。業務上の負傷や疾病といっても、必ずしも労災認定されたものと限りません。また、労基法19条の解雇は理由を問わず規制されますので、労働者の責に帰すべき事由に基づく場合でも、解雇することはできません。ただし、打切補償[23]を支払った、または支払ったとみなされる場合、および天災事変その他やむを得ない事由により事業の継続が不能になった場合には解雇制限は適用されません（同法19条1項ただし書き）。

（3）解雇の手続的規制

解雇の手続的規制とは、労働協約や就業規則において、使用者が解雇を行うときには労働組合と事前に協議し、または同意を得ることを要件とし、使用者の解雇権を契約上規制するものです。

（4）解雇理由の規制

解雇理由の規制とは、法令で定める理由によるもの、および就業規則に定める理由によるものがあります。

法令で定める理由による規制には、「差別的なもの」および「法律

---

[23] 療養開始後3年を経過したときに、平均賃金の1,200日分を支払うことを条件として、その後の療養補償、休業補償、障害補償、その他のすべての補償についての使用者責任を免除させる。

上の権利を行使したことによるもの」の次の2つに大別することができます**（図表2－Ⅵ－1）**。

図表2－Ⅵ－1　法令による解雇の規制

	内　容	根　拠　法
差別的なもの	国籍・信条・社会的身分を理由としたもの	労基法3条
	組合員・組合活動を行ったことを理由としたもの	労組法7条
	性別を理由としたもの	均等法6条
	婚姻・妊娠・出産を理由としたもの	均等法9条
権利行使をしたことによるもの	育児・介護休業の申し出・取得したことによるもの	育介法10条、16条など
	裁判員休暇の申し出・取得したことによるもの	裁判員法100条
	裁量労働制の導入を拒否したことによるもの	労基法38条の4第1項6号
	労基署に労基法違反を申告したことによるもの	労基法104条2項
	労働紛争の助言・指導、あっせんを申請したことによるもの	個別労働紛争解決促進法4条3項、5条2項
	公益通報者保護法上の通報をしたことによるもの	公益通報者保護法3条
	均等法上の紛争解決の援助や調停を申請したことによるもの	均等法17条2項、18条2項
	労働者派遣法違反を申告したことによるもの	派遣法49条の3第2項
	パートタイム労働法上の紛争解決の援助や調停を申請したことによるもの	パートタイム労働法24条2項、25条2項

出所：社会保険労務士法人野中事務所編『M＆Aの労務デューデリジェンス〔第2版〕』（中央経済社）

　就業規則に定める理由による規制とは、解雇の事由に関し、就業規則に定める以外の理由は認めないとするものです。解雇の事由については、労基法89条3号に就業規則の絶対的必要記載事項とする旨の定めがあり、その趣旨については、解雇は就業規則に記載されている解雇事由に限られる「**限定列挙**」とする見方があります。一方、解雇事由が限定されていなくても包括的事由が規定（その他全各号に掲げる事由に準じる重大な事由」など）されてさえいれば就業規則等に記載されている解雇事由に限られない「**例示列挙**」とする見方もあります

が、裁判では、限定列挙とされることが多いです。

（5）解雇権の濫用法理

労契法16条に「解雇は、客観的に合理的な理由を欠き、社会通念上相当であると認められない場合は、その権利を濫用したものとして、無効とする」とあります。この「客観的に合理的な理由」で労働者側に理由があるものとして、労働者の労働能力や適格性の低下・喪失によるもの（普通解雇）、労働者の義務違反や規律違反行為によるもの（懲戒解雇）があります。

普通解雇の場合は、労働者の労働能力や適格性の低下・喪失による客観的事実があったとしても、その程度が解雇に値するほどの重大なものか、会社はその能力の改善のための具体的な指導を行っていたか、職種の変更、配転、降格、雇用形態の変更、退職勧奨等の解雇回避措置を実施していたかが重要視され、総合的に社会通念上の相当性が判断されることになります。

懲戒解雇の場合は、懲戒処分の中でも最も重い処分であり、通常は労基法上の解雇予告もなく、解雇予告手当も支払われず、かつ退職金も全額ないし一部不支給となる[24]場合が多く、労働者にとってはまさに極刑です。懲戒処分については、労契法15条で「使用者が労働者を懲戒することができる場合において、当該懲戒が、当該懲戒に係る労働者の行為の性質及び態様その他の事情に照らして、客観的に合理的な理由を欠き、社会通念上相当であると認められない場合は、その権利を濫用したものとして、当該懲戒は、無効とする」とあり、まずは就業規則に懲戒処分の対象、懲戒処分の内容等の根拠規定を記載し、従業員に周知させておくなどして、懲戒権の濫用にならないようにすることが前提となります。そして、社内の懲罰委員会において、事実

---

[24] 懲戒解雇の場合だと退職金が支給されないため、会社側から労働者に退職を勧告し、退職願を提出させ、退職金を支給する「諭旨解雇（退職）」がある。

関係の存否を検証し、対象となる行為と処分のバランスを考慮して慎重に審議を行います。なお、最終的に懲戒処分を決定する前に本人に弁明の機会を与えることが、手続き上重要であり、これを怠ったことにより懲戒解雇を無効とした裁判例（千代田学園事件・東京高判平成16年6月16日）もあります。

（6）整理解雇の法理

　整理解雇の場合は、労働者には何ら落ち度がないため、普通解雇よりもハードルが高く設定されます。裁判例上、①人員削減の必要性の有無、②解雇回避義務の履行、③合理的な対象者の選定、④解雇に至る手続きの妥当性の4つの基準を整理解雇の効力の判断材料にしています。

　具体的には、①の人員削減の必要性の有無とは、一時的な売上げの落込みではなく、経営上、人員削減を選択せざるを得ないことが必要であり、整理解雇と並行して新規採用を行うような矛盾した行動がとられていたならば、必要性がなかったものと判断されます。

　②の解雇回避義務の履行とは、残業の削減、非正規従業員の雇止め、新規採用の抑制、一時休業、希望退職者の募集、役員報酬や給料の減額等、解雇を回避する努力を行っていることが求められます。

　③の合理的な対象者の選定とは、年齢、懲戒処分の回数、勤怠状況、扶養家族の有無等、会社側の恣意的要素が入らないような客観的なものでなければならず、④の解雇に至る手続きの妥当性とは、労働組合や労働者に対してできるだけ早い時期に、人員削減の必要性、解雇回避の方法、整理解雇の時期、規模、人選の方法等について説明を行い、特に、被解雇者には個別意見を聞くなどの配慮が必要とされます。

　整理解雇が社会通念上相当であると認められるためには、以上の4つの基準をすべて満たさなければなりません（**4要件説**）。しかし、近年の裁判（東京自動車健康保険組合事件・東京地判平成18年11月29日等）の傾

向では、4要件を4要素と理解して、総合的に判断して整理解雇の有効性を判断するというものが多くなっています（**4要素説**）。例えば、解雇回避努力が完全でなくても、人員整理の必要性が非常に高ければ、整理解雇が有効であるという結論を導くことも可能となっています。

(7) 退職金の不払い

懲戒解雇の場合、退職金の一部または全部を支給しないとの退職金減額・不支給条項を定められていることが多いです。しかし、基本給に直結する職能資格ポイントを積算するポイント式退職金や、退職金前払いとの選択制で前払賃金相当額を積み立てて算定する退職時積立払金については、**賃金の後払い**の性格が極めて強く、既に賃金として確定的に発生していることから、労基法上の賃金に該当するもので、当該退職金の減額ないし不払いは、労基法24条の全額払いに抵触するおそれがあります。

3 確認する資料および目的

調査を実施するための資料および目的については、**図表2-Ⅵ-2**のとおりです。

図表2-Ⅵ-2　調査資料と目的

資料の名称	目　的
□ 就業規則	解雇手続き、解雇事由、懲戒事由の確認
□ 退職金規程	退職金制度の性格の把握
□ 労働者名簿	退職日、退職理由の確認
□ 離職票	労働者名簿記載の退職日と退職理由を突合し、整合性を確認

4 当てはめ

　まず、労働法制上の制限について、事例では労基法20条の解雇の予告および解雇予告手当の支払いをしておらず、また労働基準監督署長の解雇予告除外認定を得ていないため、労基法20条に抵触します。しかし、すでに解雇から30日を経過しているため、解雇の効力には影響ありません。次に、労基法19条1項の時期的制限について、解雇した二条城氏はいずれにも該当しないので、労基法19条1項には抵触しません。そして、K社では、労働協約や就業規則において、使用者が解雇を行うときには労働組合と事前に協議し、または同意を得る事を要件とするようなルールはなく、また当該解雇理由が労働法制上規制する差別的なものや、申告したことによる解雇ではありませんし、さらに整理解雇ではないので、それらを理由とする解雇には該当しません。

　当該解雇は労働者側に理由がある懲戒解雇であり、労契法15条の懲戒権、または16条の解雇権の濫用にあたる場合には、解雇は無効となります。

　懲戒処分を行う場合には、就業規則に懲戒処分の対象、懲戒処分の内容等の根拠規定を記載し、従業員に周知させておくことが前提となります。K社では、一人ひとりに就業規則を配付していることから、周知はされていたものと解せます。しかし、二条城氏の懲戒処分時には社内の懲罰委員会は開催されず、事実関係の存否の検証なしに、社長に暴言を吐いたという行為の重大性・悪質性と懲戒解雇のバランス、さらに、懲戒処分を決定する前に本人に弁明の機会も与えていないことから、手続き上でも重要な瑕疵があり、懲戒権を濫用したものとして無効となるおそれがあります。

　次に、解雇権の行使について検討すると、「お前、偉そうに命令するなよ」という発言だけで解雇することは、社会通念上の相当性は到底認められないことから、解雇権を濫用したものと解せますので、当

該解雇の有効性を争った場合には無効と判示されるおそれがあります。

5 報告書作成例

年　月　日

人事デューデリジェンス報告書

株式会社□□□□　御中

　　　　　　　　○○社会保険労務士事務所
　　　　　　　　　調査担当社会保険労務士　○○○○
　　　　　　　　　調査担当社会保険労務士　○○○○

　株式会社Ｊ社の人事デューデリジェンス業務が完了いたしましたので、…ください。

※P.69の例参照。

1．違法事項等

　二条城氏の解雇について、下記の労働基準法等に抵触するおそれがあります。

	違反事項等	抵触する法律等
1	解雇の予告	労働基準法20条
2	賃金の全額払い	労働基準法24条
3	解雇権の濫用	労働契約法15、16条

2．調査結果の根拠
(1) 解雇の予告

労基法20条により、労働者を解雇しようとする場合、少なくとも30日前にその予告をしなければならず、予告をしない使用者は、30日分以上の平均賃金を支払わなければならないとしています。ただし、労働基準監督署長の解雇予告除外認定を受け、労働者の責に帰すべき事由に基づいて解雇する場合には、予告なく即時解雇することができます。

二条城氏の解雇については、30日前に解雇を予告すること、平均賃金の30日分以上の予告手当を支給すること、解雇予告の除外認定を受けることのいずれも該当しないため、労働基準法20条に抵触するおそれがあります。

ただし、解雇から30日を経過しているので、解雇の効力には影響ありません。

(2) 懲戒権・解雇権の濫用

労働契約法3条5項により、権利行使の濫用は法律行為として無効となります。二条城氏の解雇については、労働者側に帰責事由がある懲戒解雇であり、労働契約法15条の懲戒権の行使または16条の解雇権の行使が濫用にあたる場合、当該解雇は無効となります。

懲戒処分について、まずは、就業規則に懲戒処分の対象、懲戒処分の内容等の根拠規定を記載し、従業員に周知させておくことが前提となります。K社では、一人ひとりに就業規則を配付していたので、周知はされていたと理解してもよいと思います。しかし、二条城氏の懲戒解雇には、社内の懲罰委員会が開催されず、事実関係の存否の検証なしに、また社長に対して「お前、偉そうに命令するなよ」との暴言の重大

性・悪質性と懲戒解雇のバランスを踏まえ、懲戒処分を決定する前に本人に弁明の機会も与えていないことから手続き上も重要な瑕疵があり、これらを考慮すると懲戒権を濫用したものとして、懲戒解雇処分は認められないと思います。

また、解雇についても、一度の暴言だけで直ちに即時解雇することは、社会通念上の相当性も認められず、解雇権の行使までは認められません。したがって、本人と当該懲戒解雇の有効性を争った場合、法的効果は認められず、無効となるものと思われます。

(3) 賃金の全額払い

二条城氏の懲戒解雇は懲戒権ないし、解雇権の濫用であるため無効となるので、退職金について不支給とすることはできません。仮に懲戒解雇が有効で退職金減額・不支給条項があったとしても、K社の退職金制度は、退職金を前払いで受けることも、前払賃金相当額を積み立てて受けることもできる制度であり、賃金の後払いの性格が極めて強く、既に賃金として確定的に発生していることから、当該退職金は労基法上の賃金に該当するものと思います。したがって、当該退職金の減額ないし不支給は、労基法24条の全額払いに抵触するおそれがあります。

以上

Ⅶ 休　職

1 事　例

　ターゲット会社L社（従業員2,000人）では、営業部所属の正社員であった沼田氏が平成30（2018）年5月11日に休職期間満了により自己都合退職扱いとなりました。

　沼田氏は同年1月7日から欠勤し、同年2月5日に「うつ病により3カ月の自宅療養を要する」と書かれた医師の診断書が提出されたことを受け、同年2月12日にL社は沼田氏に対し期間3カ月の休職命令を発令しました。

　休職期間の満了直前の同年5月1日になって、沼田氏から「デスクワーク等の内勤ならば就労可能」という内容の医師の診断書がL社に提出されました。その際に沼田氏は、「医師の話では、元の外回り営業が可能になるにはあと半年程度の経過観察が必要とのことですが、見積り作成等や書類整理ならすぐにでも働ける程度に回復しています」とL社に伝えました。しかしL社は、沼田氏が元の業務に復職できる状態ではないことを理由として復職を認めず、また配置転換も検討せずに休職期間満了をもって自己都合退職扱いとしました。L社の営業部では、請求書発行業務等の事務作業を行う営業事務職員が不足していたため、沼田氏を営業事務職に配置転換のうえ、復職させることは可能な状況でした。

　なお、L社の就業規則には、「第○条　従業員が次の各号のいずれかに該当したときは休職とする。（ア）業務外の傷病による欠勤が1カ月を超えたとき」「第○条　業務外の傷病を理由とする休職期間は3カ月以内で会社が相当と認める期間とする」という記載、「第○条　復職時には休職前の職務への復職を命ずる。ただし、会社が認めた場合は、配置転換する場合がある」、および、「第○条　休職期間が満了したときは退職とする」との記載がありました。

L社は休職命令発令に際して、営業部の上司や同僚等から、メンタルヘルス不調の原因となるような長時間労働の有無や人間関係のトラブルの有無に関する調査を行いました。結果として、労働時間や人間関係について、特段の問題は存在しないという結論を得ています。また、沼田氏からは、休職前にも、復職前にもメンタルヘルス不調の原因が労働環境に存在するというような内容の申し出は一切ありませんでした。
　なお、沼田氏の在籍する事業場は、労働者数が50名を超えているにもかかわらず、労働安全衛生法に基づくストレスチェックが未実施でした。

2　規範・ルール等の定立

(1) 休　職

　休職とは、労務に従事させることが不能または不適当な事由が生じた場合に、使用者がその従業員に対し労働契約関係そのものは維持させながら労働義務を一時消滅させることをいいます。なお、休職制度を義務付ける法律は存在しないので、制度を設けるかどうかの判断は使用者に委ねられますが、多くの企業で労働協約や就業規則に規定されています。

　休職事由、つまり使用者が休職命令を発令すべき事由をどのように定めるかも使用者の任意となりますが、主な休職事由としては、傷病休職、事故欠勤休職、起訴休職などがあります。これらはいずれも、解雇猶予としての性格を有すると解するのが通説です。**解雇猶予**とは、解雇処分とすべきところを、一定期間猶予するということです。独立行政法人N事件（東京地判平成16年3月26日）でも、就業規則上の解雇事由に該当するところを、恩恵的に解雇を猶予したものとする立場をとっています。

　休職制度の制度設計自体は、導入および内容の両面において使用者の判断に委ねられるものですが、たとえ休職制度が存在したとして

も、使用者が合理性を欠く休職命令を発令したような場合は、権利濫用（民法1条3項、労契法3条5項）として無効になる可能性があることに注意を要します。また、休職制度を導入した後に、労働者の不利益に内容を変更する場合は、変更の必要性や内容の相当性といった合理性が必要です（労契法10条）。

（2）休職期間中の賃金

休職期間中の賃金支払の有無についても使用者へ委ねられており、労働協約、就業規則および個別の労働契約で定められますが、ノーワーク・ノーペイの原則に従い、無給とすることも問題なく、多くの場合は無給とされています。無給とされた場合の生活保障としては、休職事由が私傷病の場合、通常は健康保険の傷病手当金の支給を受けることになります。

（3）休職期間満了時の扱い

休職期間満了時の雇用契約上の地位は、休職事由ごとにあらかじめ使用者が就業規則等で定めます。例えば傷病休職の場合、休職期間満了時までに休職事由となった傷病が治癒していない場合、解雇（普通解雇）あるいは自然退職（自動退職）のどちらかとするのが一般的です。

（4）傷病休職

① 傷病休職とは

傷病休職（私傷病休職）とは、業務を直接の理由としない傷病を理由とする休職をいいます。労働者の私傷病により、労働契約の債務の本旨に従った債務（労務の提供）の履行不能となる事情が生じれば、使用者は債務不履行による契約解除（解雇）をなし得る可能性が生じますが、傷病休職制度は、前述のように解雇猶予の期間を設ける制度

であり、一定期間満了時に治癒していない場合は、退職あるいは解雇となります。

一般的には労働者から提出された主治医の診断書を基に休職の要否が判断されます。特に最近多い事由が、メンタルヘルス不調の「うつ病」による休職です。社内の人間関係を理由とすることも多く、休職制度はその対応の中心的な手段という面を有します。

② 復　職

復職とは、休職事由の消滅によって、職務に復帰することです。この復職の可否の判断は、特に慎重を要します。傷病休職の期間満了時には、解雇あるいは自然退職とするのが一般的ですが、傷病が治癒し復職が可能であるならば、どちらも許されないことになるからです。

そのため、私傷病の治癒の有無が復職の可否を左右することになります。判例は、治癒の有無については労働者側に立証責任があるとするのが大勢ですが、休職期間満了時に休職前の職務を支障なく行えるレベルまでの回復が見られなくとも、相当期間内の治癒の可能性と、負担の軽い他の業務への配置可能性があれば、信義則（民法1条2項、労契法3条4項）上、労働者を負担の軽い業務で復職させる義務を負うとする傾向があります。

③ 判　例

片山組事件（最一小判平成10年4月9日）では、職種や業務内容を特定せずに労働契約を締結した場合においては、命じられた業務が十全にはできないとしても、配置転換される現実的可能性がある他の業務であれば労務を提供することができ、かつその提供を申し出ているならば、会社は配置転換させなければいけないと判示しています。本判例の趣旨からは、本人が配置転換を望み、配点先での労務提供が可能であれば会社は受け入れなくてはならず、解雇あるいは退職という扱いをすることはできないことになります。

（5）休職発令日

休職発令日は、休職期間の起算点となる日付です。一般的には休職期間の満了日の翌日に、解雇あるいは自然退職となるため、解雇日あるいは退職日を算定するにあたり重要な日付です。就業規則上に休職発令日の根拠が記載されている場合は、それに基づいて休職を発令しますが、実際には規定や判断が曖昧になっているケースが見受けられます。

石長事件（京都地裁平成28年2月12日）では、休職満了により自己都合退職した労働者の地位確認が争われました。労働者は、平成25（2013）年4月18日に交通事故に遭い休業を余儀なくされました。勤務する会社の就業規則には、休職事由として、「業務外の傷病により引き続き1カ月を超えて欠勤したとき。」という私傷病休職に関する定めがあるため、同年5月18日を休職発令日とすべきところを、同年4月18日から休職命令を発令しました。判示では、同年5月18日から休職になるとはしないで、「就業規則上の要件を欠く休職命令であり、休職自体を無効であると解するのが相当である」としています。

判示では、就業規則の定めに従い、平成25（2013）年5月18日から休職になるとする解釈は採用せず、そもそも「就業規則上の要件を欠く休職命令」であることを理由に「休職自体を無効であると解するのが相当である」としています。

3　確認する資料および目的

調査を実施するための資料および目的については、**図表2－Ⅶ－1**のとおりです。

図表2－Ⅶ－1　調査資料と目的

資料の名称	目　的
□　就業規則	・休職制度の有無の確認 ・休職事由の確認 ・休職期間の確認 ・休職発令日の確認 ・復職の確認 ・休職期間満了時の扱いの確認
□　医師の診断書	・診断名の確認 ・自宅療養期間の確認 ・復職の可否の確認（治癒の有無）
□　休職命令書等会社が発行した書面	・休職発令日の確認 ・休職期間の確認
□　その他	・労働者との面談記録 ・労働者からの手紙・メール等 ・労働者の上長・同僚からの聴取記録 ・営業事務職の人員、業務量、業務時間等の配置転換の可能性等を確認する資料 ・労働者の勤務の実態を確認する資料 ・ストレスチェック実施の有無の確認

4　当てはめ

　本事例では、まずL社が発した休職命令の発令日が問題となります。L社の就業規則には、「業務外の傷病による欠勤が1カ月を超えたとき」に、「3カ月以内で会社が相当と認める期間」内で休職となると定められています。L社は、労働者が医師から3カ月の自宅療養を要すると書かれた診断書の提出を受け休職命令を出していますが、発令日は、2018年2月12日という「欠勤が1カ月を超えた」後の日付となっているため、発令日に関しては就業規則の要件を満たしています。

　次に、休職命令の必要性および期間の相当性ですが、沼田氏から「3カ月の自宅静養を必要とする」旨の医師の診断書が提出されたことを受けての発令です。医師という専門家の診断に基づいた判断であ

る以上、形式的には問題はないといえます。可能であるならば、沼田氏の同意および同席のうえで、沼田氏の主治医に直接説明を求め、病状や発症の原因、回復に要する期間の見込み等について事実確認を経たうえで休職命令が発令できるとなお良いでしょう。

　休職命令発令自体には問題はないとはいえ、配置転換を検討しなかった点については、問題があるといわざるを得ません。L社の就業規則には「第○条　復職時には休職前の職務への復職を命ずる。ただし、会社が認めた場合は、配置転換する場合がある。」と記載されています。提出された医師の診断書には、「デスクワーク等の内勤ならば就労可能」と記載されており、労働者からも「見積り作成等や書類整理ならすぐにでも働けます」と伝えられています。

　L社はこれらの事実を認識していることと、就業規則には復職時の配置転換の規定が存在していることを前提として、さらに判例法理を踏まえて総合的に検討する必要があります。本事例の場合、営業職としての業務が十全にはできないとしても、営業事務職員として配置転換できる現実的可能性があり、沼田氏が労務の提供を申し出ており、診断書から労務の提供可能性があると判断できます。よって、片山組事件判決の趣旨からは、L社は沼田氏を配置転換のうえ、復職させるべきだと考えることになるでしょう。本事例において、L社が沼田氏を休職期間満了による自己都合退職としたことは訴訟等において無効とされるリスクが大きいといえます。

　前述のとおり、休職命令発令の際に可能ならば、沼田氏の主治医に、沼田氏の同意を得たうえでできるだけ詳細な説明を求めたいところです。休職命令発令の際、あるいは復職の希望が出された際に、労働者の主治医から「本格回復への見通し」や「復職に関する注意事項」についてのアドバイスも得ておけば、今回のような問題が生じる可能性は減ります。産業医がいる会社の場合は、産業医にアドバイスを求めることも可能です。

　沼田氏は正社員であるため、会社とは長期雇用（終身雇用）を前提

とした労働契約関係にあります。その関係性からは、たとえ休職制度が解雇猶予を目的として設けられたものであっても、できるだけ労働契約の継続を前提とした判断が求められることになります。

　厚生労働省は、「心の健康問題により休業した労働者の職場復帰支援の手引き」において、「試し出勤制度」（いわゆるリハビリ出勤制度）を設けることを推奨しています。これは、例えば就業規則等の定めによって、休職期間中に無給で職場復帰に向けて、通勤時間帯に通勤が可能かどうかなど、「慣らし運転」のような形で労働者の職場復帰を支援するための制度です。このような制度をあらかじめ設けておくことで、復職の可否、つまり治癒の有無の判断がしやすくなる面もあるため、導入を検討すべきでしょう。

5　報告書作成例

　　　　　　　　　　　　　　　　　　　　　　　年　月　日

　　　　　　　　人事デューデリジェンス報告書

　株式会社□□□□　御中
　　　　　　　　　〇〇社会保険労務士事務所
　　　　　　　　　　　調査担当社会保険労務士　〇〇〇〇
　　　　　　　　　　　調査担当社会保険労務士　〇〇〇〇

　株式会社L社の人事デューデリジェンス業務が完了いたしましたので、…ください。
　　※ P.69の例参照。

Ⅶ 休職

1．違法事項等

	違反事項等	抵触する法律等
1	休職期間満了時に沼田氏を自己都合退職扱いとしたこと	就業規則第〇条　片山組事件判例（最一小判平成10年4月9日）
2	事業場において「心理的な負担の程度を把握するための検査」（ストレスチェック）を未実施であったこと	労働安全衛生法66条の10

2．調査結果の根拠

（1）就業規則の休職期間満了による自己都合退職の取扱い

　休職とは、労務に従事させることが不能または不適当な事由が生じた場合に、使用者がその従業員に対し労働契約関係そのものは維持させながら労働義務を一時消滅させることをいい、休職制度を義務付ける法律は存在しませんが、多くの企業で労働協約や就業規則によって設けられています。

　L社の就業規則にも休職制度が設けられており、今回の件も、労働者から診断書が提出され、休職命令を発令し、休職期間満了の3カ月後に就業規則「第〇条　休職期間が満了したときは退職とする」に基づき、自己都合退職扱いとしています。

　しかし、休職期間の満了直前に労働者から提出された医師の診断書には「デスクワーク等の内勤ならば就労可能」との記載があり、沼田氏も「見積り作成等や書類整理ならすぐにでも働けます」と伝えています。しかも、L社の就業規則には「第〇条　復職時には休職前の職務への復職を命ずる。ただし、会社が認めた場合は、配置転換する場合がある。」と

記載されているため、配置転換も検討せずに、元の業務に復職できる状態ではないことのみを理由に自己都合退職の取扱いをしたことは、判例法理（片山組事件・最判平成10年4月9日）無効となるリスクが大きいといえます。

（2）ストレスチェックが未実施であること
　平成27（2015）年12月1日から施行された改正労働安全衛生法66条10に、「心理的な負担を把握するための検査」（ストレスチェック）に関する規定が設けられました。実施する義務があるのは常時50人以上の労働者を使用する事業場の使用主で、年に1回、所定の書式で検査結果を所轄労働基準監督署に報告する義務があります。この報告義務を怠ったり、虚偽の報告を行った場合、50万円以下の罰金に処せられます（労働安全衛生法100条、120条5号、120条6号）。
　ストレスチェックの未実施は、単なるコンプライアンス違反の問題にとどまるものでなく、従業員のメンタルヘルス不調に対する初動対応をとるうえで必要な契機を自ら放棄するものであり、従業員個人の人権尊重の観点からも、企業の生産性確保および労使紛争リスクという経営上の観点からも、看過できない問題があります。メンタルヘルスケアに対する社会的関心が非常に高まっている現在、レピュテーションリスク（風評被害）回避の点からも早急な検査の実施を行うべきです。

　　　　　　　　　　　　　　　　　　　　　　　　　以　上

Ⅷ パートタイム労働者

【Ⅷ−1】雇入通知書

1 事 例

> ターゲット会社M社は、社員100人のうち70人を正社員よりも就業時間が短いパートタイム労働者（1年間の雇用期間の定めのある労働契約・時間給制）として雇用していました。パートタイム労働者を雇用する際に交付する雇入通知書には、就業場所・労働時間・就業日・時給額・給与支払日のみが記載されていました。

2 規範・ルール等の定立

（1）パートタイム労働者に対する労働条件の明示・文書の交付

　労働者を雇い入れたときは、労働条件を書面で明示しなければならない（労基法15条、平成11年1月29日基発45号）ほか、雇い入れた労働者がパートタイム労働者（以下、単に「パートタイム労働者」とする）であるときは、特定事項についても書面で明示することが求められています（パートタイム労働法6条1項）。

　労基法15条、パートタイム労働法6条1項が求める書面による明示事項は次のとおりです。

■労基法15条1項、労基則5条が書面明示を求める事項

1　労働契約の期間に関する事項
2　期間の定めのある労働契約を更新する場合の基準に関する事項
3　就業の場所および従事すべき業務に関する事項
4　始業および終業の時刻、所定労働時間を超える労働の有無、休憩時間、休日、休暇等
5　賃金（賞与・退職手当を除く）の決定、計算、支払方法、賃金締切、支払いの時期および昇給に関する事項
6　退職に関する事項（解雇事由を含む）

■パートタイム労働法6条1項、パートタイム労働則2条1項の特定事項

1　昇給の有無
2　退職手当の有無
3　賞与の有無
4　（短時間労働者の雇用管理の改善等に関する事項に関する）相談窓口

　上記の労働条件（特定事項）の明示は義務規定とされており、雇い入れたパートタイム労働者に対して書面明示されない項目があれば、労基法15条・パートタイム労働法6条違反となります。なお、パートタイム労働者が希望したときは、書面によらず、FAXや電子メールによる明示も認められています（パートタイム労働則2条）。

3　確認する資料および目的

　調査を実施するための資料および目的については、**図表2-Ⅷ-1**

のとおりです。

図表2-Ⅷ-1　調査資料と目的

資料の名称	目　的
□ 雇入通知書 □ 雇用契約書 □ 労働条件通知書	・パートタイム労働者を採用する際に、現実に交付されている書面を確認

4　当てはめ

　パートタイム労働者を採用したときは、書面による労働条件の明示が求められますが、M社が書面明示する記載事項は必要事項を満たしていないため、労働条件が明示されたとはいえず、労基法15条1項に抵触することになり、30万円以下の罰金に処せられるおそれがあります（同法120条1号）。

　また、パートタイム労働法の特定事項についても記載がないため、パートタイム労働法6条1項に抵触することになり、都道府県労働局長による助言、指導、勧告の対象となります（同法18条1項）。仮に助言、指導、勧告が行われても履行しない場合は、事業主（企業）名の公表（同法18条2項）となるとともに、10万円以下の過料に処せられることがあります（同法31条）。

【Ⅷ-2】就業規則

1　事　例

　M社では、就業規則が適切に作成、届出されていました。しかし、その就業規則は正社員のみを対象としたもので、パートタイム労働者に適用される就業規則は存在しませんでした。

2　規範・ルール等の定立

(1) 労基法89条の作成・届出義務

　労基法89条では、常時10人以上の労働者を使用する使用者は、就業規則を作成し、届け出なければならないとされています。また、一部の労働者にのみ適用される別個の就業規則を作成することは差し支えないとされています。

　ただし、別個の就業規則を定めた場合には、当該二以上の就業規則を合したものが労基法89条の就業規則となるものであって、それぞれ単独に同条に規定する就業規則になるものではない、とされています（昭和63年3月14日基発150号）。

　M社の場合は、労基法89条が求める就業規則の要件を満たすためには、「正社員の就業規則」と「パートタイム労働者の就業規則」の2つの就業規則が存在することが求められることになります。しかし、M社には「パートタイム労働者の就業規則」が存在しないため、89条違反となります。

(2) パートタイム労働法7条の就業規則の作成手順

　労基法90条では、就業規則を作成・変更するときは「労働者の過半数で組織する労働組合がある場合においてはその労働組合、労働者の過半数で組織する組合がない場合においては労働者の過半数を代表する者」（以下、「過半数代表者」という）の意見を聴くよう義務付けられています。

　さらに、パートタイム労働法7条では、パートタイム労働者を対象とした就業規則を作成・変更するときは、パートタイム労働者の過半数代表者の意見を聴くよう努めるものとされています。

　労基法90条が求めているのは、パートタイム労働者の就業規則を作成・変更する場合であっても、パートタイム労働者の過半数代表者で

はなく、事業場全体の過半数代表者からの意見聴取です。そのため、パートタイム労働者の就業規則を届出する際は、事業場全体の過半数代表者の意見書を添付することで足りることになります。パートタイム労働法では、パートタイム労働者の過半数代表者の意見聴取を求められていますが、意見書を添付する必要はありません。

　しかし、パートタイム労働法に定める努力義務を遵守し、パートタイム労働者の過半数代表者から意見聴取を行った証として、意見書を作成し届出の際に添付する、もしくは事業所全体の過半数代表者の意見書において、パートタイム労働者の過半数代表者からも意見聴取を実施した旨の記載をすることが望ましいところです。

(3) パートタイム労働者の正社員用就業規則の拡張適用

　M社ではパートタイム労働者に適用される就業規則が存在しないため、パートタイム労働者に対する待遇に関する規定がないのであれば、結果として正社員の就業規則が準用されるのではないかという疑問が生じ、トラブルが起こる余地があると考えられます。

　しかし、実務上では労契法12条（労働契約との関係）の形式的な拡張適用説はとられていません。就業規則の適用対象としている者（正社員）と異なる異種の雇用形態の労働者（パートタイム労働者）にただちに正社員就業規則を拡張適用することは、当事者の予測しない結果を及ぼし、これは同法の予想しないところであり、同規定の趣旨でもないというのが学説上、実務上の扱いです。

3　確認する資料および目的

　調査を実施するための資料および目的については、**図表2-Ⅷ-2**のとおりです。

図表2-Ⅷ-2　調査資料と目的

資料の名称	目的
□ 就業規則	・パートタイム労働者に適用する就業規則作成の根拠を確認
□ パートタイム労働者に適用される就業規則	・委任規定に基づいて、パートタイム労働者に適用される就業規則が作成されていることの確認
□ 就業規則意見書	・パートタイム労働者の過半数代表者に意見聴取を行った事実の確認

4　当てはめ

　パートタイム労働者に適用される就業規則について、作成義務がありながら作成していない状況は、労基法89条に抵触するため、30万円以下の罰金に処せられるおそれがあります（同法120条）。パートタイム労働者の過半数代表者から意見聴取を行っていない場合は、労基法89条違反とはならないものの、パートタイム労働法7条違反となります。

【Ⅷ-3】健康診断

1　事例

　M社では、安衛法66条の健康診断が実施されていました。しかし、その対象者にパートタイム労働者が含まれていませんでした。
　また、健康診断の費用について、医療機関の窓口で支払う自己負担額（健診費用全額のうち、健康保険協会から補助が受けられない部分）については、社員が負担していました。

2 規範・ルール等の定立

(1) 健康診断の実施

　安衛法66条1項では、「事業主は、労働者に対し、(略)医師による健康診断を行わなければならない」とされています。また、健康診断は「常時使用する労働者を雇い入れるとき」(安衛則43条)、および「常時使用する労働者に対し、1年に1回」(安衛則44条、有害業務等の特定業務に従事する労働者を除く)とされています。

(2) パートタイム労働者に対する健康診断の実施

　安衛法66条1項の健康診断実施の対象者は、「常時使用する労働者」とされています。これは正社員のほか、1年以上の雇用期間の定めのある労働者(1年以上使用されることが予定されている者、雇用契約が更新され、1年以上となった者も含む)も対象となります(平成26年7月24日基発0724第2号)。

　パートタイム労働者に対しては、正社員の週所定労働時間が40時間の場合、その4分の3(週30時間以上)の者についても「常時使用する労働者」とされ、実施義務があります。また、4分の3未満であっても、週所定労働時間がおおむね2分の1(週20時間以上)である者についても、一般健康診断を行うことが望ましい、とされています(同基発)。

(3) 健康診断の費用負担

　健康診断の実施にかかる費用負担については、「法で事業者に実施義務を課している以上、当然、事業主が負担すべきものである」とされています(昭和47年9月18日基発602号)。

　また、健康診断の受診に要した時間についての賃金支払についても、「一般的な健康の確保をはかることを目的として事業者に実施義

務を課したものであり、業務遂行との関連において行われるものではない」としつつ、当然に負担すべきものではなく、労使協議で定めるべきものであるとされていますが、「事業の円滑な運営の不可欠な条件であることを考えると、その受診に要した時間の賃金を事業者が支払うことが望ましい」とされています（同基発）。

つまり、健康診断の受診費用はもとより、その受診に要した時間の賃金についても事業主が負担すべき、とされています。

3　確認する資料および目的

調査を実施するための資料および目的については、**図表2－Ⅷ－3**のとおりです。

図表2－Ⅷ－3　調査資料と目的

資料の名称	目的
□ パートタイム労働者を対象とする就業規則	・健康診断の実施規定の確認
□ 定期健康診断の実施状況管理簿	・定期健康診断の実施実績、対象者の確認
□ 健康診断の実施にかかる領収証	・健康診断の費用負担義務履行についての確認

4　当てはめ

パートタイム労働者に対して、雇入時健康診断、および定期健康診断を実施していない場合は、安衛法66条に抵触し、50万円以下の罰金に処せられるおそれがあります（同法120条）。

また、健康診断の費用負担について、事業主が当然に負担すべきところを、パートタイム労働者にその一部を負担させていることは、安衛法66条に基づく通達（昭和47年9月18日基発602号）により、行政指導が行われるおそれがあります。

【Ⅷ-4】年次有給休暇

1 事 例

> M社では、正社員に対しては年次有給休暇を適正に付与していたものの、パートタイム労働者に対しては「パートに有給はありません」と伝えるのみで、全く付与していませんでした。

2 規範・ルール等の定立

(1) パートタイム労働者に対する労基法の年次有給休暇

　労基法39条では、全労働日の8割以上出勤することを条件に、6カ月継続勤務した労働者に対して、継続または分割した10労働日の年次有給休暇の付与を定め（同条1項）、1年6カ月以上継続勤務した労働者に対しては、継続勤務年数に応じた労働日を加算することを求めています（同条2項）。

　労基法39条の1項・2項は、「通常の労働者の所定労働日数」、つまり正社員を想定した規定です。これに対して、同条3項では、「1週間の所定労働日数」が「通常の所定労働日数に比し相当程度少ないもの」、つまりパートタイム労働者を想定した規定となっています。

　つまり、労基法39条はパートタイム労働者について年次有給休暇の対象とし、所定労働日数に応じた年次有給休暇日数を定めています。

■パートタイム労働者の年次有給休暇日数（労基則24条の3第3項）

週所定労働日数	1年間の所定労働日数	雇入れの日から起算した継続勤務期間						
		6カ月	1年6カ月	2年6カ月	3年6カ月	4年6カ月	5年6カ月	6年6カ月以上
4日	169日から216日まで	7日	8日	9日	10日	12日	13日	15日
3日	121日から168日まで	5日	6日	6日	8日	9日	10日	11日
2日	73日から120日まで	3日	4日	4日	5日	6日	6日	7日
1日	48日から72日まで	1日	2日	2日	2日	3日	3日	3日

（2）年次有給休暇を取得した場合の賃金

年次有給休暇を取得した日についての賃金は、次のいずれかのうち使用者が選択し、就業規則に定めておく必要があります。

① 平均賃金
② 通常の賃金
③ 健康保険法が定める標準報酬日額（労使協定が必要）

上記①～③から選択した支払方法を、年次有給休暇を取得した日についての賃金として就業規則に定める必要があります。この選択がなされたときは、必ず選択された方法によって賃金を支払わなければなりません（昭和27年9月20日基発675号）。よって、都度選択することは認められていません。

パートタイム労働者が年次有給休暇を取得し、賃金支払について②通常の賃金を選択した場合は、「日給者・月給者等につき、所定労働時間労働した場合に支払われる通常の賃金」を支払うことになります（同基発）。

③ 確認する資料および目的

調査を実施するための資料および目的については、**図表2－Ⅷ－4**のとおりです。

図表2－Ⅷ－4　調査資料と目的

資料の名称	目　的
□ パートタイム労働者に適用される就業規則	・年次有給休暇に関する規定の確認 ・年次有給休暇を付与した場合の賃金支払方法の確認
□ 年次有給休暇管理簿 　年次有給休暇届	・パートタイム労働者に対する付与状況、現実に取得した年次有給休暇日数の確認

④ 当てはめ

M社がパートタイム労働者に対して行った発言、「パートに有給はありません」は労基法39条に反する発言であって、パートタイム労働者に対しても年次有給休暇を付与しなければなりません。

パートタイム労働者は年次有給休暇の対象外とするM社の取扱いは、労基法39条に抵触します。この場合は、6カ月以下の懲役または30万円以下の罰金に処せられるおそれがあります（労基法119条）。

【Ⅷ－5】雇用保険の加入

① 事　例

> M社では、雇入れ当初のパートタイム労働者とは2カ月間の雇用契約を締結しています（2カ月経過後は、1年間の雇用契約に切替え）。
> 雇用保険の適用については、採用当初2カ月間は取得資格をさせず、2カ月経過後（1年間の雇用契約に切替後）に資格取得手続をとっていました。

2　規範・ルール等の定立

(1) パートタイム労働者に対する雇用保険の適用

　雇用保険の被保険者の適用範囲は、平成22（2010）年4月1日の改正で拡大され、現在は「31日以上の雇用見込み、かつ週所定労働時間が20時間以上」となっています（雇保法6条）。しかしながら、改正前の適用範囲が「6カ月以上の雇用見込み、かつ週所定労働時間が20時間以上」とされていたことから、改正後の要件で資格取得の届出がなされていないことも散見されます。

　雇保法7条では、事業主は、その雇用する労働者に関し、当該事業主の行う適用事業に係る被保険者となったことを厚生労働大臣に届け出なければならないとされ、さらに同法施行規則6条においては、被保険者となったことの届出に関し、「事業主は、法第7条の規定により、その雇用する労働者が当該事業主の行う適用事業に係る被保険者となったことについて、当該事実のあった日の属する月の翌月10日までに、雇用保険被保険者資格取得届をその事業所の所在地を管轄する公共職業安定所の長に提出しなければならない」とされています。

3　確認する資料および目的

　調査を実施するための資料および目的については、**図表2－Ⅷ－5**のとおりです。

図表2－Ⅷ－5　調査資料と目的

資料の名称	目　的
□ 雇用契約書 □ 雇入通知書 □ 労働条件通知書	・採用時の労働条件（週所定労働時間数等）の確認
□ 賃金台帳	・雇用保険料の控除状況の確認
□ 出勤簿	・雇用契約上の所定労働時間と、現実の就業時間を確認
□ 雇用保険資格取得確認通知書	・雇用保険の資格取得手続の記録を確認

4　当てはめ

　M社は採用日（被保険者となった日）から2カ月以上経過してから資格取得の届出を行っているため、雇保法7条に抵触し、資格取得日の遡及訂正を行わなければならないほか、遡及に伴う保険料の負担もしなければなりません。

　この対応が原因で、パートタイム労働者の雇用保険加入期間が短くなり、その結果としてパートタイム労働者が退職後に受けられる失業等給付（基本手当）の受給額が少なくなった場合は、会社が損害賠償責任を負うとする判決も存在（田邊金属賃金等請求事件・東京地裁平成14年1月28日）することから、早急な改善が必要です。

【Ⅷ－6】社会保険の加入

1　事　例

> M社では、パートタイム労働者との労働契約書において、週所定労働時間が最長でも30時間未満であったため、全員を社会保険に加入させていませんでした。

しかし、パートタイム労働者の約30％・20人は現実の就業時間が週35時間程度となっており、30時間未満とする週所定労働時間は形骸化していました。

2　規範・ルール等の定立

(1) パートタイム労働者に対する社会保険の適用

　社会保険（健康保険および厚生年金保険）の被保険者の資格取得基準については、平成28年10月１日の改正で「１週の所定労働時間数」および「１月の所定労働日数」が常時雇用者の「４分の３以上」と法定されました（健保法３条、厚年法12条）。

　M社のパートタイム労働者との雇用契約は、改正後の基準に基づき、週所定労働時間数が30時間未満であったため、パートタイム労働者全員を社会保険に適用させていませんでした。しかし、現実の就業時間数を確認する限り、週30時間を超えて就業することが一部のパートタイム労働者で常態となっており、実質的には改正後の社会保険の適用基準を満たしている状況でした。

　年金事務所では、M社のような状況について実務的な対応として「契約上の週所定労働時間が30時間未満であっても、現実の週就業時間数が30時間を超える状況が２カ月継続した場合は、３カ月目から適用させる」旨の指導が行われています。

3　確認する資料および目的

　調査を実施するための資料および目的については、**図表２－Ⅷ－６**のとおりです。

図表2－Ⅷ－6　調査資料と目的

資料の名称	目　的
□ 雇用契約書 □ 雇入通知書 □ 労働条件通知書	・採用時の労働条件（週所定労働時間数等）の確認
□ 賃金台帳	・社会保険料の控除状況の確認
□ 出勤簿	・雇用契約上の所定労働時間と、現実の就業時間を確認
□ 社会保険資格取得確認通知書	・社会保険の資格取得手続の記録を確認

4　当てはめ

　一部のパートタイム労働者の週所定労働時間数は30時間超、つまり改正後の社会保険の適用基準を満たしていることになります。現実の所定労働時間が2カ月継続して週30時間を超えるパートタイム労働者については社会保険を適用するよう年金事務所から指導されることがあります。

　さらに、使用者が採用時に被保険者資格取得の届出、保険料の納付を怠ったことにより、年金額が少なくなった場合、被保険者であった者から民事訴訟により逸失利益（「得べかりし年金」）として損害賠償請求されるおそれがあります（豊國工業事件・奈良地裁平成18年9月5日）。

【Ⅷ－7】　差別的取扱いの禁止

1　事　例

　M社のパートタイム労働者70人のうち、約3割・20人はリーダー等の役職に就いていて、職務内容も正社員と同様でした。しかし、パートタイム労働者の給与は時間給で、正社員とは給与水準に格差があり、また正社員

には支給される賞与・退職金についてもパートタイム労働者はその支給対象とされていませんでした。

　なお、M社では正社員についても転勤や出向は行われておらず、職務が変更になることもありません。

2 規範・ルール等の定立

(1) 通常の労働者と同視すべき短時間労働者

　パートタイム労働法9条では、「職務の内容が、通常の労働者と同一の短時間労働者」について「職務内容同一短時間労働者」と定義し、さらに「職務内容同一短時間労働者」のうち「その職務の内容および配置が、通常の労働者の職務の内容および配置の変更の範囲と同一の範囲で変更されると見込まれるもの」について、「通常の労働者と同視すべき短時間労働者」と定義されています。

　なお、パートタイム労働法は働き方改革実現の役割を担う法律と位置付けられ、2020年4月1日（中小企業は翌年4月1日）に改正されます。

　改正法では、有期契約労働者も保護対象とされ、法律名称も「短時間労働者及び有期雇用労働者の雇用管理の改善等に関する法律」（以下、「パート・有期労働法」）に改称されることになりました。

■パートタイム労働法9条による短時間労働者の区分

1　通常の労働者と同視すべき短時間労働者
2　職務内容同一短時間労働者
3　1・2に該当しない短時間労働者

　M社のパートタイム労働者の約3割・20人がリーダー等の役職に就いており、業務内容も正社員と同様で、リーダーには担当業務におけ

る権限が与えられ、業務の管理についても正社員と同様に行っており、また転勤や職務変更等も正社員と同様の扱いとなっているため、実施的に所定労働時間数が短いこと以外に正社員と相違が確認できない状況でした。

このような状況にある場合、パートタイム労働者のうちリーダー等の役職に就く者は、パートタイム労働法9条の「通常の労働者と同視すべき短時間労働者」に該当すると判断される可能性が高いと思われます。

（2）差別的取扱いの禁止の範囲

「通常労働者と同視すべき短時間労働者」に対しては、短時間労働者であることを理由として「賃金の決定」「教育訓練の実施」「福利厚生施設の利用」「その他の待遇」について差別的取扱いをしてはならないとされています。

「その他の待遇」には、「休憩」「休日」「休暇」「安全衛生」「災害補償」「解雇等」労働時間以外のすべての待遇とされています（平成26年7月24日基発0724第2）。

なお、改正パート・有期労働法9条では「短時間・有期雇用労働者であることを理由として、基本給、賞与その他の待遇のそれぞれについて、差別的取扱いをしてはならない」とされ、賃金についてより踏み込んだ表現になっています。

（3）賃金に関する差別的取扱い

「職務内容同一短時間労働者」については、賃金は時間比例分が正社員に比し少ないことについては合理的差異として許容されるとあります。そのため、月例給与における諸手当、賞与、退職金については、合意的差異とされず、差別が許されないことになります（平成26年7月24日基発0724第2）。

「通常労働者と同視すべき短時間労働者」については、正社員との

均衡を配慮しつつ、職務の内容・成果、意欲、能力、経験等を勘案して給与を決めるように努めるとされています（パートタイム労働法10条1項）。

なお、職務と関連しない手当（通勤手当、退職手当、家族手当、住宅手当、別居手当、子女教育手当、その他職務内容に関連しないもの）については、含まれないこととされています（パートタイム労働法施行規則3条）。ただし、「家族状況とは無関係に一律支給される家族手当」「現実に通勤に要する交通費等にかかわらず、一律支給される通勤手当」等の手当が正社員に支給されている場合は、実質的に職務に関連する手当と判断される可能性があります。

パートタイム労働法の基本的性格は、行政上の指導措置を主要な実施手段とする行政法上の行為規範ですが、9条は強行規定であることを理由に、法律行為であれば当然に無効であり、事実行為であれば不法行為の違法性を備え、損害賠償責任を生じさせるとの解釈が学説にも存在します。

ニヤクコーポレーション事件（大分地裁平成25年10月25日）では、「通常労働者と同視すべき短時間労働者」に該当すると認められる準社員（正社員に比べて所定労働時間が1日1時間短い、正社員は1日8時間）に対し、賞与が正社員と比べて40万円少ない等について差別的取扱いを受けていることを踏まえ、賞与の差額分について、平成19年改正パートタイム労働法8条1項（現9条）違反として損害賠償が認められています。

（4）教育訓練に関する差別的取扱い

パートタイム労働法は、パートタイム労働者のうち、「職務内容同一短時間労働者」に対して、正社員や「通常の労働者と同視すべき短時間労働者」と同様に、教育訓練を実施しなければならないと定めています（同法11条）。

ただし、パートタイム労働者が同業他社に勤務していた際に教育訓

練等を受け、職務遂行に必要な知識や技術を既に習得している場合は除かれています（平成26年7月24日基発0724第2）。なお、上記以外のパートタイム労働者（職務内容が異なる等）に対する教育訓練は、実施するよう努めるものとされています（同法11条2項）。

(5) 福利厚生施設に関する差別的取扱い

パートタイム労働法は、福利厚生施設について、「すべてのパートタイム労働者に対して利用の機会を与えるよう配慮しなければならない」としています（同法12条）。なお、福利厚生施設とは、「給食施設」「休憩室」「更衣室」の3施設を指します（同法施行規則5条）。

「配慮」とは、パートタイム労働者に対しても利用機会を拡大する等の具体的な措置を求めています。単に定員を理由として、施設の利用を正社員に限定することはパートタイム労働法12条違反となります（平成26年7月24日基発0724第2）。

なお、改正パート・有期労働法12条では、「利用の機会を与えなければならない」として、配慮義務規定が義務規定に改められます。

3 確認する資料および目的

調査を実施するための資料および目的については、**図表2－Ⅷ－7**のとおりです。

図表2－Ⅷ－7　調査資料と目的

資料の名称	目的
□ 就業規則（作成されているものすべて） □ 労働条件通知書（雇入通知書） □ パートタイム労働者の賃金決定に関する資料 □ その他、パートタイム労働者に交付した、労働条件の内容を確認できるもの	・正社員とパートタイム労働者の待遇差、差別的取扱の確認

4 当てはめ

　M社のパートタイム労働者のうち、リーダー等の役職に就く者については、その就業実態から、「通常の労働者と同視すべき短時間労働者」に該当する可能性が高いと思われます（パートタイム労働法9条）。この場合は、賃金について差別的取扱いが許されないことになり、正社員との均衡を配慮しつつ給与決定しなければならないほか、賞与や退職金の対象とされないことについても差別的取扱いとなります。

　パートタイム労働法9条には罰則がありません。しかし、行政指導の対象（報告の徴収、助言、指導、同法18条1項）、違反事業主（企業）名の公表の対象（同法18条2項）となるおそれがあります。

【Ⅷ-8】 不合理な待遇の相違の禁止

1 事　例

> M社は、多くのパートタイム労働者（70人）を雇用し、ほとんどのパートタイム労働者は職務の内容が正社員と同一であり、さらに一部の者はリーダー（パートリーダー）の役職にも就いていました。
>
> 役職に就かないパートタイム労働者の給与水準についても正社員とは大幅な格差があり、基本給は最低賃金法に抵触しない程度の時間給のみが支給されていました。
>
> （M社の給与支給状況）
>
> | | 基本給 | 役職手当 | 通勤手当 | 賞　与 | 退職金 |
> |---|---|---|---|---|---|
> | 正社員 | 月　給 | ○（役職者） | ○ | ○ | ○ |
> | パートリーダー | 時間給（単価は正社員の80％程度） | ○ | ○ | △（寸志） | ×なし |
> | 一般パート | 時間給（単価は正社員の40％程度） | ×なし | ×なし | ×なし | ×なし |

2 規範・ルール等の定立

(1) パートタイム労働者であることを理由とする不合理

　パートタイム労働法8条は、正社員との待遇の相違について、職務の内容・配置の変更等の事情を考慮して、不合理と認められるものであってはならないとしています。不合理性の判断の対象となる待遇の相違とは、「短時間労働者であることを理由とする」待遇の相違であることが、通達において示されています（平成26年7月24日基発0724第2号(2)）。

(2) パートタイム労働法8条の民事的効力

　パートタイム労働法18条1項は、同法各条に違反があったときに行政指導（助言・指導・勧告等）を行うことができるとされています。しかし、パートタイム労働法8条については、通達において「事業主が講ずべき措置を個々具体的に規定している法第9条から第12条までの規定について行い、直接法第8条について行うものではないこと」とされています。

　パートタイム労働法8条は労契法20条にならった規定であり、「法第20条は民事的効力のある規定であること。法第20条による不合理とされた労働条件の定めは無効となり、故意・過失による権利侵害、すなわち不法行為として損害賠償が認められ得ると解されるものであること」とされています（平成24年8月10日基発0810第2号）。

　つまり、パートタイム労働法8条は、短時間労働者の待遇の原則を規定するだけでなく、民事的効力を持つためパートタイム労働者であることを理由とする正社員との不合理な待遇差については、提訴の対象になり得ることとなります（平成26年7月24日基発0724第2号）。

（3）法改正による労契法20条の統合、効力の強化

　パート・有期労働法の改正時に、現行の労契法20条は削除され、8条に統合されることになりました。

　パート・有期労働法における適用対象者とは、パートタイム労働者に有期雇用労働者が追加された者となります。労契法20条は、都道府県労働局長による助言・指導・勧告の対象とされていません。しかしパート・有期労働法では、労契法20条がパート・有期労働法8条に統合されるためその対象となるほか、紛争調整委員会による調停の対象に変更（現行パートタイム労働法8条では出頭義務のないあっせんの対象、現行労契法20条は対象外）されています。

　パート・有期労働法8条は現行法8条に比べてより効力を持つ条文に強化されたことがうかがえます。

（4）労契法20条をめぐる不合理な待遇差について

　労契法20条をめぐる不合理な待遇差については、最高裁判決が出たことにより、改正パート・有期労働法8条の解釈が確定したと考えることができます（長澤運輸事件・ハマキョウレックス事件、いずれも平成30年6月1日）。

　不合理とは、労働条件の相違が不合理であると評価することができるものであることをいうと解するのが相当とされました。また、不合理性の考慮要素（①労働者の業務の内容および当該職務に伴う責任の程度（職務の内容）、②当該職務の内容および配置の変更の範囲、③その他の事情）の関係は並立であり、③は①②に関連する必要がないとされました。

　また、賃金項目については個別考慮すべき（支給項目ごとに判断）とされました。パート・有期労働法8条の不合理性の判断は、基本給、諸手当の支給事由を踏まえて個別に行う必要があります。

3 確認する資料および目的

調査を実施するための資料および目的については、**図表2－Ⅷ－8**のとおりです。

図表2－Ⅷ－8　調査資料と目的

資料の名称	目　的
□ 就業規則（作成されているものすべて） □ 労働条件通知書（雇入通知書） □ パートタイム労働者の賃金決定に関する資料 □ その他、パートタイム労働者に交付した労働条件の内容を確認できるもの	・正社員とパートタイム労働者の待遇差、不合理な相違の確認

4 当てはめ

　M社のパートタイム労働者のうち、リーダー等の役職に就かない者（一般パート）については、パートタイム労働法8条の待遇差に関する3要素に照らして不合理性が判断されます。

　一般パートは、職務の内容が正社員と異なることから、通常の労働者と同視すべき短時間労働者には該当しないものの、職務内容が同一であれば不合理性が判断されることになります。M社の場合は、最低賃金程度の支給となっており、正社員との時間給単価格差が大きいことから、公序良俗として不法行為が成立する余地があると考えられます（京都市女性協会事件・大阪高判平成21年7月16日）。

　また、通勤手当については、パートタイム労働者であっても正社員と同様に費用が発生することから、不合理と解される可能性があり、都道府県労働局長による助言、指導、勧告または紛争調整委員会のあっせんの対象となるおそれがあります。

【Ⅷ-9】 短時間雇用管理者

1 事　例

> M社は、70人以上のパートタイム労働者を雇用しながら、短時間雇用管理者が選任されていませんでした。パートタイム労働者の雇用管理体制が構築されておらず、雇用管理の問題についての相談窓口についても通知されていませんでした。

2 規範・ルール等の定立

(1) 短時間雇用管理者の選任義務

　パートタイム労働法17条では、常時一定数以上のパートタイム労働者を雇用する事業所ごとに、短時間雇用管理者を選任することが努力義務として求められています。また一定数とは10人以上とされています（同法施行規則6条）。

　パートタイム労働者は正社員とは異なり、労働条件が個々のパートタイム労働者によって多様に設定されていることが一般的であるため、事業主がきめ細かな雇用管理を行うことが困難であることを前提として、短時間雇用管理者の選任が求められています。

　また、短時間雇用管理者を選任するに際しては、パートタイム労働者の雇用管理の改善等の管理に必要な知識・経験のあると認められる者、具体的には人事労務管理について権限を有する者を選任することが望ましいとされています。

　また、短時間雇用管理者を選任したときは、氏名を事業所の見やすい場所に掲示する等、パートタイム労働者に対して周知させるよう努めなければなりません（パート労働指針第3、平成26年厚労省告示293号）。

(2) 相談のための体制の整備

　パートタイム労働法では、短時間雇用管理者の選任と相まって、パートタイム労働者の雇用管理等の改善に関する事項について、パートタイム労働者からの相談に応じ、適切に対応するための体制整備が義務付けられています（パートタイム労働法16条）。

　事業主が体制を整備するに際して、基本的な考え方・講ずべき雇用管理の改善等の措置がパート労働指針（平成26年厚労省告示293号）で示されており、労働関係法令がパートタイム労働者に適用されること、労働時間・退職手当・通勤その他手当・福利厚生等に関する適切な措置の実施、不利益な取扱いの禁止等が求められています。

(3) 雇用管理の改善等に関する事項に係る相談窓口の書面による明示

　前述（2）の体制整備と相まって、パートタイム労働者からの雇用管理の改善に関する相談を受け付けるための窓口を設置し、相談窓口となる部署名・担当者名・連絡先について文書を交付しなければなりません。ただし、パートタイム労働者が希望するときは、FAXやメール等による手段でも可とされています（パートタイム労働法6条、同法施行規則2条1項）。

3　確認する資料および目的

　調査を実施するための資料および目的については、**図表2－Ⅷ－9**のとおりです。

図表2－Ⅷ－9　調査資料と目的

資料の名称	目　的
□ 労働条件通知書（または雇用契約書）その他、パートタイム労働者に交付し	・短時間雇用管理者の選任状況を確認 ・パートタイム労働法に基づく相談窓

資料の名称	目　的
た書面等	ロの周知義務の履行状況を確認

4 当てはめ

　短時間雇用管理者の選任は努力義務となっていますが、パートタイム労働者の雇用管理についての報告徴収の対象となり、都道府県労働局長の助言、指導もしくは勧告の対象となることがあり、これに従わなかった場合は事業主（企業）名を公表されるおそれがあります（パートタイム労働法18条）。

　パートタイム労働者の雇用管理の改善について、相談に応じるための必要な体制整備は義務規定とされています（パートタイム労働法16条）。M社は70人ものパートタイム労働者を雇用しながら、必要な体制整備が行われていないため、都道府県労働局長の助言、指導もしくは勧告の対象となることがあり、これに従わなかった場合は事業主（企業）名を公表されるおそれがあるほか、相談窓口の設置について文書の交付を行っていないため、10万円以下の過料に処せられるおそれがあります（同法31条）。

【Ⅷ－10】労働契約の無期転換

1 事　例

　M社では、雇用するパートタイム労働者と期間の定め（採用当初2カ月間、その後は1年間）のある労働契約を締結していました。しかし、契約更新の手続きは全く行われておらず、パートタイム労働者で1年の契約期間を意識している人は誰もいませんでした。

　M社は、長期に勤務するパートタイム労働者から労働契約の無期転換へ

の希望を受けましたが、「従来の契約（1年間の期間の定めのある労働契約）を変更することはない」という以前からのルールを変えず、無期転換を認めていませんでした。

2 規範・ルール等の定立

（1）有期労働契約の期間の定めのない労働契約への転換

　労契法はパートタイム労働者であっても適用されます。労契法18条では、「同一の使用者との間で締結された二以上の有期労働契約の契約期間を通算した期間が5年を超える労働者が、当該使用者に対し、現に締結している有期労働契約が満了する日までの間に、当該満了する日の翌日から労務が提供される期間の定めのない労働契約の締結の申込みをしたときは、使用者は当該申込みを承諾したものとみなす」とされています。

　有期労働契約者が一定の基準を満たした場合に、有期労働契約から無期労働契約へ転換するルール（無期転換ルール）を設けることで、有期労働契約の濫用的な利用を抑止し、労働者の雇用の安定を図ること、とされています（平成24年8月10日基発0810第2号）。

3 確認する資料および目的

　調査を実施するための資料および目的については、**図表2－Ⅷ－10**のとおりです。

図表2－Ⅷ－10　調査資料と目的

資料の名称	目 的
□ 労働者名簿	・勤続年数の確認
□ パートタイム労働者に適用される就業	・無期転換ルールに関する記載事項の

資料の名称	目的
規則 ☐ 無期転換ルールについて定めた規程等 ☐ パートタイム労働者に交付された労働条件通知書（雇用契約書）	確認 ・無期転換ルールの実施状況の確認

4 当てはめ

　使用者が無期転換ルールを拒否することは認められていません。この場合は契約法18条違反となりますが、労契法は、労働契約に関する民事的なルールを明らかにするものであり、労働基準監督官による監督指導および罰則による履行確保は行われません（平成20年1月23日基発0123004号）。違反について民事上で違法・無効と判断される効果があり、違反の程度によっては損害賠償義務が生じる可能性があります。

5 報告書作成例

（Ⅷまとめ）

　　　　　　　　　　　　　　　　　　　　　　　　年　　月　　日

　　　　　　　　　　人事デューデリジェンス報告書

　株式会社☐☐☐☐　御中
　　　　　　　　　○○社会保険労務士事務所
　　　　　　　　　　調査担当社会保険労務士　○○○○
　　　　　　　　　　調査担当社会保険労務士　○○○○

　株式会社M社の人事デューデリジェンス業務が完了いたしましたので、…ください。

※ P.69の例参照。

1. 違法事項等

	違反事項等	抵触する法律等
1	（雇入通知書） 労働条件の明示事項の漏れ パートタイム労働者に対する、労働条件の明示事項の漏れ	労働基準法15条 パートタイム労働法6条
2	（就業規則） パートタイム労働者に適用する就業規則の作成漏れ パートタイム労働者への意見聴取の不実施	労働基準法89条1項、90条 パートタイム労働法7条
3	（健康診断） パートタイム労働者に対する健康診断実施義務 健康診断の費用負担	労働安全衛生法66条1項、基発724第2号 基発第602号
4	（年次有給休暇） パートタイム労働者に対する年次有給休暇の付与	労働基準法39条3項
5	（雇用保険） パートタイム労働者の雇用保険加入時期の誤り	雇用保険法6条、7条、同法施行規則6条
6	（社会保険） パートタイム労働者の社会保険未加入	健康保険法3条、厚生年金保険法12条
7	（差別的取扱いの禁止） 賃金に関する差別的取扱い	パートタイム労働法9条
8	（不合理な待遇の相違の禁止） パートタイム労働者と正社員との待遇に関する不合理な相違	パートタイム労働法8条

	違反事項等	抵触する法律等
9	（短時間雇用管理者） • 短時間雇用管理者の不選任 • パートタイム労働者に対する、雇用管理の改善に関する相談窓口の不設置	パートタイム労働法17条、同法施行規則6条 パートタイム労働法6条、16条
10	（労働契約の無期転換） 有期労働契約の期間の定めのない労働契約への転換拒否	労働契約法18条

2．調査結果の根拠
（1）雇入通知書
　①　労働基準法の記載事項
　労働基準法では、労働者を雇い入れたときに交付する雇入通知書について、必要な記載事項を定めています（同法15条）。
　M社がパートタイム労働者に対して交付した雇入通知書には、就業場所・労働時間・就業日・時給額・給与支払日のみ記載されていました。必要な記載事項である「労働契約の期間」「期間の定めのある労働契約を更新する場合の基準に関する事項」「所定労働時間を超える労働の有無、休憩時間、休日、休暇等」「退職手当・賞与を除く賃金の決定、計算、支払方法、支払いの時期および昇給に関する事項」については記載されておらず、労働基準法15条に抵触し、30万円以下の罰金に処せられるおそれがあります（同法120条）。
　②　パートタイム労働法の記載事項
　パートタイム労働法では、労働基準法に定められた事項以外に、労働者を雇い入れたときに交付する雇入通知書について、必要な記載事項を「特定事項」と定めています（同法6条）。

特定事項とは、「(1) 昇給の有無」「(2) 退職手当の有無」「(3) 賞与の有無」「(4) 短時間労働者の雇用管理の改善等に関する事項に関する相談窓口」とされています。

M社の場合は特定事項についてすべて、パートタイム労働者に交付する雇入通知書に記載がされておらず、都道府県労働局長による助言・指導・勧告の対象となるほか、履行しない場合は企業名公表の対象となるおそれがあります（パートタイム労働法24条）。

(2) 就業規則
① 就業規則の作成義務

就業規則の作成義務については、労働基準法89条1項で「常時10人以上の労働者を使用する使用者は就業規則を作成し、行政官庁に届け出なければならない」とされています。労働基準法89条の就業規則とは、「一部の労働者についてのみ適用される別個の就業規則を作成することは差し支えない」としつつ、「別個の就業規則を定めた場合には、当該二以上の就業規則を合したものが法第89条の就業規則となる」のであって、「それぞれ単独に同条に規定する就業規則となるものではない」とされています（昭和63年3月14日基発150号）。

M社では、正社員に適用される就業規則が作成されているものの、パートタイム労働者に適用する就業規則が作成されていません。このため、正社員に適用される就業規則においても、労働基準法89条が求める就業規則の要件を満たしていないことになります。そのため、労働基準法89条1項に抵触することになり、30万円以下の罰金に処せられるおそれがあります（同法120条1項）。

② パートタイム労働法が求めるパートタイム労働者に対する意見聴取

パートタイム労働法では、パートタイム労働者に適用する就業規則を作成・変更するときは、「雇用する短時間労働者の過半数を代表すると認められるものの意見を聴くよう努める」とされています（同法7条）。

M社ではパートタイム労働者への就業規則の作成義務がありますが、現状作成されていないため、パートタイム労働者の過半数代表者への意見聴取も行われていません。パートタイム労働法7条は努力義務としており、同条に抵触しても罰則の適用はありません。しかし、短時間労働者の雇用管理の改善の必要が認められるときは、都道府県労働局長による助言、指導および勧告の対象となり、履行されない場合は企業名公表となるおそれがあります（同法18条）。

(3) 健康診断

① パートタイム労働者に対する健康診断の実施義務

労働安全衛生法66条では、健康診断の対象が「常時使用する労働者」とされ、週所定労働時間が30時間以上のパートタイム労働者もこれに含まれます。さらに、週20時間以上30時間未満のパートタイム労働者についても、「一般健康診断を実施することが望ましい」とされています（平成26年7月24日基発0724第2号）。

M社のパートタイム労働者は、全員が週所定労働時間20時間以上でした。しかし、パートタイム労働者については、約30％・週30時間以上の者以外を健康診断対象者に含めておらず、健康診断が実施されていませんでした。この対応は安衛法66条1項に抵触するため、50万円以下の罰金に処せ

られるおそれがあります（同法120条）。

②　健康診断の費用負担

労働安全衛生法66条の健康診断の実施義務は事業主とされています。この規定により、健康診断の実施にかかる費用も「事業主が負担すべきものであること」（昭和47年9月18日基発602号）とされています。

しかし、M社では健康診断実施にかかる費用のうち、健康保険（M社は健康保険協会に加入）から受けられる補助を控除した自己負担額（検診医療機関の窓口で支払う検診費用）をパートタイム労働者本人の負担としていました。そのため、安衛法66条に抵触し、50万円以下の罰金に処せられるおそれがある（同法120条）ばかりか、パートタイム労働者が過去に負担した検診費用について、全額の返還を求められるおそれがあります。

(4) 年次有給休暇

①　パートタイム労働者に対する年次有給休暇

労働基準法39条3項では、「1週間の所定労働日数」「1年間の所定労働日数」が通常の所定労働日数に比し相当程度少ないもの」「厚生労働省令で定める日数以下の労働者」、つまりパートタイム労働者に対して、所定労働日数に応じた年次有給休暇を付与することが求められています。

M社に在籍するパートタイム労働者に対しても適用されるため、「パートに有給はありません」とする取扱いは当然ながら無効です。労働基準法39条3項に基づく日数をパートタイム労働者全員に付与しなければなりません。

M社のパートタイム労働者に対する年次有給休暇の取扱い（一切付与しない）は、労働基準法39条に抵触するため、6

カ月以下の懲役、または30万円以下の罰金に処せられるおそれがあります（労基法119条）。

② 年次有給休暇を付与した場合の賃金

パートタイム労働者に年次有給休暇を付与した場合の賃金については、次のいずれかのうちから会社が選択し、就業規則に定めておく必要があります。

（ア）平均賃金
（イ）通常の賃金
（ウ）健康保険法3条に定める標準報酬日額（労使協定が必要）

上記の（ア）～（ウ）から選択した方法を、年次有給休暇を取得した日についての賃金として就業規則に定める必要があります。この選択がなされた場合は、必ず選択された方法による賃金を支払わなければなりません（昭和27年9月20日基発675号）。よって、都度選択することは認められていません。

パートタイム労働者が年次有給休暇を取得し、賃金支払について（イ）通常の賃金を選択した場合は、「日給者・月給者等につき、所定労働時間労働した場合に支払われる通常の賃金」を支払うことになります（同基発）。

パートタイム労働者に年次有給休暇を付与した場合に発生する、賃金の追加支払について見込額を想定し、人件費予算に組み込む必要があります。

(5) 雇用保険

① パートタイム労働者の雇用保険加入時期

雇用保険法6条では、雇用保険の被保険者の適用範囲について「31日以上の雇用見込み、かつ週所定労働時間が20時間以上」とされています。しかしながら、M社においては、

パートタイム労働者と2カ月間の雇用契約を結び、2カ月の雇用期間を更新した後に雇用保険の資格取得手続を行っていました。

被保険者となったことの届出については、「被保険者となったことについて、当該事実のあった日の属する月の翌月10日までに」資格取得の届出をしなければならないとされています（雇用保険法施行規則6条）。雇用保険法6条が平成22年4月1日の改正前については、「6カ月以上の雇用見込み、かつ週所定労働時間が20時間以上」とされていたことから、雇保法が改正されたにもかかわらず、改正前の規定に則って雇用保険の手続きが行われていたと思われます。

M社のパートタイム労働者に対する雇用保険の資格日について、2カ月を経過後に行われていたことから雇用保険法7条に抵触するため、資格取得日の遡及訂正を行わなければならないほか、遡及に伴う保険料の負担もしなければなりません。

この対応が原因で、パートタイム労働者の雇用保険加入期間が短くなり、その結果としてパートタイム労働者が退職後に受けられる失業等給付（基本手当）の受給額が少なくなった場合は、会社が損害賠償責任を負うとする判決も存在（田邊金属賃金等請求事件・東京地判平成14年1月28日）することから、早急な改善が必要です。

(6) 社会保険
① パートタイム労働者の社会保険未加入

パートタイム労働者の社会保険（健康保険および厚生年金保険）の加入要件は、平成28年10月1日の改正で「1週の所定労働時間数」および「1月の所定労働日数」が常時雇用

者の「4分の3以上」と法令化され、基準が明確になりました（健康保険法3条、厚生年金法12条）。

M社の正社員の所定労働時間数が40時間であるのに対し、パートタイム労働者は30時間未満なので、改正後の基準（4分の3以上）には達しておらず、現在の取扱い、つまりパートタイム労働者について資格取得の手続きを行わないことは一見問題がないように思われます。

しかし、パートタイム労働者の就業実績を確認する限り、パートタイム労働者の約30％・20人については30時間以上の就業が常態化しており、週30時間未満とする雇用契約が形骸化しています。

パートタイム労働者の採用当初、週所定労働時間数が30時間未満であるため資格取得の届出を行わなかった場合であっても、採用後の就業実績が常態として週30時間を超えることが2カ月継続した場合は、3カ月目から社会保険の資格取得を届け出るよう年金事務所から指導されることがあります。

（7）差別的取扱いの禁止
① 通常の労働者と同視すべき短時間労働者

パートタイム労働法9条では、「職務の内容が、通常の労働者（正社員）と同一の短時間労働者」について「職務内容同一短時間労働者」と定義し、さらに「職務内容同一短時間労働者」のうち「その職務の内容及び配置が、通常の労働者の職務の内容及び配置の変更の範囲と同一の範囲で変更されると見込まれるもの」について「通常の労働者と同視すべき短時間労働者」と定義されています。

M社のパートタイム労働者のうち、リーダー等の役職に就

いている人は、業務内容に正社員と差がなく、業務の管理や転勤の有無・職務変更についても正社員と同様のため、「通常の労働者と同視すべき短時間労働者」に分類できます。

② 賃金に関する差別的取扱い

「職務内容同一短時間労働者」については、月例給与における諸手当、賞与、退職金については、合理的差異とされず、差別が許されないとされています（平成26年7月24日基発0724第2）。

しかし、M社のパートタイム労働者のうち、リーダー等の役職に就いている人に対して賞与・退職金の支払対象とされていません。そのため、通常の労働者と同視すべき短時間労働者に対する差別的取扱いの禁止に抵触するため、行政指導として厚生労働大臣による助言・指導、勧告の対象となるばかりか、履行しない場合は企業名公表の対象となるおそれがあります（パートタイム労働法18条）。

(8) 不合理な待遇の相違の禁止

① パートタイム労働者であることを理由とする正社員との不合理な待遇差

パートタイム労働法8条では、「短時間労働者であることを理由とする」不合理な待遇差は認められるものではない、とされています。

待遇の相違は、パートタイム労働者の「職務内容・当該職務に伴う責任の程度（職務の内容）」「職務内容および配置変更の範囲」「その他の事情（労使慣行等）」等の事情を考慮すること求められています。

M社のパートタイム労働者について、リーダー等の役職に就いていない者に対しては最低賃金法に抵触しない程度の賃

金水準を設定するのみで、就業規則等も存在しないことから、賃金水準決定に際してパートタイム労働法において求められる事情を考慮したと判断することは困難と思われます。

パートタイム労働法8条は、労働契約法20条にならった民事的効力のある規定とされています。「法第20条による不合理とされた労働条件の定めは無効となり、故意・過失による権利侵害、すなわち不法行為として損害賠償が認められ得ると解されるものであること」(平成24年8月10日基発0810第2号)とあることから、パートタイム労働法8条違反として、不合理待遇差について提訴されるおそれがあります。

(9) 短時間雇用管理者
　① 短時間雇用管理者を選任する義務
　パートタイム労働法17条では、10人以上のパートタイム労働者を雇用する事業所ごとに、パートタイム労働者の雇用管理の改善等に関する事項を管理させるため、短時間雇用管理者を選任するよう努めることとされています。

パートタイム労働者の労働条件は個別多様に設定されていることが多く、事業主がすべてのパートタイム労働者に対してきめ細かな管理を行うことが困難であることから、短時間雇用管理者を選任し、その雇用管理の改善等を図る体制の構築が求められています。

短時間雇用管理者を選任するに際しては、雇用管理の改善等に関する事項を管理させるために必要な知識および経験を有することが求められ、事業所の人事労務管理について権限がある者が望ましいとされています(平成26年7月24日基発0724第2号)。

M社は、パートタイム労働者を多く(70人)雇用するた

め、短時間雇用管理者の選任に努める義務があります。パートタイム労働者の雇用管理についての報告徴収の対象となり、または都道府県労働局長の助言、指導若しくは勧告の対象となることがあります（パートタイム労働法18条）。
　② パートタイム労働者からの相談のための体制の整備・相談窓口の設置義務
　パートタイム労働法16条では、パートタイム労働者の雇用管理の改善等について、パートタイム労働者からの相談に応じ、適切に対応するために必要な体制を構築することが求められています。
　パートタイム労働法6条では、パートタイム労働者に対して、労働条件に関する文書の交付を求められており、文書にて明示しなければならない項目のひとつに「雇用管理の改善に係る相談窓口」が含まれています。相談窓口の設置、雇用管理の改善についてパートタイム労働者からの相談に応じるための、必要な体制の整備は義務規定とされています（パートタイム労働法16条）。M社はこの規定に抵触するため、都道府県労働局長の助言、指導若しくは勧告の対象となるほか、相談窓口の設置について文書の交付を行っていないため、10万円以下の過料に処せられる恐れがあります（パートタイム労働法31条）。

(10) 労働契約の無期転換
　① 有期労働契約から無期労働契約への転換ルール
　労働契約法18条では、一定の要件を満たす有期労働契約のパートタイム労働者に対して、労働者本人が希望するときは、契約期間の定めのない労働契約への転換が認められています。この転換ルールはパートタイム労働者からの申込みに

よって、使用者はその申込みを承諾したものとみなすとされているため、M社はこれを拒否することができません。

> （一定の要件）
> - 同一の使用者との間の労働契約
> - 二以上の労働契約（つまり、1回以上労働契約を更新した人）が通算して5年超
> - 労働契約とその次の労働契約の間に6カ月以上の空白期間がないこと

　M社がパートタイム労働者からの無期転換の希望を拒否することは、労働契約法18条違反となります。ただし、契約法は民事法としての性格を持つ法律であり、労働基準監督官による監督指導、罰則による履行確保などは求められていません。しかし、無期転換を希望するパートタイム労働者に対して雇止め等を行った場合は、違反について民事上で違法・無効と判断され、損害賠償義務が生じる可能性があります。

以上

Ⅸ 派遣労働者

1 事 例

　ターゲット会社N社（ソフトウェア開発会社）では、派遣会社O社より、システムエンジニアとして有期雇用の派遣労働者を受け入れています。調査において、N社の派遣労働者根本氏が、月100時間を超える時間外労働を行っていることが確認されました。O社の36協定では時間外労働について月45時間までとして締結されており、当該上限時間は労働者派遣契約書に記載されています。

　また、事業所に初めて派遣労働者を受け入れてから3年を迎える段階で、労働者の過半数を代表する者から意見を徴収し、制限期間の延長を行っていました。N社では、労使協定の締結を目的として労働者代表を選出していたので、当該代表者に対して期間制限に抵触する日の1カ月前までに派遣期間延長に関する意見を求めて意見書を受領しています。調査基準日において、引き続き3名の派遣労働者が就業しています。

2 規範・ルール等の定立

（1）派遣先に課せられる派遣法の遵守事項

　労働者派遣は「自己の雇用する労働者を、当該雇用関係の下に、かつ、他人の指揮命令を受けて当該他人のために労働に従事させること」と定義されています（派遣法2条）。

　雇用と使用が分離した就業形態であるため、派遣法において派遣元および派遣先の責務を明確に規定しています。派遣先に同法の義務違反があった場合、行政指導、勧告、企業名公表、罰則の対象となりますので、ターゲット会社の遵守状況を確認します。

派遣先にとって、派遣労働者は自社の労働者でないこと、派遣法の改正が頻繁に行われていること等の理由から、派遣労働者の人事管理は盲点となっている場面が散見されますので、注意が必要です。

① **禁止業務への受入れ**

派遣法では、限定された禁止業務が定められており（同法4条）、派遣先は当該禁止業務に派遣労働者を従事させてはなりません。禁止業務に従事させた場合、労働契約申込みみなし制度（派遣法40条の6、詳細後述）が適用され、派遣先は当該派遣労働者に労働契約を申し込んだとみなされ、派遣労働者が希望した場合は、直接雇用義務が発生します。書面調査やインタビューにより、従事させている業務が実態として禁止業務に該当していないかの確認を行います。

■派遣禁止業務

(ア) 港湾運送業務
(イ) 建設業務
(ウ) 警備業務
(エ) 医療関連業務[25]

また、労働者派遣にそぐわない以下の業務に関しては、「適用除外業務以外の業務に係る制限」として実質的に禁止されています（業務取扱要領第2-3）。なお、これらの業務に従事させたとしても労働契約申込みみなし制度の対象とはなりません。

■派遣制限業務

(ア) 人事労務管理関係のうち、派遣先において団体交渉または労基法に規定する協定の締結等のための労使協議の際に使用者側

---

25 紹介予定派遣の場合、産前産後休業・育児介護休業代替派遣の場合、当該派遣がへき地で行われる場合を除く（派遣令2条）。

の直接当事者として行う業務
　(イ)　弁護士、外国法事務弁護士、司法書士、土地家屋調査士業務
　(ウ)　公認会計士業務
　(エ)　税理士業務
　(オ)　弁理士業務
　(カ)　社会保険労務士業務
　(キ)　行政書士業務
　(ク)　建築士業務務

②　無許可派遣元事業主からの派遣労働者の受入れ

　労働者派遣事業は許可制の事業であるため、派遣先は事業許可を受けていない派遣元事業主（以下、「無許可派遣元」という）から派遣労働者を受け入れることはできません[26]（派遣法24条の2）。無許可派遣元からの派遣労働者の受入れは、労働契約申込みみなし制度の対象となりますので、ターゲット会社の取引先である派遣元が、事業許可を受けているか否かの確認は重要です。

③　労働者派遣契約

　派遣法では派遣元、派遣先双方に対して、労働者派遣契約に際して、法定事項を書面に記載するよう求めています（同法26条、同法施行規則21条、22条）。なお、後述する派遣先管理台帳とは異なり当該派遣契約書の作成、保管義務は明文化されていませんが、ターゲット会社

---

[26] 平成27年改正で届出制派遣事業（いわゆる特定派遣）は廃止され、旧特定労働者派遣事業者から派遣労働者を受け入れている場合は、特例として平成30（2018）年9月29日までは受入可能だが、以降は事業許可の取得が必要（ただし、取引先である旧特定労働者派遣事業者が、平成30（2018）年9月29日時点において事業許可申請を行っている場合、当該申請に係る許可および不許可の決定がされるまでの間は引き続き受入れが可能）。

が労働者派遣契約の締結を適切に行っているか確認が必要となります。

　派遣先は、労働者派遣契約の締結にあたり、派遣労働者を受け入れようとする事業所の派遣可能期間の制限に抵触することとなる最初の日（以下、「抵触日」という）を書面により派遣元に通知する義務がありますので、当該通知の履行状況を確認します（派遣法26条4項、派遣則24条の2）。また同一労働同一賃金の観点より、2020年4月からは派遣労働者が従事する業務ごとに、比較対象労働者[27]の賃金その他の待遇に関する情報等を派遣元へ提供することが義務付け[28]られるため、当該情報提供の履行状況についても確認を行います（改正派遣法26条7項）。

　一方派遣元は、労働者派遣契約の締結にあたり、事業許可を受けている旨を明示する義務があります。通常、派遣契約書を作成し、派遣元の許可番号を記載する場合が多く、派遣契約書の書面調査時に確認します。

■労働者派遣契約の内容

　⑺　派遣労働者が従事する業務内容
　⑷　派遣就業を行う事業所の名称、所在地ならびに組織単位[29]
　⑻　派遣労働者を指揮命令する者に関する事項
　㋓　労働者派遣の期間および派遣就業をする日
　㋔　派遣就業の開始および終了の時刻ならびに休憩時間
　㋕　安全および衛生に関する事項

27　派遣先に雇用される通常の労働者であって、職務の内容ならびに当該職務の内容および配置の変更の範囲が、労働者派遣に係る派遣労働者と同一であると見込まれるものその他の当該派遣労働者と待遇を比較すべき労働者として厚生労働省令で定めるものをいう。
28　当該情報提供を怠った場合、派遣元は労働者派遣契約を締結してはならない。
29　平成27年改正により、同一組織単位での派遣受入期間に制限が設けられたため新設された。

(キ) 派遣労働者からの苦情の処理に関する事項
(ク) 派遣労働者の新たな就業の機会の確保、派遣労働者に対する休業手当等の支払いに要する費用を確保するための当該費用の負担に関する措置その他の労働者派遣契約の解除にあたって講ずる派遣労働者の雇用の安定を図るために必要な措置に関する事項
(ケ) 労働者派遣契約が紹介予定派遣に係るものである場合にあっては、当該職業紹介により従事すべき業務の内容および労働条件その他の当該紹介予定派遣に関する事項
(コ) 派遣元責任者および派遣先責任者に関する事項
(サ) 派遣契約に定める派遣就業をする日以外の日に派遣就業をさせることができ、または派遣就業の開始の時刻から終了の時刻までの時間を延長することができる旨の定めをした場合における当該派遣就業をさせることができる日または延長することができる時間数
(シ) 派遣労働者の福祉の増進のための便宜を供与する旨の定めをした場合における当該便宜供与の内容および方法
(ス) 労働者派遣の役務の提供を受ける者が、労働者派遣の終了後に当該労働者派遣に係る派遣労働者を雇用する場合に、労働者派遣をする事業主に対し、あらかじめその旨を通知すること、手数料を支払うことその他の労働者派遣の終了後に労働者派遣契約の当事者間の紛争を防止するために講ずる措置
(セ) 派遣労働者を無期雇用派遣労働者または60歳以上の者に限るか否かの別
(ソ) 紹介予定派遣の場合　当該派遣先が職業紹介を受けることを希望しない場合または職業紹介を受けた者を雇用しない場合には、派遣元事業主の求めに応じ、その理由を、書面の交付もしくはファクシミリを利用してする送信または電子メールの送信（以下、「書面の交付等」という）により、派遣元事業主に対し

て明示する旨
(タ) 派遣期間の制限を受けない業務[30]について労働者派遣を行う場合の事項
(チ) 派遣労働者の人数

④ 労働者派遣契約の解除における措置

派遣先は、派遣先の都合により労働者派遣契約を解除する場合、対象となる派遣労働者の新たな就業の機会の確保、派遣元が当該派遣労働者に支払う休業手当等の費用の負担など、当該派遣労働者の雇用の安定を図るために必要な措置を講じなければなりません（派遣法29条の2、派遣先指針第2－6）。これは労働者派遣契約の法定事項となっており、労働者派遣契約書等の書面調査とあわせて、インタビューにより悪質な途中解除が行われていないか確認を行います。

⑤ 適正な派遣就業の確保

派遣先は派遣就業に関して苦情の申出があった場合、派遣元に連絡するとともに、派遣元と連携して迅速かつ適正な処理を図らなければなりません（派遣法40条1項）。派遣労働者から申出を受けた苦情に関する内容については派遣先管理台帳への記載事項となっていますので、書面による調査とヒアリングにより苦情処理が適切に行われているか確認します。

派遣労働者が加入する労働組合との団交応諾義務に関しては、基本的には派遣元が負うものとされています。一方、派遣先が使用者とみなされる労働条件（派遣法44条から47条の3まで。詳細は後述の「⑭ **時間外労働の制限等労基法等の使用者としての責務**」）については、「その雇

---

[30] 派遣法40条の2に規定される、有期プロジェクト業務、日数限定業務、産休等代替業務に派遣を行う場合、派遣期間の制限を受けない。

用主と部分的とはいえ同視できる程度に現実的かつ具体的に支配、決定し得る地位にある場合において、その限りでないとして[31]」派遣先も使用者となりえますので、労働組合からの団交申入れ等が確認された場合は、申入れの内容や対応方法などの調査を行います。

⑥ 均衡待遇

派遣労働者と派遣先で同種の業務に従事する労働者の均衡待遇の実現は、派遣元のみならず、実際の就業先である派遣先の対応が不可欠となります。そのため、派遣先に対しては、以下項目についての対応（派遣法40条2項から6項まで）が求められていますので、遵守状況を確認します。

■均衡待遇に関する事項

(ア) 教育訓練（派遣法40条2項）
　　派遣先は派遣元の求めに応じ、派遣労働者に対しても、自社で雇用する同種の業務に従事する労働者に行う教育訓練を実施するよう配慮しなければなりません[32]。

(イ) 福利厚生施設の利用の機会（派遣法40条3項、4項）
　　派遣先は自社の労働者に対して利用の機会を与える福利厚生施設のうち、給食施設、休憩室、更衣室については、派遣労働者に対しても利用の機会を与えるよう配慮しなければなりません[32]。また、診療所等の施設であって現に当該派遣先に雇用される労働者が通常利用しているものの利用に関する便宜の供与等必要な措置を講ずるように努めなければなりません[33]。

(ウ) 賃金水準に関する情報提供（派遣法40条5項）
　　派遣先は派遣元の求めに応じ、派遣労働者と同種の業務に従

31　朝日放送事件・最三小判平成7年2月28日。
32　2020年4月より義務化。
33　2020年4月より配慮義務化。

事する自社の労働者の賃金水準に関する情報等を提供するよう配慮しなければなりません[34]。

(エ) 派遣労働者の業務の遂行状況等に関する情報提供（派遣法40条6項）

派遣先は派遣元の求めに応じ、段階的かつ体系的な教育訓練、キャリア・コンサルティング、賃金等に関する均衡待遇のための措置が適切に講じられるよう、派遣労働者と同種の業務に従事する自社の労働者の情報や、当該派遣労働者の業務の遂行状況等の情報を提供するよう努めなければなりません[34]。

⑦ 派遣受入可能期間

平成27年改正により新たに、「事業所単位の期間制限」、「個人単位の期間制限」の2つの派遣受入期間の制限が設けられました（派遣法40条の2、3）。派遣先による派遣可能期間の制限違反は労働契約申込みみなし制度の対象となるため、当該項目の調査は特に重要です。

なお、以下の場合は例外として、事業所単位、個人単位の期間制限ともに、適用除外となります。

■期間制限適用除外の場合

(ア) 無期雇用労働者の場合
(イ) 60歳以上の高年齢者の場合
(ウ) 有期プロジェクト業務の場合
(エ) 日数限定業務の場合[35]
(オ) 産前産後休業、育児休業、介護休業対象者の代替要員として行う労働者派遣の場合

---

34 2020年4月より改正派遣法26条7項による情報提供の義務化に伴い廃止。

派遣労働者が無期雇用労働者であるか、60歳以上であるかの確認は、派遣元事業主からの書面での通知により行います（派遣法35条、派遣則27条2項）。

(ⅰ) 事業所単位の期間制限

派遣先の同一の事業所において継続して派遣労働者を受け入れることができる期間は、当該事業所で最初に派遣労働者を受け入れた日から3年となります[36]。この事業所単位の期間制限は、所定の手続きをとることで延長が可能となります。抵触日の1カ月前までに、過半数労働組合等（当該派遣先の事業所に、労働者の過半数で組織する労働組合がある場合においてはその労働組合、労働者の過半数で組織する労働組合がない場合においては労働者の過半数を代表する者をいう。）の意見を聴くことで、さらに3年間延長することができますが、過半数労働組合等から異議が述べられた場合は、当初の派遣可能期間内に派遣可能期間を延長する理由等を、労働組合等に説明しなければなりません。事業所の単位は、場所や経営単位としての独立性、施設としての持続性を有しており、雇用保険等雇用関係法令における概念と概ね同等と示されています（派遣先指針第2-14(1)、業務取扱要領第8-5(3)）。

また、過半数労働組合が存在せず、労働者の過半数を代表する者から意見徴収を行う場合、当該代表者の選出方法に不備があると労働契約申込みみなし制度が適用される可能性がありますので注意が必要です。行政からは「意見を聴取した過半数代表者が、使用者の指名等の民主的な方法により選出されたものではない場合、派遣可

35　1カ月間に行われるその業務の日数が、当該派遣就業に係る派遣先に雇用される通常の労働者の1カ月間の所定労働日数に比し相当程度少なく、かつ厚生労働大臣の定める日数以下である業務。

36　派遣可能期間が満了した場合、3カ月を超えた期間（3カ月と1日）が経過した後であれば、再度、派遣労働者を受け入れることが可能（クーリング期間）。ただし、派遣先指針では実質的に派遣労働者の受入れを継続する行為として、法の趣旨に反するとしている。

能期間の延長手続のための代表者選出であることを明らかにせずに選出された場合、管理監督者である場合については、事実意見聴取が行われていないものと同視できることから、労働契約申込みみなし制度の適用があることに留意すること。」と示されています（派遣則33条の3、業務取扱要領第8-5(4)）。

（ⅱ） 個人単位の期間制限

派遣先の同一組織単位ごとの業務について、同一の派遣労働者を3年を超える期間継続して受け入れることはできません[37]。「同一組織単位」とは、「名称のいかんを問わず、業務の関連性に基づいて派遣先が設定した労働者の配置の区分であって、配置された労働者の業務の遂行を指揮命令する職務上の地位にある者が当該労働者の業務の配分及び当該業務に係る労務管理に関して直接の権限を有するもの」とされています（派遣則21条の2）。具体的には課やグループといった最小組織単位を想定していながらも、小規模事業所ではこのような組織がない場合もあり、組織単位は業務担当と一致する場合があります（派遣先指針第2-14(2)、厚生労働省Q＆A）。この制限期間については、事業所単位の期間制限とは異なり、延長することはできません。また、派遣元が変わったとしても、同一の派遣労働者であれば、3年を超えて同一組織単位で受け入れることはできません。

⑧ 特定有期雇用派遣労働者への雇用安定措置

派遣先は、事業所における組織単位ごとの同一業務に、1年以上同一の特定有期雇用派遣労働者を受け入れていた場合、当該業務に新たに労働者を雇い入れようとするときは、当該派遣労働者を雇い入れる

---

37 派遣可能期間が満了した場合、3カ月を超えた期間（3カ月と1日）が経過した後であれば、再度、同一の派遣労働者を同一組織単位の業務に受け入れることが可能（クーリング期間）。ただし、派遣元指針では派遣労働者のキャリアアップの観点から望ましくないとしている。

よう努めなければなりません（派遣法40条の4）。なお、適用除外の範囲は、派遣期間の制限を受けない場合と同様です。

　この努力義務は、派遣労働者が派遣元事業主による雇用安定措置として、直接雇用の依頼があった者に対してのみ行うことで足ります（派遣則33条の7）。

⑨　募集に係る事項の周知

　派遣労働者に対して直接雇用の機会を提供するため、派遣先が新たに労働者を募集する場合、一定の条件を満たした派遣労働者に対して、当該募集内容を周知する義務が発生しますので、その遵守状況を確認します。

（ⅰ）　同一事業所で、既に1年以上継続して就業している派遣労働者に対して行う周知

　　事業所単位で新たに正社員を募集する場合、派遣先は対象となる派遣労働者に対して、当該正社員の募集情報を周知しなければなりません（派遣法40条の5第1項）。対象は、無期雇用派遣労働者等、派遣期間の制限を受けない労働者派遣に従事している者も含まれます。ただし、新卒学生を対象とした求人情報など、当該派遣労働者に応募資格がないことが明白である場合は周知する必要はありません（業務取扱要領第8－9(3)）。

（ⅱ）　同一組織単位の業務に3年間継続して就業する見込みがある派遣労働者に対して行う周知

　　事業所単位で新たに労働者（この場合は特に雇用形態を問わない）を募集する場合、派遣先は対象となる派遣労働者（特定有期雇用派遣労働者であって、雇用安定措置として直接雇用の依頼があった者に限る。）に対して、当該募集情報を周知しなければなりません（派遣法40条の5第2項）。第1項の場合とは異なり、無期雇用派遣労働者等、派遣期間の制限を受けない労働者派遣に従事している者は対象となりません。なお、特殊な資格を必要とするなど当該有期

雇用派遣労働者に応募資格がないことが明白な場合は周知する必要はありません（業務取扱要領第8－8⑷）。

⑩　労働契約申込みみなし制度

派遣先が特定の派遣法違反を行った場合に、派遣先が派遣労働者に対して労働契約を申し込んだとみなされる制度です（派遣法40条の6から8まで）。（詳細は、後述の「**（2）労働契約申込みみなし制度**」参照）
■対象となる違法行為

(ア)　派遣禁止業務への派遣労働者の受入れ
(イ)　無許可、無届けの派遣元からの派遣労働者の受入れ
(ウ)　事業所単位の期間制限を超えての派遣労働者の受入れ
(エ)　個人単位の期間制限を超えての派遣労働者の受入れ
(オ)　派遣法上の義務を免れる目的で偽装請負を行った場合

ターゲット会社において、該当する違法行為が発覚した場合、直接雇用をした場合のリスクを認識する必要があります。

⑪　離職後1年以内の派遣受入禁止

常用代替防止の目的から、派遣先は当該派遣先（自社）を離職した労働者を、離職の日から1年間、派遣労働者として受け入れてはなりません（派遣法40条の9）。この場合の「派遣先」とは「事業者」を単位[38]とし、「労働者」については雇用形態による限定はなく、パート社員やアルバイトも含みます。

---

[38] 法人単位であるため、例えば、ある会社のA事業所を離職した労働者を、同じ会社のB事業所へ派遣することは、離職後1年を経過しない場合は認められない。なお、グループ企業への派遣に関しては、同一の事業者には該当しないため、離職した労働者についての労働者派遣の禁止対象になるものではない（業務取扱要領第7-15⑶）。

例外として、60歳以上の定年により派遣先を退職した者については、禁止の対象とはならず、受入れが可能です。

⑫ 派遣先責任者

派遣先は、派遣労働者の適正な就業を確保するため、派遣先事業所ごとに専属の派遣先責任者を選任しなければなりません（派遣法41条）。その選任の数は、派遣労働者100人に対して1名以上とされています（派遣則34条）。なお、派遣労働者の数と派遣先事業所等の労働者の数を加えた数が5人を超えないときは、派遣先責任者の選任は不要です。選任数不足や事業所の兼任等について違反があった場合、30万円以下の罰金が科せられる可能性があります。なお、派遣先の業種が製造業の場合は、製造業務専門派遣先責任者の選任義務があります[39]（派遣則34条）。

■**派遣先責任者の職務**

> (ア) 派遣法、労基法の読替規定、派遣契約の内容、派遣元からの通知事項を当該派遣労働者の業務の遂行を指揮命令する職務上の地位にある者その他の関係者に周知すること
> (イ) 派遣先の受入期間延長の際の派遣元への通知に関すること
> (ウ) 派遣先管理台帳の作成、記載、保存、通知に関すること
> (エ) 派遣労働者から申出を受けた苦情の処理にあたること
> (オ) 安全衛生に関すること
> (カ) 派遣元事業主との連絡調整に関すること

⑬ 派遣先管理台帳

派遣先は、派遣先管理台帳を作成し、派遣労働者ごとに必要事項を

---

[39] 派遣労働者50人以下の場合は選任不要。

記載のうえ、労働者派遣終了の日から3年間保管しなければなりません（派遣法42条2項）。また派遣元が適切に派遣労働者の労務管理を行うことができるよう、必要な事項を1カ月に1回以上、一定の期日を定めて、書面の交付等により派遣元へ通知しなければなりません（派遣法42条3項、派遣則38条）。記載内容、派遣元への通知事項、保管期間について違反が発覚した場合、30万円以下の罰金が科せられる可能性があります（派遣法61条）。

■派遣先管理台帳の記載事項

- ㈠ 無期雇用派遣労働者か有期雇用派遣労働者か否かの別
- ㈪ 60歳以上の高年齢者であるか否かの別
- ㈫ 派遣元事業主の氏名、名称
- ㈬ 派遣就業をした日
- ㈭ 派遣就業した日ごとの、始業・終業時刻、休憩時間
- ㈮ 従事した業務の種類
- ㈯ 派遣労働者からの苦情の処理に関する事項
- ㈰ 紹介予定派遣に関する事項
- ㈱ 教育訓練を行った日時、内容
- ㈲ 派遣労働者の氏名
- ㈳ 派遣元事業主の事業所の名称
- ㈴ 派遣元事業主の事業所の所在地
- ㈵ 従事した事業所の所在地等、派遣就業の場所ならびに組織単位
- ㈶ 派遣先責任者および派遣元責任者に関する事項
- ㈷ 日雇い派遣禁止の制限および派遣期間の制限を受けない業務について行う派遣に関する事項
- ㈸ 派遣元事業主から通知を受けた、派遣労働者に関する健康保険、厚生年金、雇用保険の被保険者資格取得届の提出の有無（無の場合は具体的理由）

■派遣元への通知事項

> (ア) 派遣就業をした日
> (イ) 派遣就業した日ごとの、始業・終業時刻、休憩時間
> (ウ) 従事した業務の種類
> (エ) 派遣労働者の氏名
> (オ) 従事した事業所の所在地等、派遣就業の場所ならびに組織単位

⑭ 時間外労働の制限等労基法等の使用者としての責務

　労働者派遣においては、派遣先は部分的に使用者となります。そのため、派遣法では、労基法等の使用者の義務を派遣先に準用させる規定を設けており、違反した場合は罰則の規定も適用されます（派遣法44条から47条の3まで）。特に時間外および休日の労働に関しては当該労使協定の締結は派遣元が行いますが、派遣先が使用者としての責任を負うことになります。派遣先は派遣元が締結した協定内容の範囲内で時間外および休日労働の管理を行うことに注意が必要です。

■派遣中の労働者に関する派遣元・派遣先の責任分担

＜労働基準法＞

派遣元	派遣先
均等待遇 男女同一賃金の原則 強制労働の禁止	均等待遇 強制労働の禁止 公民権行使の保障
労働契約 賃金 1箇月単位の変形労働時間制、フレックスタイム制、1年単位の変形労働時間制の協定の締結・届出、時間外・休日労働の協定の締結・届出、事業場外労働に関する協定の締結・届出、専門業務型裁量労働制に関する協定の締結・届出 時間外・休日、深夜の割増賃金	労働時間、休憩、休日

派遣元	派遣先
年次有給休暇	
最低年齢	
年少者の証明書	
	労働時間および休日（年少者）
	深夜業（年少者）
	危険有害業務の就業制限（年少者および妊産婦等）
	坑内労働の禁止（年少者）
	坑内業務の就業制限（妊産婦等）
帰郷旅費（年少者）	
産前産後の休業	
	産前産後の時間外、休日、深夜業
	育児時間
	生理日の就業が著しく困難な女性に対する措置
徒弟の弊害の排除	徒弟の弊害の排除
職業訓練に関する特例	
災害補償	
就業規則	
寄宿舎	
申告を理由とする不利益取扱禁止	申告を理由とする不利益取扱禁止
国の援助義務	国の援助義務
法令規則の周知義務	法令規則の周知義務（就業規則を除く）
労働者名簿	
賃金台帳	
記録の保存	記録の保存
報告の義務	報告の義務

＜安衛法＞

派遣元	派遣先
職場における安全衛生を確保する事業者の責務	職場における安全衛生を確保する事業者の責務
事業者等の実施する労働災害の防止に関する措置に協力する労働者の責務	事業者等の実施する労働災害の防止に関する措置に協力する労働者の責務
労働災害防止計画の実施に係る厚生労働大臣の勧告等	労働災害防止計画の実施に係る厚生労働大臣の勧告等
総括安全衛生管理者の選任等	総括安全衛生管理者の選任等
	安全管理者の選任等
衛生管理者の選任等	衛生管理者の選任等
安全衛生推進者の選任等	安全衛生推進者の選任等

派遣元	派遣先
産業医の選任等	産業医の選任等
	作業主任者の選任等
	統括安全衛生責任者の選任等
	元方安全衛生管理者の選任等
	店社安全衛生管理者の選任等
	安全委員会
衛生委員会	衛生委員会
安全管理者等に対する教育等	安全管理者等に対する教育等
	労働者の危険または健康障害を防止するための措置
	事業者の講ずべき措置
	労働者の遵守すべき事項
	事業者の行うべき調査等
	元方事業者の講ずべき措置
	特定元方事業者の講ずべき措置
	定期自主検査
	化学物質の有害性の調査
安全衛生教育（雇入れ時、作業内容変更時）	安全衛生教育（作業内容変更時、危険有害業務就業時）
	職長教育
危険有害業務従事者に対する教育	危険有害業務従事者に対する教育
	就業制限
中高年齢者等についての配慮	中高年齢者等についての配慮
事業者が行う安全衛生教育に対する国の援助	事業者が行う安全衛生教育に対する国の援助
	作業環境測定
	作業環境測定の結果の評価等
	作業の管理
	作業時間の制限
健康診断（一般健康診断等、当該健康診断結果についての意見聴取）	健康診断（有害な業務に係る健康診断等、当該健康診断結果についての意見聴取）
健康診断（健康診断実施後の作業転換等の措置）	健康診断（健康診断実施後の作業転換等の措置）
健康診断の結果通知	
医師等による保健指導	
医師による面接指導等	
	病者の就業禁止
	受動喫煙の防止
健康教育等	健康教育等
体育活動等についての便宜供与等	体育活動等についての便宜供与等
	快適な職場環境の形成のための措置

派遣元	派遣先
	安全衛生改善計画等
	機械等の設置、移転に係る計画の届出、審査等
申告を理由とする不利益取扱禁止	申告を理由とする不利益取扱禁止
	使用停止命令等
報告等	報告等
法令の周知	法令の周知
書類の保存等	書類の保存等
事業者が行う安全衛生施設の整備等に対する国の援助	事業者が行う安全衛生施設の整備等に対する国の援助
疫学的調査等	疫学的調査等

出典：業務取扱要領「第10-1表 派遣中の労働者に関する派遣元・派遣先の責任分担」

　労災保険法に関しては準用規定がなく、保険の適用は派遣元を適用事業として行います[40]。一方、労働災害防止の観点においては、派遣先は「特別の社会的接触関係にある当事者」[41]として派遣労働者に対して安全配慮義務を負う立場にあります[42]ので、派遣労働者に関する労災事故についても調査が必要です。

　雇用機会均等法に関しては、妊娠・出産等を理由とする解雇その他不利益取扱いの禁止、職場における性的な言動に起因する問題に関する雇用管理上の配慮、妊娠中および出産後の健康管理、セクシャルハラスメントに関する雇用管理上の措置について、派遣先が使用者としての義務を負います。自社の労働者のみならず、派遣労働者に対しても当該事項に対して適切な対応を行っているか調査します。

⑮　その他、人事管理（特定行為、誓約書等）

　派遣先と派遣労働者の間には雇用関係がないため、派遣先は派遣労働者を使用する立場として事業上の責任を負う一方で、労働者の選

40　昭和61年6月30日基発383号。
41　陸上自衛隊事件・最三小判昭和50年2月25日。
42　テクノアシスト相模（大和製罐）事件・東京地判平成20年2月13日。

定、服務規律、秘密保持、制裁等について労務管理上の権限が限定されます。

　労働者派遣に際し派遣先は、対象となる派遣労働者を特定する行為を行うことはできません（派遣法26条6項：禁止努力義務、派遣先指針第2－3：禁止）。具体的には、労働者派遣に先立って面接を行うこと、履歴書を送付させることのほか、若年者に限定すること等が禁止されており、遵守状況を確認します。

　また、企業秩序や秘密保持に関して、その考え方は会社ごとに異なるため、派遣先は自社が求める基準で派遣労働者に就業してほしいと考えるのが通常です。一方、雇用関係がないため派遣先の就業規則は適用されず、派遣労働者は派遣元の就業規則に従い就業します。派遣先としては、違反行為発生時の保護の適用や抑止効果の観点から、必要な内容について派遣労働者から直接誓約書等を取得する、派遣元と派遣労働者の間で十分な誓約・遵守事項があることを確認する等の対応が必要となりますので、対応状況を確認します。

（2）労働契約申込みみなし制度

　労働契約雇用申込みみなし制度は、特定の派遣法違反を行った場合、派遣先が派遣労働者に対して労働契約の申込みをしたとみなす制度です。派遣法規制の実効性確保と労働者保護の観点から平成24年改正で制定されました。DDにおいて当該違反が発覚した場合は、ターゲット会社に雇用責任が生じる可能性がありますので注意が必要です。特に無期雇用労働者について当該制度が適用される場合、予期せず長期雇用の責任を負うことになるため、本調査項目は特に注意が必要です。なお、対象となる違法行為が善意、無過失で行われていた場合はみなし雇用の対象外となります。

① **対象となる違法行為**

（i）派遣禁止業務への派遣労働者の受入れ

(ⅱ) 無許可、無届けの派遣元からの派遣労働者の受入れ
(ⅲ) 事業所単位の期間制限を超えての派遣労働者の受入れ
(ⅳ) 個人単位の期間制限を超えての派遣労働者の受入れ
(ⅴ) 派遣法上の義務を免れる目的で偽装請負を行った場合

② **調査における注意点**

(ⅰ) 禁止業務への受入れについては、契約書面上のみならず、ヒアリング等による従事業務、就業実態の確認が必要となります。
(ⅱ) 事業許可の確認については、前述のとおり派遣契約書に明示する場合が一般的であるため、書面上で確認を行います。また厚生労働省職業安定局の運営する「人材サービス総合サイト」にて、労働者派遣事業許可番号の有効性を確認することができます[43]。
(ⅲ) 事業所単位の期間制限違反については、抵触日の確認を行うとともに、期間延長の意見徴収手続に係る書面を確認し、派遣可能期間が経過する日の1カ月前までに意見徴収を行っているか、異議があった場合は派遣可能期間が経過する日の前日までに延長の理由等について説明を行ったかなどを確認します。あわせて、意見徴収の相手が労働者の過半数を代表する者の場合は、当該代表者の選任プロセスの確認を行い、意見徴収の有効性を調査します（前述**（1）「⑦ 派遣受入可能期間」**参照）。
(ⅳ) 個人単位の期間制限違反については、例えば同一労働者が同一組織単位において3年就業した後3カ月を超えない間に、同事業所内の他の組織単位で就業していることが発覚した場合は、雇用管理者が同一でないかなど、実質的に組織単位が同一のものでないかを調査します。
(ⅴ) 偽装請負が発覚した場合であっても、「派遣法上の義務を免れ

---

43 その他、許可開始日、事業所名称、事業所所在地、過去の行政処分などの情報も確認することができる。

る目的」がなかったときは、労働契約申込みみなし制度は適用されません。DDにおいては、請負契約に至った理由や意図まで確認する必要があります。

③ 申し込んだとみなされる労働条件

違法行為時点において派遣元と派遣労働者との間で成立している「労働契約上の労働条件と同一の内容」で労働契約を申し込んだとみなされます。当該申し込んだとみなされる労働契約の内容には、派遣元の就業規則に定める内容を含みます。ただし、「労働契約上の労働条件でない事項」は含まれないとされ、判断基準としては「使用者が変わった場合にも承継されることが社会通念上相当であるもの」として、福利厚生施設の利用などは除かれると考えられます[44]。

(3) 請負・業務委託

他人の労働力を利用するという点において労働者派遣と似た概念として、請負および業務委託（以下、「請負等」という）契約があります。労働者派遣と異なるのは、注文主は請負等会社の労働者に対して指揮命令ができない点です。派遣法の適用を逃れるために形式的に請負等契約の形態をとる「偽装請負」が問題となりますが、ターゲット会社において請負等契約が存在する場合、実態として他人が雇用する労働者に指揮命令を行っていないか調査が必要です。指揮命令関係が認められる場合、本来であれば労働者派遣に該当するとして、派遣法上の各種義務違反が適用される可能性があります。具体的には、無許可派遣元からの派遣労働者の受入れ、派遣受入期間制限への抵触、派遣先責任者の選任違反、派遣先管理台帳の作成違反等が適用される可能性があり、指導、罰則の対象となります（同時に前述の特定の違法行為に該当する場合、労働契約申込みみなし制度が適用される可能性

---

[44] 職発0930第13号。

があります。)。

　請負等か労働者派遣かの判断は実態の確認が不可欠であるため、契約書等の書面調査とあわせて担当者へのインタビューにより調査を行います。調査は「労働者派遣事業と請負により行われる事業との区分に関する基準」(告示37号) などの判断基準を参考にしながら行います。

3　確認する資料および目的

　調査を実施するための資料および目的については**図表2－Ⅸ－1**のとおりです。

図表2－Ⅸ－1　調査資料と目的

資料の名称	目的
☐ 労働者派遣基本契約書 ☐ 労働者派遣契約書 ☐ 抵触日通知（控）	・法定事項の確認 ・派遣元の事業許可確認 ・派遣契約途中解約時の損害賠償に関する確認 ・事業所単位の派遣期間制限の確認
☐ 派遣先管理台帳	・法定記載事項の確認 ・派遣先責任者の確認 ・苦情処理に関する処置や記録の確認 ・派遣労働者ごとの36協定遵守状況の確認
☐ 派遣通知書	・派遣労働者が離職後1年以内の者でないかの確認 ・派遣期間制限の適用除外か否かの確認 ・派遣労働者の社会保険加入状況の確認
☐ 組織図	・組織単位の確認
☐ 労働者代表からの意見書 ☐ 労働者代表選任時の記録	・事業所単位の派遣可能期間が延長されている場合、延長手続きが適切になされているかの確認
☐ 募集情報の周知内容	・募集情報の周知義務がなされているかの確認
☐ 請負契約書、業務委託契約書	・実態として、適切な請負や業務委託の形態となっているかの確認

4 当てはめ

　派遣先は派遣法44条から47条の2までに定める部分について、該当する法令上の使用者として責任を負います。この準用規定以外にも、「特別の社会的接触関係にある当事者」として、派遣労働者に対する安全配慮義務が課されるため、労働災害が発生した場合は民事上の損害賠償責任を負う場合があります（労契法5条）。

　労基法32条の規定については、派遣先を使用者と読み替えて適用されるため、時間外労働および休日労働に関する責任はN社が負います。派遣法では、労働者派遣契約の際に時間外労働の上限時間を明示することで、派遣先が当該上限時間の範囲内で就業を命じることができるよう担保しています。にもかかわらず、N社は上限時間を超えて就業させており、仮に特別条項が適用されたとしてもその手続きを怠っているため、労基法32条違反として、6カ月以下の懲役または30万円以下の罰金に処せられる可能性があります（同法119条）。

　また、派遣労働者である根本氏の時間外労働時間は月100時間を超えているため、仮に根本氏が脳・心臓疾患や精神障害に罹った場合、労災認定される可能性が極めて高いといえます。その場合、派遣先として安全配慮義務を怠ったとして、損害賠償責任を問われるおそれがあります。

　事業所単位の派遣期間の延長については、意見徴収期間内に行われてはいるものの、意見徴収を行った労働者代表が「派遣可能期間の延長手続のための代表者選出であることを明らかにせずに選出された場合」（派遣則33条の3）に該当するため、「事実意見聴取が行われていないものと同視できることから、労働契約申込みみなし制度の適用がある」ものと判断されるおそれがあります（派遣法40条の6）。

5 報告書作成例

```
                                        年　月　日

              人事デューデリジェンス報告書

株式会社□□□□　御中
            ○○社会保険労務士事務所
              調査担当社会保険労務士　○○○○
              調査担当社会保険労務士　○○○○


　株式会社N社の人事デューデリジェンス業務が完了いたしましたので、…ください。
　　※ P.69の例参照。


1．違法事項等

| | 違反事項等 | 抵触する法律等 |
|---|---|---|
| 1 | 協定時間を超えた時間外労働 | 労働基準法32条 |
| 2 | 安全配慮義務 | 労働契約法5条 |
| 3 | 事業所単位の期間制限違反による労働契約申込みみなし制度の適用 | 労働者派遣法40条の2<br>労働者派遣法40条の6 |


2．調査結果の根拠
(1) 派遣先における使用者責任（時間外労働）
　派遣先は派遣法44条から47条の3までに定める部分について、該当する法令上の使用者として責任を負います。時間外労働および休日労働（労働基準法32条）の規定については、
```

派遣先を使用者と読み替えて適用されるため、N社は派遣元が締結した36協定の上限の範囲内で、使用者としての責任を負います。労働者派遣契約書によると、時間外労働の上限時間は月45時間ですが、根本氏の時間外労働時間は月100時間を超えています。N社は上限時間を超えて就業させており、仮に特別条項が適用されたとしてもその手続きを怠っているため、労働基準法32条違反として、6カ月以下の懲役または30万円以下の罰金に処せられる可能性があります（同法119条）。

(2) 派遣先における使用者責任（労災）

　上記準用規定以外にも、派遣先は「特別の社会的接触関係にある当事者」として、派遣労働者に対する安全配慮義務が課されるため、労働災害が発生した場合は民事上の損害賠償責任を負う場合があります（労働契約法5条）。根本氏の時間外労働時間は月100時間を超えているため、仮に根本氏が脳・心臓疾患や精神障害にかかった場合、労災認定される可能性が極めて高いといえます。その場合、派遣先として安全配慮義務を怠ったとして、損害賠償責任を問われるおそれがあります。

(3) 労働者代表からの意見徴収における瑕疵

　派遣法では、派遣先の同一の事業所において継続して派遣を受け入れることができる期間は、当該事業所で最初に派遣労働者を受け入れた日から3年となっています。この事業所単位の期間制限は抵触日の1カ月前までに、労働者の過半数を代表する者の意見を聴くことで、さらに3年間延長することができます。ただし労使間の延長手続に不備がある場合、

当該期間延長は無効となります。N社が意見徴収を行った労働者代表は「派遣可能期間の延長手続のための代表者選出であることを明らかにせずに選出された場合」（派遣法施行規則33条の3）に該当するため、事実意見聴取が行われていないものと同視できることから、労働契約申込みみなし制度が適用されるおそれがあります（派遣法40条の6）。

以上

X 外国人労働者

1 事例

ターゲット会社であるP社とのインタビューで、外国人を雇用しているのにもかかわらず、外国人雇用状況届の提出を失念していたことが判明しました。

また、在留資格が「国際業務」である貿易担当の外国人労働者ノラ氏を、工場の単純な軽作業に従事させていました。

さらに、同工場で人手不足のため、留学生3名に週40時間勤務をさせていました。

2 規範・ルール等の定立

入管法2条1項2号により、外国人とは「日本の国籍を有しない者」と定義されています。日本に在留する外国人は、就労可能な在留資格が研究・教育など27種類に限定されています。

また、在留資格により在留する者は、在留資格に応じての活動、身分もしくは地位を有する者としての活動を行うこととされ、在留資格により在留期間が定められています。

入管法の規定に違反して滞在したり、在留資格上就労が許されていないのに就労したりすることは不法就労者となり、退去処分の行政処分のみならず、使用者に対して、不法就労助長罪として、3年以下の懲役、もしくは300万円以下の罰金に処し、または併科すると定めています(入管法73条の2)。

ターゲット会社において、外国人を雇用している場合、在留資格と在留期間について調査をし、会社がどのように管理しているか確認する必要があります。

（1）在留管理制度と在留資格

　平成24（2012）年７月９日から、在留カードシステムを中心とした「新しい在留管理制度」が施行されています。本邦に入国した者が上陸後90日を超える場合、90日以内に市区町村に対して外国人登録を申請して、外国人登録証明書を交付することで在留する外国人の居住関係と身分関係を明確にします。

　この制度により、中長期の在留者に対して在留カードが交付されて、常時携帯することが義務付けられています。使用者は、外国人を採用するにあたって、この在留カードで就労の可否等を確認する必要があります。

　中長期者在留者の在留管理制度の対象となるのは、日本に在留するすべての外国人ではなく、日本に中長期間にわたり適法に在留する外国人（以下、「中長期在留者」という）が対象です。具体的には、次の(i)～(vi)のいずれにもあてはまらない人です。

　(i)　「３月」以下の在留期間が決定された者
　(ii)　「短期滞在」の在留資格が決定された者
　(iii)　「外交」または「公用」の在留資格が決定された者
　(iv)　特定活動の在留資格が決定された、東亜関係協会の本邦事務所もしくは、駐日パレスチナ総代表部の職員またはその家族
　(v)　特別永住者
　(vi)　在留資格を有しない者

①　就労区分による分類と主な在留資格

　在留資格が研究・教育など27種類に限定されています。
就労可能な区分は、「就労可能な在留資格」・「就労が認められない在留資格」・「就労に制限がない在留資格」・「就労の可否は内容によって判断される在留資格」の４つに分類できます。なお、2019年４月に新設予定の「特定技能（仮称）」では、農業、介護、観光での受入れが

可能となります。

就労区分	主な在留資格	主な職種
就労可能な在留資格（決められた範囲でのみ就労可能）	「技術・人文知識・国際業務」・「企業内転勤」・「技能」・「法律・会計業務」※1	エンジニア・語学の先生・通訳・大学教授・高等学校の先生
就労が認められない在留資格	「文化活動」・「短期滞在」・「留学」・「研修」・「家族滞在」※2	コンビニエンスストアのアルバイト（資格外活動許可を受けている）
就労に制限がない在留資格	「永住者」・「日本の配偶者等」・「永住者の配偶者等」・「定住者」	雇用には問題なく、日本人を雇用するのと同様に手続きを踏めば良いです。
就労の可否は内容によって判断される在留資格	「特定活動」※3	経済連携協定（EPA）に基づく外国人看護師・介護福祉士候補者、外交官等の家事使用人、ワーキング・ホリデーなど多岐に渡る

※1 外国人雇用でよく利用されるのはエンジニア等の「技術・技能・人文知識」、国内外にある企業間の転勤等に用いる「企業内転勤」です。
※2 これらの在留資格は、日本での勉学や家族としての滞在、伝統芸能や技術の習得などが目的とされているため、原則として就労活動を行うことはできません。コンビニエンスストアのアルバイトなどは「資格外活動許可」（後述）を受けて行うことができます。
※3 特定活動は日本への在留目的がひとつに限定されている訳ではなく、法務大臣が個々の外国人に対して特に指定するものです。

(2) 資格外活動許可

　例えば、「留学」の在留資格の外国人が、コンビニエンスストアのアルバイトを行うなど、本来就労が認められない外国人が、現に有する在留資格による活動のほかに、収入を伴う活動を行おうとする場合には、あらかじめ入国管理局から「資格外活動許可」を受ける必要があります。
　当該許可は、本来の在留資格に属する活動を阻害しない範囲で付与されます。
　在留資格が「留学」の場合、勉学に支障のない週28時間以内で、か

つ、仕事の内容が風俗営業等でないことが条件になっています。

当該「１週間につき28時間以内」とは、どの曜日から起算しても28時間以内になる必要があります。ただし、春休み・夏休み・冬休みの長期間の休みでは、１日８時間の上限が定められています。

週28時間を超えて就労させた場合、不法就労に該当し、不法就労であることを知らなかったとしても、入管法73条の２第１項により、３年以下の懲役または300万円以下の罰金が科せられるおそれがあります。

（３）技能実習制度

平成５（1993）年から技能実習制度が実施されました。

この制度は、主として開発途上国の青年を雇用関係の下に、日本の企業等に技能実習生として受け入れ、受入企業と雇用契約を結び、給料の支払いを受けながら技能や知識を習得してもらうというものです。一定期間後、帰国して習得した技能を発揮して当該国の経済や産業の発展に寄与してもらうことで国際貢献を行う制度です。

技能実習には、本邦の企業等が行う企業単独型と、厚生労働大臣・法務大臣によって許可された営利を目的としない監理団体等が行う段体管理型の２つのタイプがあります。

平成29（2017）年６月末現在の技能実習生数は、企業単独型で9,034名、団体監理型で242,687名、総数は251,721名となっています。平成24（2012）年末の技能実習生数151,477名と比較して、５年間で約10万人増えています（在留外国人統計・法務省プレスリリース参照）。

① 技能実習制度の裁判例

当初の技能実習制度では、実地研修について、あくまで研修であり、労働ではないため、労働法制上の規制を受けない時期がありました。

しかし、裁判例によると、技能実習制度を悪用して長時間労働をさ

せる、本人の意思に反して預金通帳や印鑑・パスポートを強制的に保管するなど、労基法や最賃法の法律違反が行われており、労働関係の実態を伴う実地研修には労基法や最賃法等の労働保護法規を適用すると判示したものがあります。

これが平成22（2010）年の入管法の改正へとつながりました。

■裁判例

事件名・年月日	要　旨
本譲事件 （神戸地判平成9年12月3日）	外国人労働者の渡航費用立替と強制的にパスポートを保管した事件
三和サービス事件 （名古屋高判平成22年3月25日）	外国人技能研修生らが、研修先の代表者から暴力を振るわれたため技能研修を中途で終了し帰国した事件
プラスアパレル協同組合事件 （福岡高判平成22年9月13日）	外国人研修制度を利用して中国人の女性研修生を受け入れた縫製会社の当該研修生の旅券、預金通帳等の強制的な管理、最低賃金を下回る低賃金での長時間労働を強制した事件

② 最新の制度改正

平成29（2017）年11月から技能実習制度は改定され、監理団体の許可制、実習期間を最大5年間に延長、優良な監理団体と受入企業は受入可能人数が2倍に拡充されました。

平成29（2017）年10月末現在の外国人雇用届出状況によれば、日本

図表2－X－1　新技能実習制度の入国から帰国までの流れ（5年間）

期間		1年目	2年目	3年目	一時帰国（1カ月以上）	4年目	5年目	帰国
在留資格	企業単独型	技能実習1号イ	技能実習2号イ			技能実習3号イ		
	団体監理型	技能実習1号ロ	技能実習2号ロ			技能実習3号ロ		
技能実習の流れ		講習	実習	実習		実習		

で就労する外国人1,278,676名のうち技能実習生は257,788名となり、全体の約2割を占めています。

(4) 雇用状況報告

平成19（2007）年の雇用対策法改正により、事業主に外国人労働者の雇用管理の改善および再就職支援の努力義務が課せられました。

また、外国人雇用状況の厚生労働大臣（公共職業安定所）への届出が罰則付きで義務付けられました（雇用対策法28条1項）。この届出の対象となる外国人は、在留資格が外交・公用以外の者が対象となります。**複数店舗のある会社は、この届出を支店等任せにしていると提出し忘れるケースがあるので注意が必要です。**

(5)「外国人労働者の雇用管理の改善等に関して事業主が適切に対処するための指針」

雇用対策法9条に「厚生労働大臣は事業主が適切に対処するために必要な指針を定めてこれを公表する」とあります。指針の内容については、割愛しますが、ターゲット会社にあてはめて調査しておくのがよいでしょう。

3 確認する資料および目的

調査を実施するための資料および目的については、**図表2－X－2**のとおりです。

図表2－X－2　調査資料と目的

資料の名称	目的
□ 就業規則	・母国語用の就業規則になっているかの確認
□ 雇用契約書	・母国語用の雇用契約書になっているかの確認 ・在留期間を超えて、労働契約を締結していないか確認 ・資格外活動許可の場合、週28時間を超えてい

資料の名称	目的
	ないかの確認
☐ 労働者名簿	・就労資格（在留資格・在留期限）の確認
☐ 賃金台帳	・国籍を理由とした賃金差別があるかの確認
☐ 社会保険・雇用保険の加入等	・社会保険等の加入条件を満たしたとき、適正に加入手続きがとられているかの確認
☐ 健康診断	・雇い入れ時、定期健康診断の実施の確認 ・ストレスチェックの実施の有無 　（労働者数50名以上の場合）
☐ 外国人雇用状況届	・外国人労働者を雇い入れた、または離職した場合に公共職業安定所への届出の有無
☐ 雇用労務責任者	・雇用労務責任者の選任の確認 　（外国人労働者を常時10人以上雇用している場合）
☐ タイムカード・出勤簿	・資格外活動許可の場合、1日8時間・週28時間を超えていないかの確認

4　当てはめ

① 外国人を雇用しているのにもかかわらず、外国人雇用状況届の提出を失念していた。

➡雇用対策法28条では、外国人雇用をしている事業主に対して、雇用状況報告書の提出を求めています。P社ではこの届出を失念していたことから、30万円以下の罰金に科せられるおそれがあります。

② 在留資格が「国際業務」である貿易担当のノラ氏を、工場の単純な軽作業に従事させた。

③ 同工場が人手不足のため、留学生3名に週40時間勤務をさせていた。

➡入管法で定められた活動以外のことを行った場合、不法就労にあたります。

　よって「国際業務」の在留資格を持つノラ氏を工場の単純な軽作業に従事させることはできません。

「留学」の在留資格は原則就労できませんが、資格外活動許可を受けることにより、週28時間以内に限り就労することを許されています。

このケースでは、春季・夏季・冬季の休暇中でない場合、週28時間以上を超えて就労させており、不法就労助長罪に該当します。ノラ氏、留学生3名いずれの件も、3年以下の懲役または300万円以下の罰金を科せられるおそれがあります（入管法73条の2第1項）。

5　報告書作成例

年　月　日

人事デューデリジェンス報告書

株式会社□□□□　御中

　　　　　　○○社会保険労務士事務所
　　　　　　　調査担当社会保険労務士　○○○○
　　　　　　　調査担当社会保険労務士　○○○○

　株式会社P社の人事デューデリジェンス業務が完了いたしましたので、…ください。

※ P.69の例参照。

1．違法事項等

	違反事項等	抵触する法律等
1	外国人雇用状況届の未届	雇用対策法40条
2	不法就労助長罪	入管法73条の2第1項

2．調査結果の根拠
(1) 外国人雇用状況届の未届
　雇用対策法28条では、事業主は、新たに外国人を雇い入れた場合またはその雇用する外国人が離職した場合には、厚生労働省令で定めるところにより、その者の氏名、在留資格（入管法2条の2第1項に規定する在留資格をいう。次項において同じ）、在留期間（同条第3項に規定する在留期間をいう）その他厚生労働省令で定める事項について確認し、当該事項を厚生労働大臣に届け出なければならないと定めています。
　P社では、この届出を失念していたところから、30万円以下の罰金を科せられることになります。

(2) 資格外活動許可
　入管法73条の2では、「外国人に不法就労活動をさせた者」は、3年以下の懲役若しくは300万円以下の罰金に処し、またはこれを併科すると定めています。
　入管法で認められた活動以外、在留資格が「国際業務」の貿易担当の外国人労働者ノラ氏を、工場の単純な軽作業に従事させた場合には、不法就労にあたります。
　また、「留学」の在留資格の留学生3名が資格外許可を受けて就労している場合でも、春季・夏季・冬季の休暇中でない限り、週28時間以上を超えて就労させることはできず、不法就労助長罪に該当します。この場合も、3年以下の懲役または300万円以下の罰金を科せられるおそれがあります。

以上

XI 育児・介護休業

1 事 例

　ターゲット会社であるQ社とのインタビューで、育児・介護休業に関して次のような運用をしていたことが判明しました。
◎Q社の育児・介護休業の取扱い
①育児休業：育児休業を取得した者は、従前の職場から異動させて、給料体系も見直しをしている。
②介護休業：同居を要件として、祖父母・兄弟姉妹等の家族１名につき、１回限り、最長93日間の休業を認めている。
③子の看護休暇：１日単位の取得のみ認め、半日単位の所得を認めていない。
④介護休暇：仕事が忙しい時は、会社が指定した日に介護休暇をとってもらっている。
⑤短時間勤務：介護理由とした短時間勤務は認めていない。

　実態としてQ社では、育児休業を取得した浜口氏について、育児休業復帰後に従前の職場から異動させて、本人の同意もなく時給制に変更していました。また、別居している祖母の介護のため介護休業を分割で申請した氷室氏についてはこれを認めませんでした。さらに、深津氏の看護休暇は、会社の管理が煩雑になるため、１日単位でしか認めていませんでした。

　母親の介護のため介護休暇と短時間勤務を申請した別所氏には、仕事が忙しいからという理由で、介護休暇を会社が指定した日に変更してもらっていました。また、堀口氏については、介護休業93日を取得していたので、短時間勤務を認めていませんでした。

2 規範・ルール等の定立

(1) 育児介護休業法

育児や介護を行う労働者の職業生活と家庭生活の両立を支援することによって福祉の増進を図ることを目的として、平成3 (1991) 年に育児休業法が制定されました。

現在まで、何度かの改正がなされているので、以下の事項について、ターゲット会社で改正に則して運用されているか確認する必要があります (**図表2－Ⅺ－1**)。

図表2－Ⅺ－1　改正点の整理

改正年月日	主な改正点
平成11 (1999) 年4月施行	・介護休業制度の義務化 ・深夜業制限創設
平成14 (2002) 年4月施行	・時間外労働の制限 ・短時間勤務措置の対象年齢引上げ ・転勤への配慮等
平成17 (2005) 年4月施行	・育児休業者(有期雇用者)と介護休業対象者の拡大 ・育児休業期間延長 「子が1歳に達するまで」から「必要と認められる一定の場合には1歳6ヵ月に達する」まで等の改定
平成22 (2010) 年6月施行	・育児のための短時間勤務制度の義務化 ・父親の育児休業取得の促進措置 ・介護のための短期休暇制度の創設 ・育児休業の取得等をめぐる紛争解決の援助・調停制度の創設
平成29 (2017) 年1月施行	・介護休業の分割取得 (通算93日を3回まで) ・介護者のための短時間勤務等の独立した制度化 ・育児休暇・介護休暇の取得単位の見直し (半日単位可) ・育児・介護休業ともに有期契約労働者の取得要件を緩和 ・育児・介護の対象となる家族の範囲拡大
平成29 (2017) 年10月施行	・子が最長2歳に達するまで育児休業が取得可能 　(※1歳6ヵ月以降も保育所に入れない場合には、会社に申し出ることにより、育児休業を最長2歳まで延長可能) ・育児休業等制度の個別周知 (努力義務) ・育児目的休暇制度の創設 (努力義務)

特に、人事ＤＤでは、平成29（2017）年の２回にわたるの改正事項については対応がなされていないケースが散見されるので、確認することが重要です。

（２）育児休業と子の看護休暇

　育児休業とは、１歳未満の子を養育する労働者が、原則として、男女を問わず、子が１歳に達するまでの期間、労働者の意思表示によって取得できる休業制度です。ただし、保育所に入所できないなど必要と認められる場合、１歳６カ月に達するまで、育児休業期間が延長されます。

　父母ともに育児休業を取得する場合には１歳２カ月（パパ・ママ育休プラス）まで、１歳以後の期間で保育所へ保育の申込みを行っているにもかかわらず保育所へ入所できない場合は、２歳に達するまでの一定期間を延長することもできます。

　育児休業期間終了後、元の職場へ復職させることまで育児休業法では要請しておらず、業務の必要性があって、元の職務と異なる職務で復帰させても問題はありません。しかし、育児休業を取得した事を理由として不利益な取扱いをした場合、育児介護休業法10条に抵触して無効となります。

　また、育児休業期間の賃金の支給は無給でも差し支えありませんが、雇用保険制度から育児休業期間に対する育児休業給付金の支給があります。

　子の看護休暇とは、小学校就学の始期に達するまでの子を養育する労働者が、その事業主に申し出ることにより、１年度において５労働日（その養育する小学校就学の始期に達するまでの子が２人以上いる場合、10労働日）を限度として、負傷もしくは疾病にかかった当該子の世話または疾病予防を図るために必要なものとして取得することができる休暇です。

　子の看護休暇は、１日単位でも半日単位の取得でも可能です。この

半日単位は、労使協定により、所定労働時間の2分の1と定めることもできます。ただし、雇用されて6カ月未満の者、1週間の所定労働日が2日以下の者については、労働者の過半数を代表する者または労働者の過半数で組織する労働組合と労使協定を締結することにより、これらの者からの申出を拒否することができます。

ターゲット会社において、平成29(2017)年の改正により、法改正に対応した就業規則または育児・介護休業規程の変更がなされているかを確認することが重要です。

(3) 介護休業と介護休暇

介護休業とは、負傷・疾病または身体上もしくは精神上の障害により、2週間以上の期間にわたり、常時介護を要する状態にある配偶者、父母、子、配偶者の父母、祖父母、兄弟姉妹、または孫の対象家族を介護するために、要介護者1人につき、要介護状態に至るごとに通算93日を限度として3回まで介護することができる休業制度です(育介法11条、12条、15条)。

介護休暇とは、介護状態にある対象家族の介護その他の厚生労働省令で定める世話を行う労働者が、その事業主に申し出ることにより、1年度において5労働日(要介護状態にある対象家族が2人以上いる場合にあっては、10労働日)を限度として、当該世話を行う介護のために認められた休暇です(育介法16条の5)。

平成29年改正により、介護休暇取得は、半日単位での取得が可能となりました。この半日単位は、労使協定により、所定労働時間の2分の1と定めることもできます。ただし、雇用されて6カ月未満の者、休業申出日から起算して1年以内に雇用契約が終了することが明らかな者、1週間の所定労働日が2日以下の者については、労働者の過半数を代表する者または労働者の過半数で組織する労働組合と労使協定を締結することにより、これらの者からの申出を拒否することができます。

よって、介護休業等に関しても、平成29（2017）年の改正により、法改正に対応した就業規則または育児・介護休業規程の変更がなされているかを確認することが重要です（**図表2－XI－2**）。

図表2－XI－2 平成29（2017）年1月、10月の改正点まとめ

改正項目	改正前	改正後	条文
子の看護休暇の取得単位の柔軟化	1日単位での取得	半日単位での取得が可能（労使協定により、所定労働時間の2分の1とすることもできる）	育児介護休業法16条の2第2項
有期雇用労働者の育児休業の取得要件の緩和	申請時点で以下の要件を満たす場合に育児休業の取得が可能 ①過去1年間以上継続して雇用されていること ②子が1歳になった後も雇用継続の見込みがあること ③子が2歳になるまでの間に雇用契約が更新されないことが明らかである者を除く	申請時点で以下の要件を満たすことに緩和 ①過去1年以上継続して雇用されていること ②子が1歳6か月になるまでの間に雇用契約がなくなることが明らかでないこと	育児介護休業法5条1項
育児休業等の対象となる子の範囲の拡大	育児休業等が取得できる対象は、法律上の親子関係がある実子・養子	特別養子縁組の監護期間中の子、養子縁組里親に委託されている子等を新たに対象	育児介護休業法2条1項
マタニティ・ハラスメント等の防止措置義務の新設	事業主による、妊娠・出産・育児休業・介護休業等を理由とする不利益取扱いの禁止	上司・同僚からの、妊娠・出産・育児休業・介護休業等を利用する嫌がらせ等を防止する措置を講じることを事業主に新たに義務付け	均等法11条の2第1項
介護休業等の分割取得	介護休業について、介護を必要する家族1人につき、通算93日まで原則1回に限り取得可能	対象家族1人につき通算93日まで、3回を上限として、介護休業を分割して取得可能	育児介護休業法11条2項
介護休業等の対象家族の範囲拡大	対象家族は、配偶者、父母、子、配偶者の父母、同居かつ扶養している祖	同居・扶養していない祖父母、兄弟姉妹および孫が追加	育児介護休業法2条4号施行規則3条

改正項目	改正前	改正後	条文
	父母、兄弟姉妹および孫	（同居扶養の条件が外れました）	
介護休暇の取得単位の拡大	1日単位での取得	半日単位での取得が可能	育児介護休業法16条の5第2項
介護のための所定労働時間の短縮措置	介護のための所定労働時間の短縮措置について、介護休業と通算して93日の範囲で取得可能	介護休業とは別に、利用開始から3年間で2回以上の利用が可能	育児介護休業法23条3項
介護のための所定外労働の制限	なし	介護のための所定外労働の制限について、対象家族1人につき、介護終了まで利用できる所定外労働制限の新設	育児介護休業法16条の9第1項

3 確認する資料および目的

調査を実施するための資料および目的については、**図表2-Ⅺ-3**のとおりです。

図表2-Ⅺ-3　調査資料と目的

資料の名称	目的
□ 就業規則（または、育児・介護休業規程）	・平成29（2017）年の法改正にあわせて変更されているかの確認
□ 労働者名簿	・各労働者の状況を確認するため
□ 賃金台帳	・他の社員との比較をするため
□ 各社会保険での出産・育児・介護に関する届出書類一式	・各労働者の状況を確認するため
□ 扶養控除等（異動）申告書	・親族関係や家族構成を確認するため

4 当てはめ

（1）育児休業

　Q社では育児休業を取得した者を従前の職場から異動させて、本人の同意なく、時給制に変更していました。

　育児介護休業法は、育児休業取得者を元の職務に復帰させるまで事業主に義務付けてはいません。しかし、労働者が育児休業の申出や取得をしたことを理由にして、事業主には解雇やその他の不利益な取り扱いをしてはならないと定めています（育介法10条）。

　育児休業者が職場復帰して元の職務を変更することは、業務上の必要性等他の正当な理由によるものではなく、育児休業の申出や取得したことが理由となっている場合、当該配置転換は法律に抵触します。また、浜口氏のように、育児休業の復帰後、給料の見直しを強制した場合、同条が禁止する不利益取扱いにあたるといえます。

（2）介護休業

　Q社では、同居する祖父母、兄弟姉妹等の家族1名につき、一回限り介護休業を認めていました。

　介護の対象となる家族について、育児介護休業法では祖父母、兄弟姉妹、孫については、同居しかつ扶養していることが要件でしたが、平成29（2017）年1月の改正により当該要件はなくなりました。

　介護休業の期間は、介護を必要とする者1名につき、のべ93日間までの範囲内で労働者が申し出た期間とされ、介護休業の回数も、対象家族1人につき1回から3回まで認めるよう改正されています。したがって、氷室氏の介護休業の申請について、これを拒否することは改正育児介護休業法11条2項に抵触します。

(3) 子の看護休暇

　Q社では、子の看護休暇を１日単位の取得のみ認めています。半日単位の看護休暇は導入していません。

　改正育児介護休業法16条の２第２項により、子の看護休暇の取得単位について、本人が希望した場合には半日単位で取得できるとされています。ここでいう半日とは、原則として、１日の所定労働時間の２分の１をいい、１日の所定労働時間に１時間未満の端数がある場合は、これを1時間に切り上げた時間の２分の１をいいます。また、労使協定を締結することにより、午前ないしは午後というように、１日の所定労働時間の２分の１としない半日とすることもできます。したがって、看護休暇の管理が煩雑になったとしても、深津氏が希望した場合、半日単位の看護休暇の申請を拒むことはできません。

(4) 介護休暇

　Q社では、仕事が忙しい時は会社が指定した日に、介護休暇をとってもらっています。

　事業主は、介護休暇を取得することができないこととする労使協定があるときを除いて、事業繁忙等の理由であっても労働者の適法な介護休暇の申出を拒むことはできません。また、仕事が忙しいからといって、事業主には介護休暇の取得日を変更する権限は認められていません（育介法16条の６第１項）。

(5) 短時間勤務

　Q社では、介護理由とした短時間勤務は認めていません。

　介護のための短時間勤務は、介護のための所定労働時間の短縮措置について、介護休業と通算して93日の範囲で取得可能でしたが、改正育介法では、介護休業とは別に、利用開始から３年の間で２回以上の利用が可能となりました。したがって、事業主には短時間勤務の申請

を拒むことはできません（育介法23条3項）。

5 報告書作成例

年　月　日

人事デューデリジェンス報告書

株式会社□□□□　御中

　　　　　　　　〇〇社会保険労務士事務所
　　　　　　　　　　調査担当社会保険労務士　〇〇〇〇
　　　　　　　　　　調査担当社会保険労務士　〇〇〇〇

　株式会社Q社の人事デューデリジェンス業務が完了いたしましたので、…ください。

※ P.69の例参照。

1．違法事項等

	違反事項等	抵触する法律等
1	育児休業を理由とする不利益取扱い	育児介護休業法10条
2	介護休業の分割取得	育児介護休業法11条2項
3	子の看護休暇の取得単位	育児介護休業法16条の2第2項
4	介護休暇の取得時期	育児介護休業法16条の6第1項
5	介護のための所定労働時間の短縮等の措置	育児介護休業法23条3項

２．調査結果の根拠
（１）育児休業を理由とする不利益取扱い
　育児介護休業法は、育児休業の後、取得者を元の職務に復帰させるまで事業主に義務付けてはいません。しかし、労働者が育児休業の申出や取得をしたことを理由にして、事業主には解雇やその他の不利益な取扱いをしてはならないと定めています（育児介護休業法10条）。

　育児休業者が職場復帰して元の職務を変更することは、業務上の必要性等他の正当な理由によるものではなく、育児休業の申出や取得したことが理由となっている場合、当該配置転換は法律に抵触します。また、浜口氏のように、育児休業の復帰後、給料の見直しを強制した場合、同条が禁止する不利益取扱いにあたるといえます。

（２）介護休業の分割取得
　介護の対象となる家族について、祖父母、兄弟姉妹、孫については、同居しかつ扶養していることが要件でしたが、平成29（2017）年１月の改正により当該要件はなくなりました。
　介護休業の期間は、介護を必要とする者１名につき、のべ93日間までの範囲内で労働者が申し出た期間とされ、介護休業の回数も対象家族１人につき１回から３回まで認めるよう改正されています。
　したがって、介護休業の申請についてこれを拒否することは、改正育児介護休業法11条２項に抵触します。そのため、氷室氏への申請を認めなければなりませんでした。

（３）子の看護休暇の取得単位
　改正育児介護休業法により、子の看護休暇の取得単位につ

いて、本人が希望した場合には半日単位で取得できるとされています。ここでいう半日とは、原則として1日の所定労働時間の2分の1をいい、1日の所定労働時間に1時間未満の端数がある場合は、これを1時間に切り上げた時間の2分の1をいいます。また、労使協定を締結することにより、午前と午後と1日の所定労働時間の2分の1としない半日とすることもできます（育児介護休業法16条の2第2項）。

　したがって、看護休暇の管理が煩雑になったとしても、当該深津氏の申請を拒むことはできず、半日単位の子の看護休暇を認めなければなりませんでした。

（4）介護休暇の取得時期
　事業主は、事業繁忙等の理由であっても労働者の適法な介護休暇の申出を拒むことはできず、介護休暇の取得日を指定する権限は認められていません（育児介護休業法16条の6第1項）。

（5）介護のための所定労働時間の短縮等の措置
　介護のための短時間勤務は、介護のための所定労働時間の短縮措置について、介護休業と通算して93日の範囲で取得可能でしたが、改正育児介護休業法では、介護休業とは別に、利用開始から3年の間で2回以上の利用が可能となりました。

　したがって、事業主は堀口氏からの短時間勤務の申請を拒むことはできません（育児介護休業法23条3項）。

以上

XII 助成金

1 事例

> ターゲット会社R社（常時労働者数100人、うち70人は1年間の雇用期間の定めのある契約社員）は雇用関係の2つの助成金を受給していました。
>
> 1つは雇用調整助成金で、売上減少時に一時帰休を回避するため、社内研修（事業所内訓練・社員の眞鍋氏を講師として）を実施し、助成金を受給していました。研修実施日として支給申請した日のうち、1日だけ研修を実施しなかった日がありました。
>
> もう1つはキャリアアップ助成金（正社員転換）で、契約社員を正社員に登用する際に受給していました。しかし、当該契約社員の採用日、就業規則の届出日に齟齬がありました。
>
> なお、R社は助成金の受給に際して、外部の第三者（補助金コンサルタント）から助言を受けていました。

2 規範・ルール等の定立

（1）雇用保険二事業の雇用安定事業

雇用保険法では、労働者を対象とした失業等給付のほか、雇用二事業の1つ、雇用安定事業として事業主に対する助成（助成金の支給、以下「助成金」とする）が行われています。助成金は事業主が負担する雇用保険料を財源とし、国庫負担は行われていません。

（2）助成金の支給要件

雇用安定事業として行われる助成金の支給は、その種類ごとに支給

要件が設けられています。各助成金の支給要件については割愛しますが、労働関係について違法状態にないことを前提として、受給するためには細かな要件が設定されています。仮に法令違反の状況になくても、支給要件のすべてに合致しなければ、助成金は不支給とされます。そのため、各助成制度の内容や支給要件等の詳細について、事前に把握していなければ支給申請を行っても支給決定に至らない制度です。

　また、助成金は雇用保険料、つまり国のお金（労働保険特別会計）を原資とするため、支給については厳格な審査が行われます。そのため、助成金の受給のための提出書類の作成や、添付書類の準備等で事務的な負荷がかかります。そのため、社会保険労務士に助成金の申請事務を委託することも一般的に行われています。

　一方で、無資格の「補助金コンサルタント」等が助成金の活用を勧めるケースも現実に行われています。厚生労働省管轄（雇用関係）の助成金申請に係る書類作成業務について、業として行うことができるのは社会保険労務士に限定されています。無資格の補助金コンサルタント等が業として書類作成を行い、報酬を受けることは社会保険労務士法27条違反となります（行政窓口においても、この件について注意喚起を促す告知がなされています）。

（3）不正受給

　助成金は会社が法令違反の状態になくても、各助成金の支給要件のすべてに合致しなければ不支給とされます。しかし、「合致させるため」に事実とは異なる情報で支給申請を行った場合は、不正受給として取り扱われます。

　「研修を実施した日として申告した数カ月間のうち、1日だけ研修を実施しなかった日があったが、僅かな日数なので研修をした日として申請した」「実際の採用日と、雇用保険の資格取得日に数日間の相違があったが、僅かな違いだったのでそのまま申請した」等の状況は、助成金を申請する立場としては「些細」であるかもしれません。

しかし、助成金を支給する行政の立場では、事実に反する申請であると確認されれば「不正受給」となります。「些細」なのかどうかは関係ありません。

事業主が不正受給を意図して申請することは論外ですが、社内の担当者や補助金コンサルタント等が、助成金受給を目的として不正受給につながる情報を申請書類に記載し、支給申請することが現実に行われているのが実情です。もし事業主がこのような状況（不正受給につながる助成金申請）を把握していなかった場合であっても、行政から不正受給を指摘された場合の責任は、当然ながら事業主にも及びます。

不正受給を行った場合は、事業主は具体的な代償を求められます。代償措置の内容はとても厳しく、大別すると次の３つに整理できます。

① 行政窓口の措置
- 不正受給であることが発覚した場合、助成金は不支給。
- 不正受給の処分決定から３年間は、助成金を支給申請できない。
- 不正受給が発覚した場合、事業所名・代表者名・不正受給金額等が公表される。

② 民事的措置
- 不正受給が助成金支給後に発覚した場合、支給された助成金を返還。
- 返還する助成金に対して、民法における不当利得として延滞金（５％）が課せられる。

③ 刑事的措置
- 特に悪質と行政が判断した場合は、刑事告訴（刑法上の詐欺罪）。

①の行政による措置は、平成26（2014）年４月に事業所名公表の措置が追加されています（雇用関係助成金全般、雇用調整助成金等は平

成22年11月)。公表された企業は「不正を行う企業」として周知されてしまうため、信用が低下し、その後の事業継続が困難となる可能性が高いと思われます。

　特に外部の第三者(補助金コンサルタント等)から助成金制度の活用を提案された場合は、自社の労務管理の現状と助成金の支給要件・制度詳細を踏まえて、助成金の受給の可能性について精査する等、慎重さが求められます。

3　確認する資料および目的

　調査を実施するための資料および目的については、**図表2－XII－1**のとおりです。

図表2－XII－1　調査資料と目的

資料の名称	目的
□ (助成金に関する資料) 　助成金支給申請書の写し 　助成金支給決定通知書	・受給を受けた助成金の確認 ・助成金の受給金額の確認
□ (社員に関する資料) 　雇用契約書、労働条件通知書、辞令 　労働者名簿 　退職届	・雇用契約の内容、改定履歴等の確認 ・助成金対象者に退職者が含まれる場合
□ (労基署届出済みの資料) 　就業規則 　附属規程(給与規程、正社員への転換規程等) 　労基署届出時の意見書 ※いずれも、労基署の受理印があるもの	・労働条件の確認 ・給与規程の内容と、現実の給与支払い状況について確認 ・労基法上の手続(届出、周知)の確認
□ (勤怠管理に関する資料) 　タイムカード、出勤簿、勤怠システムのデータ 　有給休暇管理簿、有給休暇届、欠勤・遅刻早退届	・就業実績の確認 ・有給休暇取得状況の確認

資料の名称	目的
□ （賃金支払実績に関する資料） 　賃金台帳、給与明細書 　給与支払実績の確認できる資料（預金通帳等） 　社会保険・雇用保険被保険者資格取得確認通知書、資格喪失確認通知書 　源泉所得税領収証 　住民税の特別徴収税額決定・変更通知書	・給与支払実績の確認 ・給与支払実績と、社会保険・雇用保険の適用状況の確認 ・給与支払実績と、源泉所得税、住民税の納付状況の確認 ・助成金対象者に退職者が含まれる場合
□ （会計に関する資料） 　法人税確定申告書・附属書類一式 　会計帳簿（総勘定元帳、現金出納帳等） 　仕訳伝票、入出金伝票等 　諸経費関する領収証、交通費・出張旅費精算書等 　売上・外注取引に関する請求書等	・会社業績（助成金要件の1つ）の確認 ・給与支払実績と会計処理の整合性の確認 ・助成金受給期間の社員の就業状況（外出、出張等）の確認

4 報告書作成例

　　　　　　　　　　　　　　　　　　　　年　月　日

　　　　　　　人事デューデリジェンス報告書

株式会社□□□□　御中
　　　　　　　○○社会保険労務士事務所
　　　　　　　　　調査担当社会保険労務士　○○○○
　　　　　　　　　調査担当社会保険労務士　○○○○

　株式会社R社の人事デューデリジェンス業務が完了いたしましたので、…ください。
　　※ P.69の例参照。

1．違法事項等

	違反事項等	抵触する法律等
1	雇用調整助成金の不正受給	雇用保険法 民法703条、704条刑法246条
2	キャリアアップ（正社員化コース）の不正受給	雇用保険法 民法703条、704条刑法246条

2　調査結果の根拠
（1）雇用調整助成金の支給要件と申請内容

　雇用調整助成金は、景気変動・産業構造の変化等、経済上の理由により事業活動の縮小を余儀なくされた場合（売上高が前年同期比で10％以上減少）に、休業・教育訓練を実施することで社員の雇用維持を図る事業主に対して助成する制度です。休業手当の一部（2/3）が助成され、さらに休業させず教育訓練を実施した場合には1人1日あたり1,200円が加算されます。

　R社は、雇用調整助成金を受給していた期間は、社員を休業させずに1人の社員を講師として教育訓練を実施（事業所内訓練、以下「社内研修」とする）していました。ただし、助成金の要件には「当該社内研修を実施する日について、受講する社員を業務に就かせない」ことが規定されています。

　しかし、社内研修を行った期間の中で、1日だけ急な業務対応（講師役の社員が出張）で社内研修を中止した日があり、その旨を当時の人事部長（退職済）に相談したところ、「社内研修を中止したのは午後だけで、半日は研修を実施したので問題ない」とのことで、助成金申請の際にもこの1日について研修中止の事実を申告せず、そのまま助成金が受給

されてしまった事実がありました。また、経理担当者にヒアリングしたところ、社員研修を中止した日について、講師役の社員の出張旅費請求書・鉄道会社の領収証の存在が確認できました。

(2) キャリアアップ助成金（正社員化コース）の支給要件と申請内容

　キャリアアップ助成金（正社員化コース）は、主に有期契約労働者（非正規雇用）を正規雇用労働者に転換した事業主に助成される制度です（有期雇用を正規雇用に転換した場合は、1人につき57万円）。非正規雇用労働者として採用された後、6カ月以上を経過したことが主な要件となっています。

　R社においては、社員全体のうち契約社員（有期雇用の非正規労働者）の比率が高い（100人中70人）状況にあり、正社員への切換えも行われていませんでしたが、外部の第三者（補助金コンサルタント）が関与した後、6カ月を経過した頃から数名（3名）について契約社員が正社員に転換されました。

　しかし、申請資料を確認する中で、下記4点の疑問点が生じました。

① 採用当初に交付した雇用契約書（契約社員）が存在せず、雇用契約が更新されていたこと、および正社員に転換されたことについて、本人に認識がないにもかかわらず助成金申請用の労働条件通知書のみ存在（本人への交付なし）。

② 正社員への転換前後で、給与額が改定されていない（3名全員）。（注）平成30（2018）年4月以降の転換の場合、給与額改定（転換前後6カ月で5％以上増額）がなければ、助

成対象外と改正されました。
③　実際の採用日と雇用保険・社会保険の資格取得日に数日のズレを確認。
④　正社員への転換に関する規程の施行日と、労基署への届出日に大きな乖離（4カ月）がある。

特に④については、助成金の支給申請の時期近くに届出されており、人事担当にヒアリングしたところ、すべて補助金コンサルタントの指示（助言）に基づいて行われたことが判明しました。

(3) 行政調査への対応

助成金に関する書類の保存期間は、5年間とされています。5年の間に立入検査（雇用保険法79条）が実施され、その事実が行政側に確認された場合は、(1)(2)の助成金について、いずれも不正受給として判断される可能性が高いと思われます。その場合、行政から厳しい措置を求められることになります。

不正受給であれば、不当利得として返還（民法703条、704条）しなければならないほか、行政指導として企業名が公表されるので、企業としての信用が低下するだけに留まらず、その後の事業継続自体が困難になることも想定されます。

さらに、不正受給について悪質性が認められた場合は、詐欺罪として刑事告発され、10年以下の懲役に処せられるおそれがあります（刑法246条）。

調査事項について懸念が解消されないのであれば、受給した助成金について行政に返還を申し出る等の対応を速やかに行う必要があります。

以上

第2章の参考文献

- 安西愈、木村恵子共著 『労働者派遣のトラブル防止と活用のポイント』（日本法令）
- 安西愈著 『トラブルを起こさないパートタイマーの雇用と法律実務』（日本経営協会総合研究所）
- 安西愈著 『トップ・ミドルのための採用から退職までの法律知識』（中央経済社）
- 石嵜信憲編著 『就業規則の法律実務〔第2版〕』（中央経済社）
- 石嵜信憲編著 『非正規社員の法律事務〔第3版〕』（中央経済社）
- 石嵜信憲編集 『労働者派遣法の基本と実務』（中央経済社）
- 社会保険労務士法人野中事務所編 『M＆Aの労務デューデリジェンス〔第2版〕』（中央経済社）
- 社会保険労務士法人野中事務所編 『M＆Aの人事デューデリジェンス』（中央経済社）
- 髙谷知佐子編 『M＆Aの労務ガイドブック〔第2版〕』（中央経済社）
- 水町勇一郎著 『労働法〔第7版〕』（有斐閣）
- 水町勇一郎著 『同一労働同一賃金のすべて』（有斐閣）
- 菅野和夫著 『労働法〔第11版補正版〕』（弘文堂）
- 荒木尚志、菅野和夫、山川隆一著 『詳説 労働契約法〔第2版〕』（弘文堂）
- 大内伸哉著 『最新重要判例200 労働法〔第5版〕』（弘文堂）
- 丸尾拓養著 『解雇・雇止め・懲戒Q＆A』（労務行政）
- 厚生労働省労働基準局編 『平成22年版 労働基準法（下）』（労務行政）
- 労務行政研究所編 『均等法・育介法・パートタイム労働法 基本法令・通達集』（労務行政）
- 石井妙子、西濱康行、石井拓志著 『懲戒処分 適正な対応と実務』（労務行政）
- 渡邊岳著 『労働者派遣をめぐる裁判例50』（労働調査会）
- 東京弁護士会労働法制特別委員会企業集団／再編と労働法部会編著 『M＆Aにおける労働法務DDのポイント』（商事法務）

- 全国労働基準関係団体連合会編 『人事・労務管理シリーズⅣ―解雇・懲戒―』（全国労働基準関係団体連合会）
- 外井浩志著 『新・労働法実務Ｑ＆Ａ 採用・退職・解雇・定年・懲戒』（生産性出版）
- 野川忍著 『労働法』（日本評論社）
- 中村克己、五三智仁、町田悠生子編著 『就業規則の変更をめぐる判例考察』（三協法規出版）
- 厚生労働省資料 「平成28年パートタイム労働者総合実態調査の概況」
- 厚生労働省資料 「事業主様へ パートタイム労働者の健康診断を実施しましょう！」
- 厚生労働省資料 「同一労働同一賃金ガイドラインのたたき台（短時間・有期雇用労働者に関する部分）
- 第13回労働政策審議会職業安定部会 雇用・環境均等分科会 同一労働同一賃金部会 平成30年10月19日
- 石嵜信憲著「労働条件の均衡・均等待遇と実務対応策」みずほ総合研究所、平成30年10月30日
- 浜辺陽一郎著「出勤停止処分の結果、賃金を不支給とすることは、減給の制裁に当たるか」労政時報3835号 2012.12.14（労務行政）
- 千葉博著「相談室Ｑ＆Ａ 遠隔地への配転に際して、どの程度の不利益軽減策を講じれば「人事権の濫用」にならないか」労政時報3755号 2009.8.14（労務行政）
- 根本義尚著「相談室Ｑ＆Ａ 勤務成績は優秀だが再三パワハラを繰り返す管理職にどう対処すべきか」労政時報3907号 2016.4.8（労務行政）
- 下田直人著「相談室Ｑ＆Ａ 解雇予告除外認定を申請する際に必要な添付書類は何か」労政時報3884号 2015.3.13（労務行政）
- 家永勲著「相談室Ｑ＆Ａ 諭旨解雇に応じない社員を懲戒解雇することは可能か」労政時報3921号 2016.12.9（労務行政）
- 神内伸浩著「相談室Ｑ＆Ａ 再確認 懲戒処分の実務ポイント」労政時報3931号 2017.6.9（労務行政）
- 飛田秀成著「相談室Ｑ＆Ａ 社員からの再三の異動希望にもかかわら

ず、これに応じないことは問題か」労政時報3948号 2018.3.23（労務行政）
- 岡崎教行著 「相談室Ｑ＆Ａ　クレジットカードの使い過ぎで自己破産した従業員を懲戒できるか（懲戒関係）」労政時報3948号 2018.3.23（労務行政）
- 丸尾拓養著 実務家のための法律基礎講座（6）「懲戒」労政時報3669号 2006.1.13（労務行政）
- 大沢正子著 実務家のための法律基礎講座（8）「退職」労政時報3673号 2006.3.10（労務行政）
- 浅井隆著 実務家のための法律基礎講座（36）「出勤停止による無給処分は減給の制裁に当たるか」労政時報3757号 2009.9.11（労務行政）
- 根本義尚著 実務に役立つ法律基礎講座（14）「昇格・降格」労政時報3900号 2015.12.11（労務行政）
- 岡崎教行 実務に役立つ法律基礎講座（16）「軽微な懲戒処分：戒告・譴責」3903号 2016.2.12（労務行政）
- 岡村光男著 実務に役立つ法律基礎講座（24）「控除・相殺・差押」労政時報3917号 2016.10.14（労務行政）
- 吉村雄二郎著 実務に役立つ法律基礎講座（38）「懲戒処分」労政時報3949号 2018.4.13（労務行政）
- 高仲幸雄著「チェックリストを活用した懲戒処分の実施手順と実務上のポイント　第1回『懲戒処分の総論』」ビジネスガイド　803号　2015年1月号（日本法令）
- 高仲幸雄著「チェックリストを活用した 懲戒処分の実施手順と実務上のポイント　第12回（最終回）『私生活上の問題行為を理由とする懲戒処分』」ビジネスガイド　814号　2015年12月号（日本法令）

第3章

人および人事全般の調査報告書例

　本章では、人事DDの調査対象のひとつである「人および人事全般」に関する主な調査事項について、事例をあげて報告書例を紹介します。なお、ここにあげた報告書例はあくまでも参考例ですから、実務では個別案件の特徴に応じて工夫して対応してください。

I 人的資源の分析

1 事 例

買い手企業から「ターゲット会社A社の人的資源の状況を調査してほしい」とのリクエストがありました。

2 調査方法

(1) 定量分析の実施

ターゲット会社の人的資源の分析は、ターゲット会社の状況や特徴を把握し、傾向を分析して、問題の所在、解決策のヒントを探り、将来を予測することを目的とします。方法としては、損益データ、人事情報、外部情報などのデータを利用して定量分析を実施することが考えられます。定量分析は、様々な切り口で細分化していくことが可能ですが、DDの場面では調査期間に制約があるため、闇雲に細分化した分析を行うのではなく、大きな視点での分析を行い、必要に応じて分析を細分化させていく必要があります。

定量分析を行う項目には様々なものが考えられますが、**人件費総額＝単価（一人あたり人件費）×人員数**であることから、一つの考え方としては、**人件費総額、給与水準（単価）、人員数・人員構成**の3つの切り口で定量分析を行うことが考えられます。

① 人件費総額の分析

（ⅰ） 労働分配率分析

労働分配率は、付加価値に占める人件費の割合を示す指標で、会社が生み出した価値のうち労働者に分配された割合を示す指標で

す。労働分配率については、正解とされている一般的な率があるわけではありませんので、業界平均値や過年度実績との比較により分析を行うことが考えられます。なお、ターゲット会社の競合他社との比較も可能であれば行うべきですが、付加価値を算出するためのデータが入手できないことが多いため、統計データとして公表されている業種別の平均値などと比較するというのが一般的と考えられます。

$$労働分配率＝(\%)\ \frac{総人件費}{付加価値} \times 100$$

　付加価値の算出方法にはいろいろな方式がありますが、業界平均との比較を考えた場合には、比較データの入手が容易であることから財務省方式を用いて付加価値を計算することが望ましいと考えられます。なお、財務省方式のほかには、経済産業省方式や中小企業庁方式などの計算方法があります。

方　式	計　算　式
財務省方式	営業純益(営業利益－支払利息等)＋役員報酬＋従業員給与＋従業員賞与＋福利厚生費＋支払利息等＋動産・不動産賃借料＋租税公課

　財務省は毎年「法人企業統計調査」を実施し、「財政金融統計月報」を公表しています（データでダウンロード可能）。「財政金融統計月報」（法人企業統計年報）では、業種別、資本金別に財務データが集計されており、「付加価値額」も計算されていますので、業種平均の労働分配率を計算することが可能です。

　なお、中小企業庁も毎年「中小企業白書」を公表しており、その「付属統計資料」の「中小企業の経営指標」において業種別の労働分配率が公表されています。しかしながら、毎年数値がアップデートされるものではないこと、「財政金融統計月報」（法人企業統計年報）のほうが業種の区分が細かいことから財務省方式を利用するほうが望ましいと考えられます。

ターゲット会社の労働分配率を業種全体の平均と比較し、あわせて過去の推移を確認することで、人件費への分配率が適正な水準にあるといえるのかを分析します。

(ⅱ) 業績連動性分析

業績連動性分析は、**業績（売上や利益）の変動に対して人件費が**どのように変動しているのかを分析するものです。人件費は固定費としての性格が強いため、業績の変動にあわせて伸縮させることは容易ではありませんが、賞与の業績連動性を高めることなどにより、人件費の業績連動性を高くすることは可能であると考えられます。

まず、売上高（または売上総利益、営業利益など）と総人件費の増減率を比較します。**図表3－Ⅰ－1**にように、第1象限（右上）、第3象限（左下）にある場合は、基本的に業績に応じた人件費管理が行われていると推測されますが、45度線と大きく乖離した部分にプロットされている場合にも、原因を確認する必要があります。一方で、第2象限（左上）、第4象限（右下）にプロットされる場合には、業績と総人件費が連動していない原因を確認する必要があり

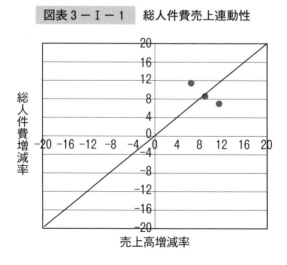

図表3－Ⅰ－1　総人件費売上連動性

ます。

　次に、賞与総額が業績にどれくらい連動しているのかを確認するため、賞与控除前の営業利益と賞与総額の増減率を比較します。賞与と業績との連動性が高い場合は45度線に近いところにプロットされますが、生活保障給的な意味合いが強い場合には、賞与控除前の営業利益が減少している場合であっても人員数の増加などによって賞与総額は増加することもあります。

　特に、賞与控除前営業利益が減少傾向にある一方で賞与総額が増加している場合（第2象限（左上）にプロットされている）であっても、営業利益の額がある程度計上されている段階ではそれほど問題であると認識されていないことも多くあります。このような場合には、将来的に利益の大きな圧迫要因となる可能性があるため、将来のシミュレーションを行う必要性が高いと考えられます。

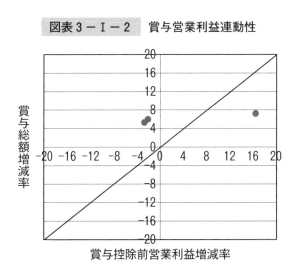

図表3－I－2　賞与営業利益連動性

② 給与水準（単価）の分析

(i) 給与分布の分析

ターゲット会社の給与が世間水準の賃金水準と比較してどのように分布しているのかを分布図によって確認します。外部の賃金データには、公的機関による統計資料や民間調査機関が独自に調査したデータなどがありますが、厚生労働省が公表している「賃金構造基本統計調査」は、毎年調査が実施されること、産業別、年齢別等のデータが整備されていることから比較データとして使用するデータとして適していると考えられます。

図表3－Ⅰ－3の会社では、概ね世間水準にプロットされている社員が多くなっています。分布図に線形近似線を引いてみると決定係数（相関係数の二乗）$R^2 = 0.7592$となっており、年功的な賃金体系となっている可能性が高いと推測されます。一方で、世間水準を大きく上回る社員や下回る社員も散見されることから、このような社員の処遇の理由を確認する必要があります。

男女別の月給から散布図を作成してみると、**図表3－Ⅰ－4**のとおり、世間水準を下回るのは女性が多いという事実が確認できま

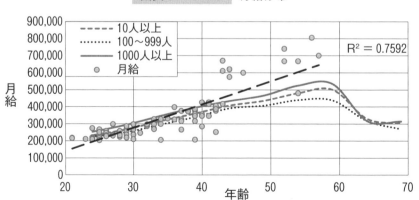

図表3－Ⅰ－3　月給分布

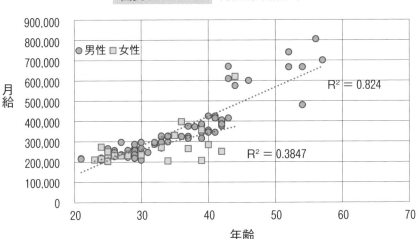

図表3-Ⅰ-4　男女別月給分布

す。一方で、必ずしも女性の賃金水準が低いというわけではありませんので、一般事務職に女性が多いことが推測されますが、賃金格差に合理的な理由があるかを確認する必要があります。

(ⅱ) 年間賞与分布の分析

給与分布と同様、ターゲット会社の年間賞与が世間水準と比較してどのような分布をしているのかを「賃金構造基本統計調査」等のデータと比較します。

図表3-Ⅰ-5の会社では、概ね世間水準かそれ以上の水準となっていますが、年齢が高くなるにつれて大きく世間水準を下回る結果となっています。そこで、年間賞与額、年齢に月給の大きさを加えて、**図表3-Ⅰ-6**のようにバブルチャート化してみると、高月給の高年齢層の社員の賞与支給額が低いことが確認できます。一般的には、月給の高い社員ほど業績に連動した賞与の額が大きくなることが多いため、このような状況となっている理由を確認する必要があります。

また、給与分布と同様、男女別に年間賞与の分布についても確認

すると、**図表3−Ⅰ−7**のとおり月給の分布と同様の状況になっていることから、女性だけ支給倍率が低いということではないと推測されますが、差が生じている理由が合理的なものであるかを確認する必要があります。

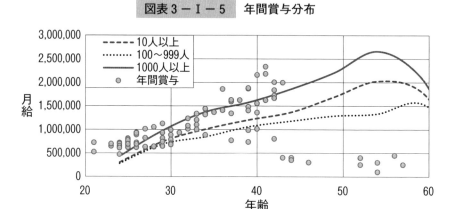

図表3−Ⅰ−5　年間賞与分布

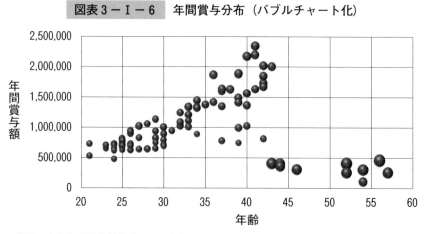

図表3−Ⅰ−6　年間賞与分布（バブルチャート化）

※●印の大きさは月給額を示しています。

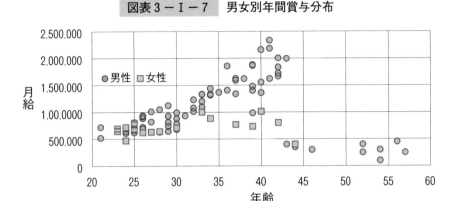

図表3−I−7　男女別年間賞与分布

(iii)　年収分布の分析

年収に対して月給と賞与をどのように構成するかは会社によって考え方が異なるため、ターゲット会社の年収が世間水準と比較してどのような水準にあるのかを確認します。

また、人事制度上の等級別の年収範囲を「箱ひげ図」を作成して確認します。管理職と非管理職間については、時間外手当によって年収の逆転現象が発生することがありますので、特に管理職と非管理職の境界前後の等級で年収範囲が重なっていないかを確認する必要があります。

図表3−I−8の会社では、概ね世間水準以上の水準となっており、年齢に応じて右肩上がりの傾向が読み取れることから、結果的には年功的な賃金になっていることが推測されます。男女別分布図**(図表3−I−9)**から、世間水準を下回る水準に女性が多い理由について確認する必要がある点は、給与および賞与の分析と同様です。

等級別の年収範囲図**(図表3−I−10)**から下位の等級ではほとんど差が生じない賃金体系である一方で、等級が上がると同一等級内でも年収に100万円程度の差が生じるようになっていることがわ

かります。また、非管理職の最上位等級（S4）の最大値が管理職の最下位等級（M1）の最小値を上回っており、年収の逆転現象が生じていることが確認できます。加えて、S4等級の箱の上部（75％）と最大値の間が大きくなっていることから、少数の社員に長時間労働が生じている可能性が疑われます。

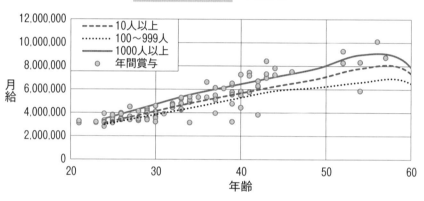

図表3－Ⅰ－8　年収分布

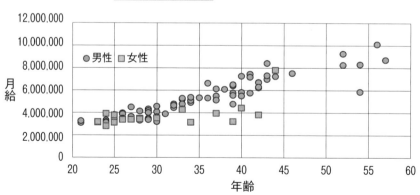

図表3－Ⅰ－9　男女別年収分布

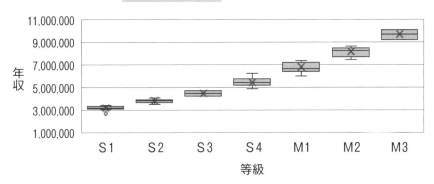

図表3−Ⅰ−10　等級別年収範囲

③　人員数・人員構成の分析

（ⅰ）　労働生産性分析

労働生産性は、社員一人あたりが生み出した付加価値を示す指標で、付加価値を総人員数で除すことにより算出します。 この際、短時間労働者については、正社員の所定労働時間数ベースに換算した人員数を算出する必要があります。また、人員数については、期中平均の人員数とすることが望ましいと考えられますが、期首と期末の人員数の平均などとすることも考えられます。

$$労働生産性 = \frac{付加価値}{社員数}$$

労働生産性については、業界平均値や過去の実績値と比較し分析します。**図表3−Ⅰ−11**の会社では業界平均を大幅に上回っており、上場企業に匹敵する労働生産性を達成していますが、徐々に労働生産性が悪化しています。労働生産性の悪化が生じている理由を確認し、今後も同様の傾向が継続するのかを検討する必要があります。

図表3－Ⅰ－11　労働生産性の推移

(単位：百万円)

	N-2期	N-1期	N期	業界平均 (*1)
労働生産性	15.29	14.97	14.37	10.22

(*1)　厚生労働省「賃金構造基本統計調査」より算出

(ⅱ)　離職率

　離職率（当期離職者数÷期首社員数）は必ずしも低いほどよいというものではありませんが、**離職率が高い会社は何らかの問題を抱えていることが疑われます**。また、将来の人員構成をシミュレーションする際にも離職率は重要な考慮要素となりますので、過去3年～5年程度の離職率を把握しておくことが望ましいと考えられます。

　離職者のデータについては、年齢、性別、所属部門、人事制度上の等級などの切り口で集計して傾向を確認することが考えられます。離職率が高い場合ほど、様々な切り口で分析する必要性が高いと考えられます。特定の所属部門だけ離職率が高い場合には、過重労働やパワハラの可能性が疑われますし、女性の離職率だけが高いということであれば、女性軽視の社風やセクハラが疑われます。

　上記のような分析により大体の傾向を把握したうえで、離職理由について会社担当者へのインタビューにより確認します。

　図表3－Ⅰ－12の会社は、統計データ（「平成28年雇用動向調査」厚生労働省）における同業の離職率（約10%）と比較して特に高い水準にはなく、若年層の離職が多いという点も世間一般の傾向どおりとなっています。また、40歳を超える年齢層での離職は3年間で1名となっている一方で36歳～40歳の年齢層での離職者数が相対的に多くなっていることが把握できます。

図表3-Ⅰ-12　年齢区分別離職者数の推移

年齢	N-2期	N-1期	N期
22～25	3	2	2
26～30	2	3	1
31～35	1	0	0
36～40	3	3	1
41～45	0	0	1
46～50	0	0	0
51～55	0	0	0
56～59	0	0	0
合　計	9	8	5
離職率	8.8%	8.7%	5.3%

　等級別に離職者数を集計すると、**図表3-Ⅰ-13**のとおり、S4等級での離職者数が多くなっているという傾向がより明確となっていますので、離職数が多くなっている理由を確認する必要があります。

図表3-Ⅰ-13　図表等級区分別離職者数の推移

等級	N-2期	N-1期	N期
S1	3	2	3
S2	2	3	0
S3	0	0	0
S4	4	3	1
M1	0	0	1
M2	0	0	0
M3	0	0	0
合　計	9	8	5
離職率	8.8%	8.7%	5.3%

(iii) 社員構成

　我が国において、社員自身が転職を選択するということは珍しくなくなってきているものの、会社が社員を解雇するのは容易ではないことから、一度雇用した社員を定年退職まで雇用し続けるということも依然少なくありません。そのような長期的な関係が前提になっている一方で、短期的な会社業績や景気の状況に応じて採用人数がコントロールされることが多く、その結果、年齢別の人員構成に大きな凸凹が生じているということがあります。こうした状況下では、新人の育成が十分に行えない、昇進機会の減少や昇格が難しくなることにより中堅社員のモチベーションがダウンする、というような事態を招く可能性があります。

　また、年功的な賃金制度が運用されている場合には、将来的に人件費増加による業績悪化が懸念されることのほか、そもそもそのような賃金制度は持続困難である可能性もあります。そのため、年齢区分別、等級別に社員構成を確認し、将来の人員構成をシミュレーションすることが必要となります。現状の社員構成が**図表3－Ⅰ－14**の会社において、直近3年間の年齢区分別離職率から計算した平均離職率を使用して5年後の姿をシミュレーションしてみると**図表3－Ⅰ－15**のようになります。中高年齢層の離職率が低いため、徐々に高齢化が進んでいくことが読み取れます。

　次に、現状の等級別の人員構成（**図表3－Ⅰ－16**）に、離職率および昇格率を加味して5年後の姿をシミュレーションしてみると**図表3－Ⅰ－17**のようになると予測されます。従来の傾向が継続した場合はM等級の人員数は3名増加し、人件費は約16％増加すると試算されます。企業規模が拡大し、しかるべきポストが増加すれば問題ありませんが、そうでない場合は、管理職が不必要に増加しないように注意する必要があります。

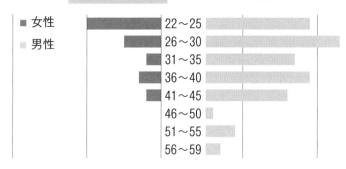

図表3-I-14　年齢区分別人員構成

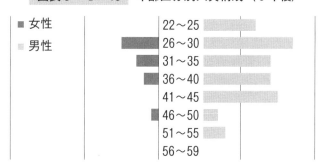

図表3-I-15　年齢区分別人員構成（5年後）

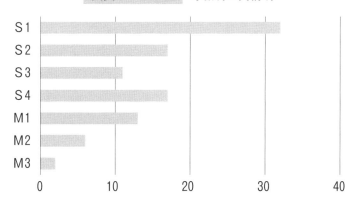

図表3-I-16　等級別人員構成

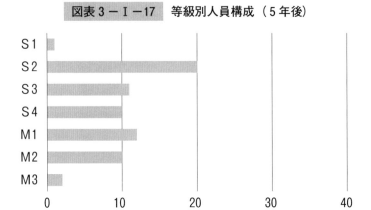

図表3-Ⅰ-17 等級別人員構成（5年後）

　管理職については、管理職比率を世間一般の水準と比較してみることが有用です。**管理職比率とは、社員の中に占める管理職社員の比率を意味します。**管理職は、部や課といった組織を統括、管理する社員ですので、本来は部や課の数と一致するはずです。しかしながら実際には、組織単位の長のほかに、副部長・担当部長・マネジャー（部長・課長は別に存在）等、様々な肩書きの管理職が存在し、管理職の数が相対的に多くなっているというケースも多く目にします。

　管理職比率が高い会社は、人件費負担が重く利益を圧迫する要因となることに加え、新たに管理職になる社員数を抑制するようになっていくことが通常です。このような状況は、非管理職、とりわけ以前であれば管理職となっていたと考えられる中堅社員のモチベーションを大きく低下させ、中堅社員の社外流出を増加させる可能性があります。

　さらに、管理職比率が高い会社では、労基法上の管理監督者に該当しない管理職が存在する可能性が相対的に高いと考えられますので、労基法上の管理監督者として取り扱われる範囲についても確認する必要があります。

　図表3-Ⅰ-18の会社では、管理職比率が世間一般と比較して2倍

程度となっており、管理職の位置付けや処遇が妥当なものであるかを確認する必要があります。

図表3－Ⅰ－18　等級別人員構成管理職比率

	企業規模			
	100人以上	100～999人	1000人以上	対象会社
部長級	3.1%	3.3%	2.9%	8.2%
課長級	7.8%	7.3%	7.8%	13.3%
管理職比率	10.9%	10.6%	11.4%	21.4%

「平成29年賃金構造基本統計調査」より算出

3　報告書作成例

年　月　日

人事デューデリジェンス報告書

株式会社□□□□　御中

　　　　　　　　○○社会保険労務士事務所
　　　　　　　　　調査担当社会保険労務士　○○○○
　　　　　　　　　調査担当社会保険労務士　○○○○

　株式会社A社の人事デューデリジェンス業務（人的資源の分析）が完了いたしましたので、ご報告いたします。

Ⅰ.【報告概要】
① 　業界平均の労働分配率は60.4％であるのに対し、A社の労働分配率は58.6％と概ね業界の水準となっていますが、直近3年間で徐々に労働分配率が上昇傾向にありま

す。年功的な賃金体系のもとで、社員の高齢化が進んでいることにより中高年齢層の人件費負担が増加していることが原因の一つになっています（Ⅱ.(1)①参照）。

② 現時点では業績が好調なことによりA社では問題として認識されていませんが、人件費総額と業績の連動性が低く、業績が悪化した場合であっても人件費のコントロールが行いにくいという問題があると考えられます。特に賞与については、直近2年間の賞与控除前営業利益増減率がマイナスとなっているにもかかわらず、賞与総額は5～6％増加しており、業績に応じた人件費のコントロールが行われていません（Ⅱ.(1)②参照）。

③ A社の年収水準、月給水準、賞与水準は世間一般と比較して遜色ない水準にありますが、上位等級の中高年齢者おいて固定的な月給が年収に占める割合が大きく、業績に応じた人件費のコントロールが行えていない要因の一つとなっています。本来、管理職は業績に対して責任を負う立場にありますので、業績と人件費との連動性を高めるのであれば、管理職の固定給と賞与の構成の見直しから着手することが考えられます。（Ⅱ.(2)参照）

④ A社のS4等級（管理職前の最上位等級）とM1（管理職の最下位等級）で、時間外手当により年収の逆転現象が生じています。S4等級は中堅社員として、業務量が集中する傾向にあり、特に○○部門と△△部門では長時間労働が常態化しています。直近の離職率を前提とすると、5年後にはこの等級の人数が大きく減少し、事業活動に支障が生じる可能性が高いと見込まれるため、計画的な中途採用やITの活用による業務負担の軽減、業務分析による業務の分散などを早期に検討する必要があると考えられます（Ⅱ.

（2）参照）。
⑤　部長級、課長級の管理職比率が21.4％と世間一般の水準（11％程度）と比較して高い割合となっています。A社の組織構造から判断すると部長級で2名、課長級で4名が担当部長、マネジャーなどの肩書きで管理職待遇として取り扱われており、管理職比率を高める要因となっています。A社では管理職に過剰感があることにより、管理職等級への昇格が難しくなってきているため、従来のペースで管理職が増加する可能性は低い一方で、管理職等級への昇格が難しくなっていることがS4等級の社員の離職率を高める要因ともなっています。今後、A社の成長に伴い新たな管理職ポストが生じることも予想されますが、既に管理職が過剰気味であるため、年功的に管理職とした社員について、降格も視野に入れて管理職としての適任性を再度検討する必要があると考えられます（Ⅱ.（3）参照）。

Ⅱ.【分析結果】
（1）　人件費総額の分析
①　労働分配率の分析
　A社の直近3年間の労働分配率および業界平均、労働生産性の増減率は以下のとおりです。

	N-2期	N-1期	N期	業界平均
労働分配率	56.2％	57.3％	58.6％	60.4％
労働生産性増減率		△2.1％	△4.0％	

　付加価値の増加率よりも総人件費の増加率が大きいことにより労働分配率が上昇傾向にあります。総人件費の増加は、人員増に加え年功的な賃金体系の運用により、中高年齢層の

人件費負担が増加していることを主な要因としています。一方で、中堅社員の離職率が高く、中途採用による人員の補充を行っていますが、最近の人材不足を背景として、中途採用者のレベルが下がっていることなどにより労働生産性が低下傾向にあります。

直近3年の離職率を前提とすると今後、Ａ社では高年齢化が進んでいくことが予想され、次第に賃金体系を維持することが困難になることが予想されますので、早急に賃金体系の見直しに着手する必要があると考えられます。

② 業績連動性分析

Ａ社の直近3年間の営業利益増減率と総人件費の増減率の関係をグラフ化すると以下のとおりとなっています。直近2年間は営業利益が減少しているにもかかわらず、人件費総額は大きく増加しています。また、賞与控除前の営業利益増減率と賞与総額の増減率の関係をグラフ化すると、同様の傾向を示していることが確認できます。

Ａ社では、賞与についても安定的な支給を重視しているため、業績の変動に対する賞与支給額の変動幅が小さく、営業利益が減少傾向にあっても賞与支給総額はむしろ大きく増加するという結果になっています。

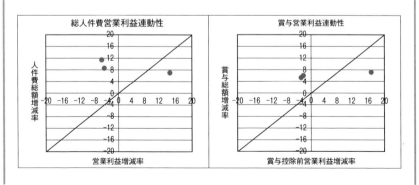

(2) 給与水準の分析
① 給与分布の分析
　A社の給与水準が「賃金構造基本統計調査」で公表されている世間一般の水準と比較してどのような水準となっているのかを確認したところ、以下のようになっていることが確認できました。

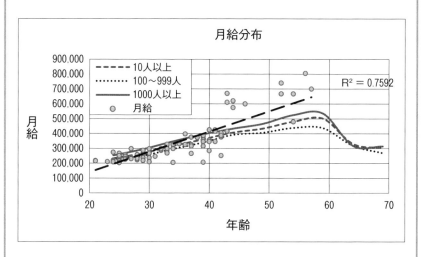

　A社では、概ね世間水準にプロットされている社員が多く、分布図に線形近似線を引いてみると決定係数$R^2＝0.7592$となっており、年功的な賃金体系となっていることが読み取れます。40歳代半ば以降の世間水準を大きく上回る社員は基本的に管理職であり、管理職の月給水準は世間相場からはかなり高い水準といえます。一方、世間水準を大きく下回っている社員（主に女性）は、一般事務職として採用した社員で、補助的な業務のみを行っていることから他の社員に比べて月給が低く設定されています。
　職務内容が明確に異なるため、そのような格差があっても問題はないと考えられますが、一方で、そのような業務を正

社員に担当させるのがよいのかは、今後の人件費構造の見直しに合わせて検討する必要があると考えられます。

② 年間賞与の分析

月給同様、A社の賞与水準が「賃金構造基本統計調査」で公表されている世間一般の水準と比較してどのような水準となっているのかを確認したところ、以下のようになっていることが確認できました。

A社の年間賞与水準は、概ね世間水準かそれ以上の水準となっていますが、年齢が高くなるにつれて大きく世間水準を下回る結果となっています。そこで、年間賞与額、年齢に月給の大きさを加えて、バブルチャート化してみると、高月給の高年齢層の社員に対する賞与支給額が低いことが確認されました。一般的には、月給の高い社員ほど、業績に連動した賞与の額が大きくなることが多いですが、A社では、上位管理職に対する賞与の支給額は僅少となっているという特徴があります。

（1）②の記載のとおり、A社の人件費は業績との連動性が低いため、業績が悪化した場合であっても人件費を調整することが容易ではありません。本来、管理職は業績に対して責任を負う立場にありますので、業績と人件費との連動性を高め、環境変化へ対応力を高めるためにも、管理職の固定給と賞与の構成を見直すことが考えられます。

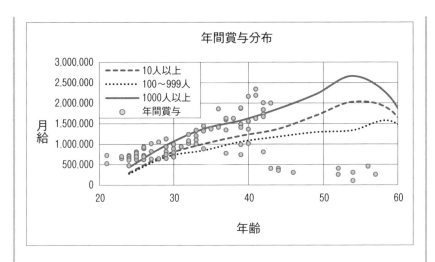

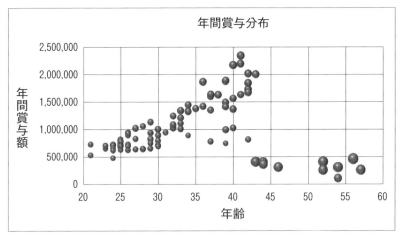

※●印の大きさは月給額を示しています。

③ 年収の分析

年収水準についても、「賃金構造基本統計調査」で公表されている世間一般の水準と比較してどのような水準となっているのかを確認したところ、以下のようになっていることが確認できました。

A社の年収水準は、概ね世間水準以上となっており、年齢に応じて右肩上がりの傾向が読み取れることから、結果的には年功的な賃金体系が維持されていることが読み取れます。

　等級別の年収範囲図を作成してみると下位の等級ではほとんど差が生じない賃金体系である一方で、等級が上がると同一等級内でも年収に100万円程度の差が生じるようになっています。また、非管理職の最上位等級（S4）の最大値が管理職の最下位等級（M1）の最小値を上回っており、年収の逆転現象が生じていることが確認できます。

　年収の逆転現象が生じている社員の状況について確認したところ、S4等級は中堅社員として、業務量が集中する傾向にあり、特に〇〇部門と△△部門では長時間労働が常態化しているということが判明しました。直近の離職率を前提とすると、5年後にはこの等級の人数が大きく減少し、事業活動に支障が生じる可能性が高いと見込まれるため、計画的な中途採用やITの活用による業務負担の軽減、業務分析による業務の分散などを早急に検討する必要があると考えられます。

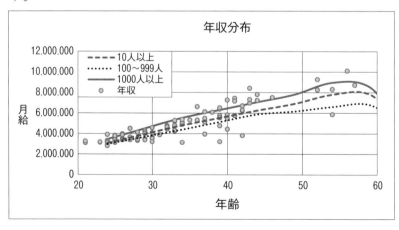

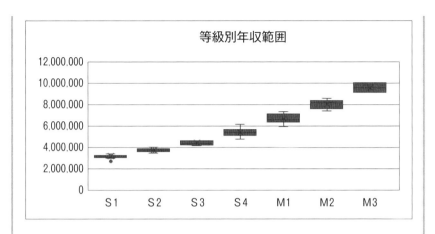

(3) 人員数・人員構成の分析
① 離職率

　A社は、統計データ（「平成28年雇用動向調査」厚生労働省）における同業の離職率（約10％）と比較して特に高い水準にはなく、若年層の離職が多いという点も世間一般の傾向どおりとなっています。また、40歳を超える年齢層での離職は3年間で1名となっている一方で36歳～40歳の年齢層での離職者数が相対的に多くなっていることが把握できます。

年齢区分別離職者数の推移

年齢	N-2期	N-1期	N期
22～25	3	2	2
26～30	2	3	1
31～35	1	0	0
36～40	3	3	1
41～45	0	0	1
46～50	0	0	0

51～55	0	0	0
56～59	0	0	0
合計	9	8	5
離職率	8.8%	8.7%	5.3%

等級別に離職者数を集計すると、以下のとおりとなっています。

等級区分別離職者数の推移

等級	N-2期	N-1期	N期
S1	3	2	3
S2	2	3	0
S3	0	0	0
S4	4	3	1
M1	0	0	1
M2	0	0	0
M3	0	0	0
合計	9	8	5
離職率	8.8%	8.7%	5.3%

　S4等級での離職者数が多くなっているという傾向がより明確となっているため、理由を確認したところ、S4等級は中堅社員として、業務量が集中する傾向にあり、特に○○部門と△△部門では長時間労働が常態化しており離職率が高くなっているということが判明しました。

　直近の3年間の平均離職率を用いて、5年後の等級別社員数をシミュレーションしてみると、以下のとおりS4等級の社員数が大きく減少することが予測されます。S4等級社員

の減少は、事業拡大のためのボトルネックとなるだけでなく、現状の規模を前提とした場合の事業活動にも支障が生じる可能性が高いと見込まれるため、計画的な中途採用やＩＴの活用による業務負担の軽減、業務分析による業務の分散などを早期に検討する必要があると考えられます。

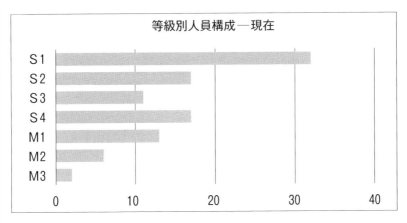

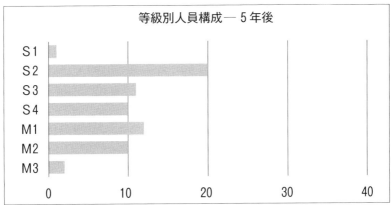

② 社員構成

A社の現状の社員構成を年齢区分別に集計し、直近3年間の年齢区分別離職率から計算した平均離職率を使用して現在の社員構成の5年後の姿をシミュレーションしてみると以下

のようになると予測されます。中高年齢層の離職率が低いため、徐々に高齢化が進んでいくことが読み取れます。今後は管理職になれない中高年齢層が増加すると予想されるため、非管理職の中高年社員に求める業務内容や処遇を改めて検討する必要があると考えられます。

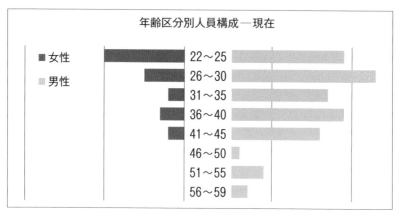

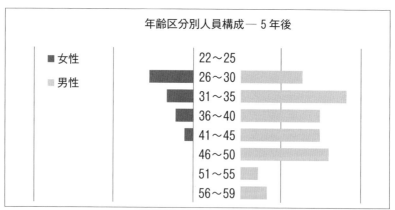

A社の管理職比率を計算し、世間一般の水準と比較してみると、以下のとおりとなっています。

管理職比率

	企業規模			
	100人以上	100〜999人	1000人以上	対象会社
部長級	3.1%	3.3%	2.9%	8.2%
課長級	7.8%	7.3%	7.8%	13.3%
管理職比率	10.9%	10.6%	11.4%	21.4%

「平成29年賃金構造基本統計調査」より算出

　A社の管理職比率は世間一般の水準と比較して高い割合となっています。A社では部や課といった組織単位が比較的少人数で構成されているため管理職比率が相対的に高くなる傾向があると考えられるものの、A社の組織構造を考慮したとしても部長級で2名、課長級で4名が担当部長、マネジャーなどの肩書きで管理職待遇として取り扱われていることが、管理職比率を高める要因となっています。

　A社では管理職に過剰感があることにより、管理職への昇格が難しくなってきているため、従来のペースで管理職が増加する可能性は低いと判断される一方で、管理職への昇格が難しくなっていることが中堅社員の離職率を高める要因ともなっています。今後、A社の成長に伴い新たな管理職ポストが生じることも予想されますが、既に管理職が過剰気味であるため、従来年功的に管理職とした社員について、降格も視野に入れて管理職としての適任性を再度検討する必要があると考えられます。

以上

Ⅱ 個人属性の分析

1 事 例

買い手企業から「ターゲット会社B社の社員について、各社員の適性、キーパーソン、および問題社員の調査をしてほしい」とのリクエストがありました。

2 調査方法

(1) 社員特性の調査

我々の日常生活を観察してみると、人間の能力や特性が一様でないことがわかります。例えば、人前で商品説明をするのが非常に優れている一方で事務処理が苦手な人もいれば、パソコン操作が得意なのに企画を策定することが苦手な人もいます。職場においても、ある仕事を適切かつ効果的になし遂げられる人もいれば、苦手で失敗ばかりしている人もいます。この違いが「適性」です。

ターゲット会社を構成する各社員の適性についても、人材アセスメントツールを活用し、個々の社員特性を客観的に把握しておく必要があります。すなわち、PMI後、各社員の潜在能力を十分に引き出せるよう適材適所への配置転換を検討するうえで重要な資料となるのです。人材アセスメントツールには様々な種類がありますが、本書では「CUBIC」を紹介します。

個人特性分析は、ターゲット会社の従業員の特性を客観的かつ多面的に把握するために実施するものです。成績考課や能力考課は、本人が現在担当している仕事について、その出来栄えや職務遂行能力の高さを評価するのに対して、適性検査のCUBICは、職場における現

実の行動面から、本人の能力構造の特徴、持ち味や適性を客観的に捉えるために活用される考課手法で、193の設問アンケートが用意されています。評価結果は、採用での面接資料、社員把握と能力開発から組織分析の基盤データの１つとして活用されますが、とりわけ将来にわたって各人の力が最も生かされる分野を発見（配置）し、方向付ける（職掌転換）際に重視されています。

　ＣＵＢＩＣの個人特性分析は、次の４つの領域から測定し、本人の可能性、特性を多面的に評価し、個人の特性や個性の全体像が具体的なイメージとして把握できるようにビジュアル的に表現します。

---

①　どういう性格、パーソナリティーか（性格・個性面）
②　どういう関心事・趣味領域を持っているか（趣味・価値観）
③　基礎的な職場場面での社会性（社会性）
④　どういうことに意欲・ヤル気をだすか（意欲・ヤル気）

　また、ＣＵＢＩＣでは、数値や無秩序なデータの羅列による表現方法ではなく、専門家レベルの出力を維持しながら、容易に判定できるように結果が構成されています**（図表３－Ⅱ－１）**。

図表 3 − Ⅱ − 1 　CUBIC個人特性分析 (見本 [法令太郎] の場合)

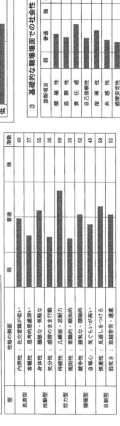

第3章 人および人事全般の調査報告書例
Ⅱ 個人属性の分析

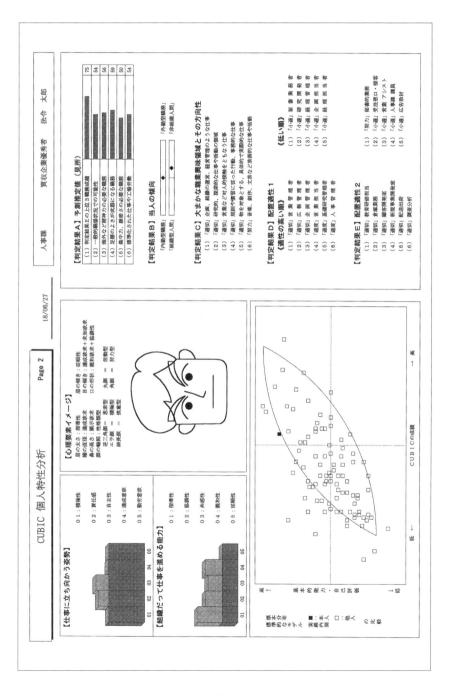

【診断結果の見方】

① どういう性格、パーソナリティーか（性格・個性面）

ここでは、中心性格の２タイプと、その他に本人が意識している２側面の性格傾向を類型論[45]と特性論[46]の良さを組み合わせた方法によって記述しています。

ただし、各々の性格タイプとも「明」「暗」の二面性を持ち、○○型がベストとは言い切れないので、良いところと注意を要する部分との二面性を測定しています。

② どういう関心事・興味領域を持っているか（興味・価値観）

ある刺激語に対して、受検者がどのような反応を示すかを測定し、価値観・興味領域を分析しています。性格気質は親から遺伝されるものが多いですが、価値観や興味領域は、育った生活環境の中で形成されていくものといえます。

③ 基礎的な職場場面での社会性（社会性）

パーソナリティーやモチベーションのように類型化して表現せず、各々１つずつが職場での人間性を表す項目であり、同僚・上司など、組織の中での協同力を中心に検討される11特性で分析しています。これらの特徴は固定的なものではなく、努力次第で強みの点を伸ばし、弱い点は補強できる部分であり、バランスのとれた職場場面での社会

---

[45] 性格をタイプによって分類する方法であり、わかりやすいものだといえます。しかし、多様な性格が存在するなかで、それを大まかに分類するだけで、個人を具体的に表現するにはやや問題があるといわれています。
[46] 誰もが持っている個々の基本的特性を組み合わせることによって、個人の行動パターン、性格を表そうとする考え方です。様々な性格や行動のデータを集めれば、因子分析など統計学的手法において、性格特性を細かく捉えることができますが、大量のデータ収集ができるかどうかというところに現実的な問題があります。

④ どういう事に意欲・ヤル気をだすか（意欲・ヤル気）

　性格的側面とは別に、意欲的側面は性格診断にとって欠かすことのできないものであり、職場の士気高揚、課題達成に向けての原動力や生産性の面ばかりではなく、自己実現に向けてのエネルギーに相当する欲求の側面を測定します。ここではマズローの欲求階層説[47]を応用して、欲求を5段階10項目で分類し、受検者の欲求段階がどこにあり、「ヤル気を出すのはどのようなときか」など、欲求水準を明確にすることによって、個人の成長動機やフラストレーション・トレランス（欲求不満の耐性）を把握することができます。キーパーソンのリテンション（引き止め策）を検討する場合、当該データを参考にすることもあります。また、組織や職場で必要とされる欲求基準と個人水準とを比較することによって、課題達成のために必要とされる「目標の統合化」も期待できます。

⑤ 「仕事に立ち向かう姿勢」と「組織だって仕事を進める能力」

　人間の能力は、その仕事を進めるうえで最低限欠かすことのできない基本的能力（知識・技能・体力）や社会的・精神的熟練度、思考的能力（理解力・判断力・計画力・企画力・指導力・均衡力など様々な要因から成り立っています。従来、その能力の評価方法は、これら各要因のトータル得点や平均値で表していましたが、多くの研究の結

---

[47] 人間の欲求には、自己実現への喜びを感じるための成長機能を働かせ、低次の欲求から、次第に高次の欲求へと向かう一定の階層があることを明らかにしました。まずは、生理的欲求や承認的欲求などの基本的欲求の充足から満たしていき、その段階を経て、最終的には自分の能力を発揮して、主体的に自分らしい生き方を追求していくようになるという考え方です。欲求階層説は階層性の証明や欲求の不明確さなどの点で、理論的な問題点を指摘されていますが、この理論を修正したアルダーファーのＥＲＧ理論にも疑問の点は残ります。ＣＵＢＩＣはこのあたりも考慮に入れて開発されています。

果、人間の能力は累計値ではなく、ネックポイントをその人の能力値として考える方向になってきています。

　例えば、人間の能力もトータルポイント値が高くても、どこかが欠けていれば、そこまでの能力しか発揮できないということになってしまいます。すなわち、この理論を応用し、各要因を棒グラフでビジュアル的に表示することで、「仕事への姿勢」や「組織立って仕事を進める能力」のネックポイント（棒グラフの低い位置）がわかりやすくなり、改善部分や教育の優先順位が一目で理解できるようになっています。

⑥　標準的モデルと標本分布の比較

　ここでは、縦軸を「基本的能力として自己評価の指数」、横軸を「個人特性分析（ＣＵＢＩＣ）の成績」として、■が自分の位置、□が標準値を設定した同一ファイル内の他人として、集団内における当人の相対的位置をプロットしています。

　グラフの見方については、まず、右上は、「自己評価＝高、ＣＵＢＩＣ成績＝高」です。ターゲット会社の従業員がここに表記される人数が多い場合、企業価値を上げる要因の一つとなります。

　次に、グラフの右下は、「自己評価＝低、ＣＵＢＩＣ成績＝高」です。特性的・潜在的な能力はあっても、自己を正しく理解していない者はここにプロットされる傾向があります。

　第３に、グラフの左上は、「自己評価＝高、ＣＵＢＩＣ成績＝低」です。特性的・潜在的な能力が見当たらないわりに、自分に自信を持っている傾向があります。自尊心の傾向が高いときにはうぬぼれた判断といえます。また、問題社員はここに表記されることがあり、人の意見を聞かない、扱いづらいなどの問題はないか、インタビューで確認します。

　そして、グラフの左下は、「自己評価＝低、ＣＵＢＩＣ成績＝低」です。仕事への熱意にかけ、帰属意識がうすれて、退職を検討してい

る可能性があります。実際の業務成績が低いときは、人件費、教育研修費、他の仲間への悪影響、士気の低下など、企業の被るコストは多大なものになります。モラトリアム傾向や勤労意欲、達成欲求などのチェックが必要であり、ターゲット会社の従業員がここに集中している場合、人事の側面からは企業価値を下げる要因の1つとなります。

⑦ 心理要素イメージ

顔と人間の性格について、「鼻の高い人はうぬぼれ屋」「やる気があり、目が輝いている」などの言い回しによって、人の性格を表現しています。この心理要素イメージでは、顔の輪郭・眉毛・目の輝き・瞳の大きさ・鼻の高さ・口の形から、受検者の外形的な顔ではない心の顔を映し出そうとします。

⑧ 適 性

判定結果をAからEまで表示し、Eに向かうほどより具体的な業務の適性を示しているので、PMI後の配置を検討する場合、有効な資料となります。

判定結果Aでは、その人が能力を最大限に発揮する職務・仕事のタイプ、可能性を予測します。一面的な角度や総得点で人間を判定するのではなく、優れているところがあれば、それを積極的に発見しようとする考えです。

判定結果Bでは、当人の傾向として、事務などの内勤型職務なのか、営業などの外勤型職務なのか、または組織型人間なのか、非組織型人間なのか、どちらの方向性が強いかを表しています。

判定結果Cでは、職業興味の方向を調べ、何がやりたいかを計量化します。適性配置と同様の考え方ですが、ここでは細分化した適性ではなく、また自分に適性と感じる職務が見当たらない人のために大体の方向性を示唆します。判定結果Cの大まかな職業興味領域とその方向性は次の6項目であり、方向性の高い順に表示し、それぞれ「最

適」「適切」「適度」「小適」「努力」の5段階で評価します。

■ 大まかな職業興味領域とその方向性

① 企画、組織の運営、経営管理のような仕事
② 営業など対人接触を伴う仕事
③ 物を対象とする、具体的で実際的な仕事
④ 規則や慣習に従った行動、実務的な仕事
⑤ 研究的、探索的な仕事や活動の領域
⑥ 音楽、創作、文芸など芸術的な仕事や活動

判定結果Dでは、できる限りの配置適性モデルをスコアー化し、その人の職場内における基本的能力、興味領域、性格、意欲の側面など検査の情報から各人の適性配置を出力しています。適性配置として、16項目(人事管理者、人事担当者、経理管理者、経理担当者、広報管理者、広報担当者、営業管理者、営業担当者、企画管理者、企画担当者、研究管理者、研究担当者、基礎研究管理者、基礎研究者、秘書業務者、営繕担当者)が設定され、この中から適性の高い順に6位まで、逆にあまり適さない配置として低い順に5位まで表示しています。それぞれの評価は「最適」「適切」「適度」「小適」「努力」の5段階で表しています。

判定結果Eでは、初期設定の30項目(営業管理、営業活動型、営業持続型、営業積極型、営業慎重型、営業アシスト、受注窓口・接客、総務課管理、総務課課員、総務課庶務係、経理課管理、経理課課員、人事課管理、人事課課員、新規事業開発室、顧客開発室、企画開発室、企画広報室、秘書的業務、教育研修担当、経営企画室、研究開発、基礎研究、広告取材、編集構成、商品管理、調査分析、検査係、配送出荷、倉庫業務)の中から適性の高い順に6位まで、逆にあまり適さない配置として低い順に5位まで表示しています。それぞれの評価は「最適」「適切」「適度」「小適」「努力」の5段階で表していま

す。

⑨ 信頼計数

CUBICの適性検査では、信頼計数（回答の確かさ）を高めるため、他の思考が働き本人の意思に反した場合のために一つの質問に対していくつかの対称問題をあわせることにより信頼計数を担保し、以下の4区分で表示しています。

- 回答に矛盾したところが多く、信頼性に欠ける診断結果が出力された可能性がある。
- 回答の正確さにやや欠けているが、全く信頼できないというほどの診断結果ではない。
- 回答に多少あいまいなところもあるが、おおよその部分が信頼できる診断結果である。
- 回答の信頼性は高く、矛盾したところがほとんどなく、信頼のできる診断結果である。

また、信頼計数が低下するときは、以下の理由が考えらます。

- 回答者が意図的に分析結果の出力を予測したとき。
- 精神が病的傾向を表していたり、個人が現状を悩んでいたりするとき（受験生や会社の環境が合わない、退職を意識している人などモラトリアム傾向値が高い場合）
- 社会的適応力に欠けているとき。
- パーソナリティーが発達段階中のとき。

⑩ 順位一覧表

CUBICの適性検査では、判定結果Aの能力適性予測推定の5項

目（一般的職務、精神力、足腰、集中力、標準化作業）の順位を平均し、受検者の順位一覧表を出力することができます。ここで、ターゲット会社の従業員データに買収会社の優秀者のデータ（ここでは、

図表3－Ⅱ－2 ＣＵＢＩＣ個人特性分析（見本「法令太郎」の場合）

ＣＵＢＩＣ個人特性分析　順位一覧

氏　名	一般的	精神力	足　腰	集中力	標準化	所属部署
34	5	1	1	3	5	営業部
35	1	6	3	1	1	営業課
1	4	2	3	4	3	経営企画室
4	7	4	6	4	4	総務部
7	5	5	2	6	10	総務課
39	10	2	7	6	11	営業課
29	3	9	15	2	5	人事部
31	2	11	14	13	2	人事課
法令　太郎	13	7	3	12	11	人事課
17	8	10	13	8	13	経理課
13	9	15	11	14	5	経理課
40	11	14	10	14	8	営業課
10	11	13	11	19	9	総務課
37	17	11	33	9	13	営業課
27	18	20	17	10	17	庶務課
14	13	18	9	16	22	経理課
30	39	8	8	32	28	人事課
38	25	16	9	35	13	営業課
3	15	24	27	20	22	東京本社
21	21	20	31	16	20	庶務課
28	15	29	25	20	18	庶務課
5	20	24	34	10	29	総務課

「法令太郎」)を加え、メルクマールすることで、ターゲット会社において、法令太郎よりも高いパフォーマンスが期待できる社員の有無とその人数を把握することができます**(図表3－Ⅱ－2)**。

××/××/××

氏　名	一般的	精神力	足　腰	集中力	標準化	所属部署
16	21	23	20	29	18	経理課
32	21	26	29	24	16	人材開発課
20	32	17	15	18	34	庶務課
25	30	20	21	27	20	庶務課
26	24	26	31	25	24	庶務課
23	34	28	18	27	26	庶務課
36	34	18	21	20	37	営業課
2	18	40	39	20	26	経営企画室
18	27	33	24	29	31	経理課
22	27	32	21	39	29	庶務課
11	27	35	35	34	25	経理課
12	25	36	35	31	34	経理課
6	37	37	35	25	34	総務課
24	32	34	25	33	38	庶務課
9	37	29	27	35	39	総務課
15	30	39	40	37	31	経理課
19	40	29	29	37	40	庶務課
33	34	37	35	41	33	人材開発課
8	41	41	41	39	41	総務課

(2) キーパーソンの調査

　中小企業の場合、**キーパーソン**がターゲット会社の強みに直結していることがあります。事前に効果的なリテンション（引き止め策）を検討しておくためにも、給料等の労働条件が厚遇されている従業員をヒントにできるだけ早い時期に把握し、キーパーソンには、M&A取引成立直後に接触し、人間関係の構築に努めたり、期待していることを告げたりすることが重要です。

　そもそも、買い手側が対象企業に魅力を感じるのは何らかの特徴があるためであり、その特徴が属人的要素に支えられていることがあります。特に中小企業の場合には、その傾向が強く、主力顧客がキーパーソンに接着している場合もあるので、企業価値を大きく左右する要素です。したがって、M&A後にも一定期間、当該キーパーソンの在籍を取引要件とする「**キーマン条項**」を定めることで企業価値を毀損しないよう工夫することが必要です。

　なお、調査方法については、まずは対象会社の組織図で指揮命令体系を確認後、労働者名簿で履歴を確認し、賃金台帳から給料のみならず、賞与の支給額が特段高額な従業員をチェックします。そして、人事担当者からのインタビューでキーパーソンを確定します。また、キーパーソンの状況については、次のように情報を整理しておくとPMIにおいて有効です（**図表３−Ⅱ−３**）。

図表３−Ⅱ−３　キーパーソンの状況

氏名	部署・役職	年齢・勤続年数	職務履歴	賃金水準	強み（スキル・機能・役割・資格等）	備考

出所：西川幸孝著『中小企業のM&Aを成功させる人事労務の実践的手法』（日本法令）

(3) 問題社員等の調査

　労働者の権利を濫用したり、また、その非常識な言動で会社の信用を失墜させたりする社員を本書では**問題社員**と呼びます（**図表3－Ⅱ－4**）。その態様は多様ですが、労働者名簿、出勤簿および人事記録簿等、勤務状況や過去のトラブルなどのヒントが記載されているので、当該資料で確認し、担当者からインタビューとあわせて問題社員の有無、その程度、および対応策について把握しておくとよいでしょう。

　また、M&A取引の態様が合併の場合は、重複するセクションがあるため、人員整理が必要となることがあります。この場合、多額の住宅ローンを抱えている社員や高校生以上の学生を扶養している社員は経済的な理由から退職勧奨を受け入れる可能性が低いので、事前に年末調整の資料等でこれらを把握して、リストラ計画を策定する必要があります。

図表3－Ⅱ－4　問題社員等の態様

調査項目	内　容
服務規程違反	□遅刻、早退、欠勤を繰り返す者 □会社の商品・備品を持ち帰る者 □横領をした者 □秘密情報を漏えいした者 □経歴詐称で入社した者 □私用でメールを使った者 □SNSで会社を誹謗中傷した者
ハラスメント	□セクシャル・ハラスメントを行った者 □パワー・ハラスメントを行った者 □マタニティー・ハラスメントを行った者
私生活犯罪	□痴漢を行った者 □窃盗を行った者 □禁止薬物の使用を行った者
その他	□メンタルヘルス不調で休職を何度も繰り返す者 □会社に借金の取り立てが来た者 □意欲・能力に欠け仕事をしない者

□生理休暇を利用し、旅行に行く者
□同業と比較して給料が高すぎる者
□多額の住宅ローンがある者
□病気の家族を抱えている者

3 報告書作成例

年　月　日

人事デューデリジェンス報告書

株式会社□□□□　御中

　　　　　　　○○社会保険労務士事務所
　　　　　　　　調査担当社会保険労務士　○○○○
　　　　　　　　調査担当社会保険労務士　○○○○

　株式会社B社の人事デューデリジェンス業務(個人特性等)が完了いたしましたので、ご報告いたします。

1．個人特性
　個人特性については、人材アセスメントツール「CUBIC」を活用しました。個人別診断結果は別添の資料をご参考ください。
　なお、貴社のメルクマーク社員の「法令太郎」氏はターゲット会社においては40人中9位であり、法令太郎氏より優秀と思われる社員は8名の存在が認められます。

2．キーパーソン
　賃金台帳から特に高額な者を抽出し、キーパーソンと思わ

れた者について社長へのインタビューで確認した結果、以下の社員がキーパーソンであることが判明しました。

氏名	部署・役職	年齢・勤続年数	職務履歴	賃金水準	強み	備考
日本次郎	営業部・部長	42歳・20年	営業	給与65万円・年収975万円	部員からの信頼が厚く、指導力がある。	他社から厚遇での勧誘あり。

3．問題社員

　賃金台帳、出勤簿でイレギュラーな者を抽出し、問題があると思われた者について社長へのインタビューで確認した結果、ターゲット会社には将来対応を検討する必要がある社員が3名いることが判明しました。

氏名	部署・役職	内容	備考
東京三郎	総務部	1年前に分単位で時間外労働の未払賃金を請求。賞与に上乗せして解決。	国立大学法学部卒業。入社2年目。外部の労働組合と接触している模様。
大阪花子	人事部	毎月第3金曜日に生理休暇を取得している。	生理休暇を連続して取得し、毎月賃金締切日の多忙な時期に連続して5日の休みを取っている。
名古屋四郎	企画部	現在、休職中（メンタルヘルス）	過去7度の休職と復職を繰り返している。

以上

Ⅲ 人事制度

1 事例

買い手企業から「ターゲット会社C社の人事制度についても、調査してほしい」とのリクエストがありました。

2 調査方法

(1) 調査範囲の確認

制度としてある程度決められている人的資源管理の活動の集合体が人事制度と呼ばれ、**等級制度**、**評価制度**、**報酬制度**がその中核的役割を果たすものと位置付けられます。一方で、広義では、採用・募集、労働時間・休日・休暇管理、能力開発、退職・解雇、福利厚生等を含んだものと捉えることもできます。そのため、人事制度の調査をリクエストされた場合には、どの範囲を調査対象とするかについて、買い手企業の要望をきちんと確認しておくことが重要となると考えられます。

報酬制度については、「Ⅰ 人的資源の分析」で分析を実施していますので、以下では人事制度において中核的役割を果たすものと位置付けられる等級制度、評価制度、報酬制度のうち、等級制度と評価制度の調査を依頼されたということを前提とします。

(2) 等級制度の調査

等級制度は、経営目標を実現するため社員に期待する能力・職務・役割等により社員を区分し管理する制度です。このような区分管理が必要となるのは、多数の社員一人ひとりを個別に管理するのは困難か

つ非効率であるためです。**個人の能力**をいくつかの段階に区分したものが**職能資格制度**、**職務の大きさ（価値）**をいくつかの段階に区分したものが**職務等級制度**、**役割の大きさ（価値）**をいくつかの段階に区分したものが**役割等級制度**と呼ばれます。なお、等級制度の名称も会社によって様々で、例えば職能資格制度については、職能等級制度や職能資格等級制度などとされていることもあります。

近年では職務等級制度や役割等級制度が注目されていますが、経営目標を実現できるのであればいずれの制度であっても問題ではなく、それぞれの等級制度自体に優劣があるわけではないといえます。

そのため等級制度の調査にあたっては、ターゲット会社の採用している等級制度に、経営目標を実現するうえで支障となり得る点がないのかを確認することが主なポイントとなると考えられます。

具体的には、以下のような資料を入手・分析したうえで、会社担当者にインタビューを実施することが考えられます。

- 組織図
- 職務権限規程
- 等級体系図
- 等級基準書
- 昇格基準書・昇格モデル
- 現行の制度導入時の社員向け説明資料
- 等級別在籍人員表（入社年次、年齢、等級、所属部門等の基本情報）
- 昇格者データ

標準的な昇格モデルが設定されている場合、在籍社員の入社年月日と入社時の等級から昇格モデルどおりであった場合の等級別社員構成をシミュレーションし、実際の等級別社員構成と比較することが考えられます。そして、昇格モデルから想定される等級別の社員構成と実

際の等級別社員構成を比較し、差が大きい部分について原因を確認します。全体的に差が大きい場合は、昇格モデルが会社の実態に即していないという可能性が高く、そのような状態が長期間放置されている場合には、制度に対する社員の信頼が損なわれている可能性があるので注意が必要です。

図表3－Ⅲ－1の会社では標準的な昇格モデルから想定される社員構成と3等級での差が大きくなっていることが確認されます。このような差が生じる要因としては、昇格基準が厳しすぎるということや、人件費負担増を懸念して昇格が抑制されていることなどが考えられますので、会社担当者へのインタビューにより原因を確認する必要があります。

図表3－Ⅲ－1　標準昇格モデルに基づく等級別社員構成と実績の比較

等　級	昇格モデル	実　績	差　異
7等級	－	2	2
6等級	3	3	0
5等級	5	5	0
4等級	12	10	△2
3等級	17	22	5
2等級	21	21	0
1等級	25	22	△3

次に社員の年齢と等級との関係を確認するため標準の昇格モデルと実在者の関係をグラフ化して確認することが考えられます。**図表3－Ⅲ－2**の会社では、4等級までは標準を上回るペースで昇格されている社員が散見される一方で標準昇格モデルよりも昇格が遅れている社員も見られるため、実力に応じた昇格が行われていることが推測されます。ただし、3等級から標準昇格モデルよりも滞留する社員が急に増加している理由については確認が必要であると考えられます。

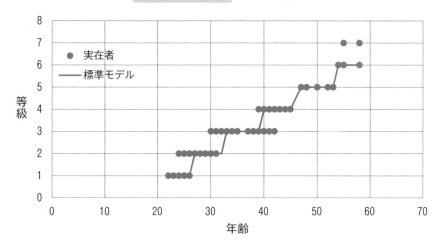

図表3−Ⅲ−2　年齢等級分布

上記のほか、以下のような視点で調査・分析を行うことが考えられます。

図表3−Ⅲ−3　等級制度の調査・分析の視点

調査項目	調査・分析の視点
職種・職掌等の区分	□ 仕事の質が大きく異なるグループは切り分けて管理されているか □ 区切り方は細かくなりすぎていないか
等級の段階数	□ 各等級は期待される業務内容や業務を遂行するために必要な要件（知識、技能、能力、責任など）によって明確に区分可能か（処遇に差を付けることを主目的として、無理に等級数を設定していないか） □ 明確に区分可能な等級が区分されていないことによって、制度運用上の不都合が生じていないか
昇格のルール	□ 昇格の決定基準・プロセスが明文化されているか □ 昇格のハードルが低くないか □ ルール通りに運用されているか
キャリアパス	□ 採用から退職までのモデルはあるか □ キャリアの各段階で、どのような成果、働き方、能力等が必要になるかが明確になっているか □ 昇格させずに滞留させる仕組みがあるか

		□	人生設計や多様な働き方を考慮しているか
改定状況		□	等級制度制定時から経営環境が大きく変化しているにもかかわらず等級制度が見直されていないというようなことがないか

（3）評価制度の調査

　人事評価とは、「社員の今の状態（能力、働きぶり）を評価し、その結果を人事管理に反映させるための管理活動」などと定義されます。「人事考課」という用語が使用されることもありますが、定義は論者によって様々で統一した定義はありません。そのため、ターゲット会社が人事評価と人事考課を明確に使い分けているというような場合でなければ、調査を行ううえでは特に気にする必要はないと考えられます。

　一方で、人事評価には一般的に、①**処遇決定**、②**人材の適正配置**、③**人材育成**の3つの目的があるとされています。したがって、ターゲット会社の評価制度については、これら目的を果たすために支障がないのかという視点で調査を行うことが重要であると考えられます。

　また、人事評価において何をどのような重み付けで評価するのかについては、仕事の成果が出るまでのプロセスにおいて何を重視するのかによって異なりますので、会社が何を重視して評価を行っているのかを理解のうえ、調査を進めることも重要であると考えられます。仕事の成果が出るまでのプロセスと評価の関係は以下のように整理することができます。

図表3－Ⅲ－4 仕事の成果が出るまでのプロセスと評価野関係

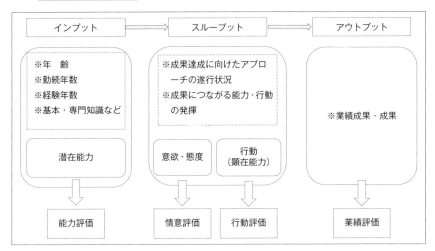

出典：上林憲雄・厨子直之・森田雅也著『経験から学ぶ人的資源管理〔新版〕』（有斐閣）、各務晶久著『人材採用・人事評価の教科書』（同友館）を参考に加工

　調査方法としては、以下のような資料を入手して調査・分析したうえで、担当者へのインタビューや社員へのアンケートなどを実施することにより、会社の評価制度がその目的を果たすように設計され、運用されているのかを確認することが考えられます。

- 人事評価（考課）規程（関連する内規等を含む）
- 人事評価シート（実際に使用しているもので、記入済みのもの）
- 人事評価のマニュアル（評価者用、被評価用）
- 評価者訓練のテキスト・説明資料
- 個人別の過去3年分の評価結果
- 評価制度導入時（改定時）の説明資料
- 評価結果を分析した資料

評価制度の設計を調査・分析するうえでの主な視点としては以下のようなものが考えられます。

図表3－Ⅲ－5　評価制度の調査・分析の視点

調査項目	調査・分析の視点
評価の対象	□ 能力、業務遂行、業績（成果）等の中で、何を重視して評価しようとしているのかが明確か □ 重視する評価項目を選んだ理由が明確か □ 経営目標を達成するうえで、従業員に発揮してほしい能力、成果等が評価対象として設定されているか
評価方法・評価項目・評価基準	□ 評価対象を適切に測定するための方法（基準・項目・指標）が設定されているか □ 評価基準は簡潔でわかりやすく、運用可能なものになっているか □ 評価の実施要領・基準が社員に公開されているか □ 評価項目に対する評価期間は適切か □ 各評価ランク（S、A、B、C、D等）の定義が、わかりやすく、かつ、適切な段階数か □ 絶対評価か、相対評価か □ 相対評価の場合、各評価ランクの人員分布にバラツキが出るように工夫されているか
総合評価決定	□ 全体的に見て各項目のウエイトは適切か □ 最終的に、絶対評価にするか相対評価にするかの判断は適切か □ 評価に対する苦情処理制度はあるか
処遇への反映 （賞与、昇給、賞与）	□ 評価の処遇への反映は何にどのようになされているか
評価プロセス	□ 適切な評価者が設定されているか □ 評価サイクル（評価期間・時期）は、ビジネス上のニーズとオペレーションの負荷の点から考えて適切か □ 評価期間中の中間面談を実施するなど、評価の納得性を高める工夫がなされているか □ 被評価者に対して人材育成のためフィードバックが予定されているか □ 評価者訓練が実施されることとなっているか

　運用面の調査・分析においては、評価者別に評価の傾向を確認してみることが考えられます。**図表3－Ⅲ－6**は能力評価と業績評価が各

100点満点で行われている場合に、両者の関係を散布図にまとめたものです。C氏の評価は他の2名よりもかなり高い評価となっており、評価の寛大化傾向や中心化傾向が疑われ、評価者訓練がきちんと行われていない可能性や、その結果、処遇決定という人事評価の目的が十分に果たされていない可能性が考えられます。また、人材育成や人材の適正配置という点からは、能力評価が高いにもかかわらず業績評価が低い社員への対応状況は、人事評価制度がどのように機能しているのかを判断する材料となると考えられます。このほか、能力評価が高い社員は業績評価も高いということ自体はおかしなことではありませんが、45度線近辺に集中してプロットされている場合には、評価者訓練が不十分であるため業績が高い社員は能力も高いはずだというような評価が行われている可能性が考えられます。

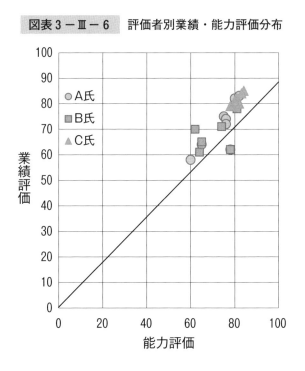

図表3－Ⅲ－6　評価者別業績・能力評価分布

次に、評価制度の運用が設計通りに運用されているのか、社員にどのように認識されているのかを確認するには、アンケートを実施することが考えられます。アンケートで質問する項目は、会社の評価制度に応じて検討する必要がありますが、以下のような項目が考えられます。項目に応じて5段階評価での回答形式することや、自由記載欄を設けるというようなことが考えられます。

1．評価において何が重視されているのかを理解していますか
2．評価基準や評価項目は妥当だと思いますか
3．評価結果が適切に処遇に反映されていると思いますか
4．人事評価は公平に行われていると思いますか
5．評価結果に納得できない場合、意見や苦情を申し出ることができますか
6．期初に目標設定面談を行いましたか
7．中間面談は行われましたか
8．課題解決の方法を話し合えるなど、面談は有意義だと感じますか
9．評価結果に対するフィードバックは行われましたか
10．フィードバックの内容は、自分の成長につながるものだと思いますか
11．フィードバックの内容は、納得できるものでしたか
12．評価者訓練は十分に実施されていると思いますか
13．全体として現在の評価制度に対する満足度（納得度）はどの程度ですか

以上の結果、評価制度において課題や問題点として認識される項目としては以下のようなものが考えられます。

- 評価者による視点・判定のバラツキが大きい
- 評価の判定が標準よりに中心化する傾向が強い
- 期待される標準以上の評価を受けている社員が大多数であるにもかかわらず経営目標が達成できていない
- 評価基準があいまいなため、評価のメリハリを欠く
- 制度が画一的で職種や役割に応じた評価が行えていない
- 経営環境等が大きく変化しているにもかかわらず、評価基準や項目が長期間見直されておらず、納得性が低いものとなっている
- 毎期同じような個人目標が設定され、目標管理制度の運用が形骸化している
- 上司との目標設定面談が形骸化しており、被評価者が面談をほとんど意味がないものと感じている
- 評価結果に対するフィードバックがない
- 評価実施時期以外のコミュニケーションがほとんどなく、きちんと評価されているとは思えない（評価を素直に受け入れられない）
- 評価結果を社員の人材育成や能力開発に活用するという視点がない
- 評価者訓練が実施されていない、あるいは不十分である
- 評価が最終の処遇決定にどのような仕組みで反映されるのかが明らかにされていないため、被評価者が評価制度に対する不信感を抱いている
- 評価作業実施時期が繁忙期に重なるため時間を十分にとることができない

3 報告書作成例

年　月　日

人事デューデリジェンス報告書

株式会社□□□□　御中

　　　　　　○○社会保険労務士事務所
　　　　　　　調査担当社会保険労務士　○○○○
　　　　　　　調査担当社会保険労務士　○○○○

　株式会社C社の人事デューデリジェンス業務（人事制度）が完了いたしましたので、ご報告いたします。

1．【等級制度】
　C社は、職能資格制度を採用しています。資格等級は1等級から7等級（最上位）の7段階に区分され、4等級からは管理職の等級と位置付けられています。各等級で標準年数を定めた標準の昇格モデルが設けられており、当該昇格モデルでは6等級が最終等級として想定されています。
　C社から入手した資料等を分析・調査し、担当者にインタビューした結果、把握された主な問題点は以下の2つです。
　① C社の制度では4等級以上の社員は管理職とされていますが、既に管理職の数が相対的に多く、ポストがないため懸念して3等級から4等級へ昇格させることが難しくなっています（後記1.(1)、1.(2)参照）。
　② 職種にかかわらず単一の等級基準で制度が運用されており、職種によっては、上位等級の給与テーブルで給

料を設定しないと必要な社員を確保・維持できないため、昇格基準にかかわらず給料の額から等級が決まるという逆の関係で運用がなされている部分があります。

上記のような状況が長期間放置されると、人事制度に対する不信感が高まり、有能な中堅社員が会社を去ることが予想されますので、早期に制度の見直しが必要であると考えられます。

①の点につきましては、以下のような対応策が考えられます。

➢ C社には研究職や企画職など専門性の高い職種が存在しますので、複線型人事制度を導入し、管理職ではなく専門職としての昇格の機会を確保することが考えられます。

➢ C社では4等級以上は必ず管理職として職位に就くという運用がなされていますが、4等級以上が職位に就くことができる資格等級とすることで、等級と職位が必ずしも一致しないという運用にすることが考えられます。ただし、人件費負担が増加するため慎重に検討が必要です。

➢ C社では規程上、降格について規定されていますので、現職の管理職と比べてより適任と考えられる候補者がいる場合には、降格も検討する余地があると考えられます。ただし、今まで降格となったケースはないとのことですので、慎重な対応が必要となります。

②の点につきましては、単一の等級基準ではなく、職種・職掌の特性に応じて、いくつかの等級基準を設定することが考えられます。また、C社では世間相場との兼ね合いから職

種によっては給与水準を調整する必要があるとのことですので、そのような職種については給与テーブルを別途設定することが考えられます。

(1) 標準昇格モデルと実績の比較
　○○年○月末在籍の社員について、標準昇格モデルによった場合の等級別社員構成と実際の等級別社員構成の比較は以下のとおりです。

標準昇格モデルに基づく等級別社員構成と実績の比較

等　級	昇格モデル	実　績	差　異
7等級	－	2	2
6等級	3	3	0
5等級	5	5	0
4等級	12	10	△2
3等級	17	22	5
2等級	21	21	0
1等級	25	22	△3

(2) 等級別年齢分布
　標準昇格モデルで昇格した場合と、在籍する社員の年齢との比較は以下のとおりです。

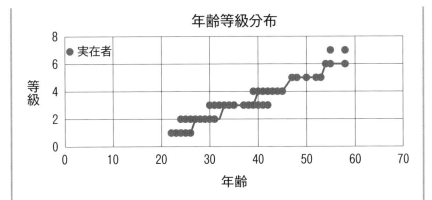

　標準モデルと比較すると、3等級の社員数が標準を5名上回っている一方で、管理職となる4等級では標準を2名下回る結果となっています。年齢との関係で見ると、標準の年齢よりも早く昇格している社員が散見されますが、3等級での滞留が目立ち、年齢の幅も10歳以上と他の等級に比べて大きくなっています。

2．【評価制度】
　C社の評価制度は、能力評価、情意評価、業績評価の3つの観点で評価が行われる旨が人事考課規程に定められており、上位等級になるほど業績評価の割合が高くなる制度となっています。業績評価については、あわせて目標管理制度が導入されています。
　C社から入手した資料等を分析・調査し、担当者へのインタビューおよび社員へのアンケートを実施した結果、把握された主な問題点は以下のとおりです。
　① 評価者用の簡単なマニュアルは準備されていますが、評価者訓練は実施されておらず、評価者による評価のバラツキが大きくなっています。このことは、「人事

評価は公平に行われていると思いますか」というアンケート項目について、「3．どちらとも言えない」という回答が最も多くなっている原因の一つであると考えられます。

② 3年間にわたり業績評価に対して能力評価が高い傾向で評価されている社員が複数名存在し、評価結果が社員の育成に活かされていないと考えられます。

③ 評価者は評価実施後、被評価者にフィードバックを実施していますが、社員に対するアンケート結果から評価者によって期中におけるコミュニケーションの頻度やフィードバックの質が大きく異なっていると判断されます。

④ 目標管理制度ついてのアンケートにおいて、目標の達成度合いが評価項目とされている一方で、社員間で目標の難易度にバラツキがあり、そのようなバラツキが処遇に公平に反映されているのかを疑問視する意見が散見されました。

　上記の問題点については以下のような対応策が考えられます。
　①については、定期的に評価者研修を実施し、評価者の評価のレベル感を合わせるようにすることが必要であると考えられます。また、評価者の評価結果はフィードバックされているものの、その後、全社的な視点で調整が行われた結果については社員に伝えられていないことから、最終的な会社の評価を伝えることで、寛大化傾向にある評価者の評価結果に対する社員の期待値を適正なものに補正することも考えられます。

②については、業績評価の一環として利用されている目標管理制度に人材育成を組み込むことが考えられます。評価者である管理職の目標管理項目に人材育成を加えることによって、人材育成に対する意識付けを図ることができると考えられます。

③については、評価者研修において、フィードバックの行い方についても研修を実施するとともに、被評価者がフィードバックの内容に納得できない場合には、再度フィードバックを求めることができるようにすることが考えられます。またＣ社では、面談記録についても所定のフォーマットが整備されていないため、面談シートをフォーマット化し、コミュニケーションの質を見える化することも有用であると考えられます。

④については、目標の難易度・重要度に応じて達成した時の評点を期初に評価者と被評価者で合意し、かつ各社員の目標および達成時の評点をオープンにすることで公平感を保つということが考えられます。

● Ｘ事業部の評価者別評価結果分布

評価者研修が実施されていないことにより、下記のとおり、評価者によって評価傾向にバラツキが見られます。最終的には二次評価者および全社的な調整が加わっていますが、アンケート結果から公平な評価が行われているのかに対する社員の不信感は強く、評者者間での評価の目線を合わせることが重要であると考えられます。また、下記はＸ事業部のみとなっていますが、他の事業部においても評価者によって評価傾向にバラツキが見られることから、全社的に評価者訓練が必要と考えられます。

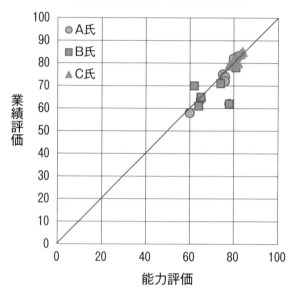

以上

Ⅳ 組織力

1 事　例

> 買い手企業から「ターゲット会社D社の社風や人間関係等の組織の全体の状況についても、調査してほしい」とのリクエストがありました。

2 調査方法

　組織は集団のひとつの形態ですが、野球場での観客や、ショッピングセンターに集う人たちのようなただ漠然と人々が集まっただけの集合体とは異なり、組織には目標が存在します。つまり、組織には、組織を構成するメンバーで力を合わせて達成しようとする目標があるのです。ただし、当該目標が明確で具体的なものでなかったり、また目標の達成を妨げる要因があったりすると、メンバーは自分が何をしてよいか戸惑ってしまったり、ワークモチベーションが下がり、メンバーの潜在能力を十分引き出すことができなかったりすることがあります。したがって、PMIの検討資料として、人事DDの局面でターゲット会社の組織の現状を調査し、把握しておくことも必要なのです。

（1）人材アセスメントツールの活用

　ターゲット会社の社風等の組織の調査については、アンケートやインタビューなどにより実施するのが一般的です。DDの局面では、従業員へのアクセスが制限されており、社風等の調査を行うことは困難ですが、「従業員意識調査」としてアンケートを実施したり、最終合意後、アフターDDとしてアンケートやインタビューを行ったりすることは可能です。

人材アセスメントツールには様々な種類があり、最近ではＡＩ（人工知能）を利用するケースも散見されますが、本書では「ＣＵＢＩＣ」の活用例を紹介します。
　ＣＵＢＩＣの組織活力測定では、給与体系や福利厚生の施設の完備状況のほか、社員相互の意思疎通は円滑になされ、仕事が楽しく行われているか、自分の友人知人たちにも、一緒に仕事をやっていこうと勧誘・推薦できるような会社であるか、さらには、管理職クラスの忠誠心と職務行動とのリンケージはどのようなものか、および若者クラスの能力主義に応えられるような健全組織であるかなどを社員の潜在意識を通して、従業員が働きつつ、どういうことを感じ考えているのかなどの組織の現状を客観的データとして分析します。
　設問項目は、企業組織を運営するために重要である広範囲な要素を因子分析によって大きく５つで構成し、30設問にまとめられ、「はい」「どちらともいえない」「いいえ」と回答する３等間隔尺度を採用し、調査の信頼性を維持しながら作成されています。
　測定結果は、①風土厚生面、②人間関係（コミュニケーションや上司、部下との関係）、③職務遂行（職務への取組み方）、④組織構造（社員のアイデンティティ、意思疎通）、⑤会社への評価の５分類において、項目ごとに集計を行います。

①　風土厚生面……人事考課と賃金システム整合性、福利厚生の満足度、休日休暇問題、職務の雰囲気、慣行など
②　人間関係……チームワーク、職場の意欲と活気、コミュニケーション管理者のマネジメント能力、採用と人員充足、定着性など
③　職務遂行……社員の能力発揮度、意欲充実度、目標達成力、業務実行力と方法、仕事への姿勢など
④　組織構造……企業理念、仕事の能力発揮度合、仕事の流

れ、任務の理解、目標方針の明確さと浸透度、他部門との連係など
⑤ 会社への評価……会社への帰属感、組織改善への必要性など

　集計結果は、設問項目ごとに対する回答者の平均値を表します。数値は指数化し、例えば企業の全員が「はい」と賛同すれば100点、全員が「いいえ」と否定すれば－100点、また、全員が「どちらともいえない」と中立的な回答をすれば０点になるようにしています。

(2) ターゲット会社と他社平均値および自社との比較

　出力結果は、次の４タイプがあり、各々部署別、役職、世代、勤続年数ごとに出力することができます。

---

① ＴＯＴＡＬ集計結果…30設問を大きく５つに分け、全体像の結果を出力。
② 男女別分析……………30設問を大きく５つに分け、男女別の結果を出力。
③ 他社平均値比較………30設問を大きく５つに分け、他社平均値と自社のポイントを重ねて表示し比較できるもの。
④ 設問別集計結果………30設問別の構成比とその設問をＹ軸に、関連性の深い項目をＸ軸に置き、配列位置などを座標で表示したもの。

　他社の平均値（200社）とターゲット会社のデータを合わせて表示することによって、Ｄ社と他社の指数格差を見ることができます。他社平均値よりＤ社のポイントが下回っている項目において、格差の少ない項目よりも、格差の広がった項目に注目し改善する順位付けを行い、格差の少ない項目については、仮にマイナスであっても、将来的

な課題として位置付けておきます。なお、買い手企業においてもCUBIC組織力測定による「意識調査」を実施しておき、ターゲット会社のデータと比較することにより現実的な数値として把握することができます。

3 報告書作成例

年　月　日

人事デューデリジェンス報告書

株式会社□□□□　御中

　　　　　　　　　○○社会保険労務士事務所
　　　　　　　　　　調査担当社会保険労務士　○○○○
　　　　　　　　　　調査担当社会保険労務士　○○○○

　株式会社D社の人事デューデリジェンス業務(組織力測定)が完了いたしましたので、ご報告いたします。

【組織力測定】
(1) 風土厚生面

第3章 人および人事全般の調査報告書例
Ⅳ 組織力

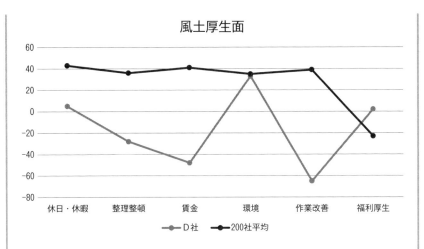

	休日・休暇	整理整頓	賃金	環境	作業改善	福利厚生
D社	5	−28	−48	33	−65	2
200社平均	43	36	41	35	39	−23
	−38	−64	−89	−2	−104	25

休日・休暇…休日、長期休暇は十分か
整理整頓……整理整頓、5Sが徹底されているか
賃金…………自己の能力に適した賃金か
環境…………働く環境は良いか
作業改善……作業環境の改善に対して、会社の対応は十分か
福利厚生……福利厚生の内容に満足か

　200社平均と比較して、福利厚生を除きマイナスを表しています。特に、賃金に対する従業員の評価が「−89」と格差が広く、また、休日・休暇も十分に与えられているとはいえない結果であり、従業員の不満が相当高まっていることが推測されます。少なくとも、整理整頓の徹底と作業改善を行うことで労働時間を短縮し、休日・休暇を増やし、副業を認めることで個々の収入を増やす等の対策が急務でしょう。

（２）人間関係面

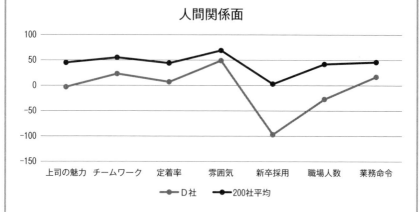

	上司の魅力	チームワーク	定着率	雰囲気	新卒採用	職場人数	業務命令
D社	−3	23	7	49	−97	−27	17
200社平均	45	55	44	69	3	42	46
	−48	−32	−37	−20	−100	−69	−29

上司の魅力……直接の上司は魅力あるか
チームワーク…チームワークは良好か
定着率…………社員の定着率はよいか
雰囲気…………職場は明るく活気があるか
新卒採用………新卒者の採用は十分か
職場人数………職場人員は十分か
業務命令………上司の業務命令は的確か

　200社平均と比較し、全項目でマイナスです。新卒採用は行っていますが、上司に対して魅力を感じられず、従業員のキャリアップについても、入社時研修のみでそれ以降、階層別の研修や勉強会等が計画的に開催されず、若年層の従業員にとってはキャリア形成が望めないことも退職理由の一因となっていると思われます。若年層の退職を回避するため、ブラザー制度等の採用も検討する必要があるでしょう。なお、「雰囲気の指数」がマイナスとはいえ、唯一他社平均と大幅な乖離がないことが救いであり、雰囲気を保つような制

度またはムードメーカーがいるのであれば、その制度を残し、あるいはムードメーカーが退職しないよう配慮が必要です。

(3) 会社評価

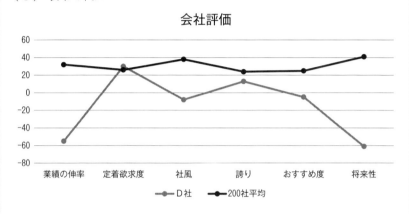

	業績の伸率	定着欲求度	社風	誇り	おすすめ度	将来性
D社	−55	30	−8	13	−5	−61
200社平均	32	26	38	24	25	41
	−87	4	−46	−11	−30	−102

業績の伸率…組織の業績の伸びは順調か
定着欲求度…今後もここで働きたいか
社風…………今の社風は好ましいか
誇り…………誇りと自信のある組織か
おすすめ度…友人にも薦めたい組織か
将来性………将来性、成長性はあるか

　業績が厳しく、将来性、成長性に期待できないことは従業員も認識しているようです。したがって、大幅な事業転換やリストラ等を行うことについては、理解される土壌であると推測できます。また、社風、誇り、おすすめ度がマイナスにもかかわらず、定着欲求度が200社平均よりも高い結果になったことについては、仕事に対する仕事の達成感、やりが

いからの結果であるのか、または、「自分の実力では他社には就職できない」「とりあえず、給料さえもらえればいい」といった消極的な感情からの結果であるのか、見極めることは難しいですが、前者であれば、組織として飛躍する可能性は残されていると思われます。

(4) 職務遂行面

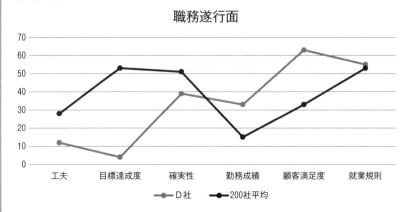

	工夫	目標達成度	確実性	勤務成績	顧客満足度	就業規則
D社	12	4	39	33	63	55
200社平均	28	53	51	15	33	53
	－16	－49	－12	18	30	2

工夫…………仕事の進め方や質向上のため工夫しているか
目標達成度…目標計画は遅れずに達成しているか
確実性………業務は確実に処理しているか
勤務成績……自分の勤務成績に満足しているか
顧客満足度…顧客の満足度を考えているか
就業規則……就業規則は厳格か

勤務成績に満足しているにもかかわらず目標の達成度合いが低いのは、そもそもノルマそのものが高いのかもしれません。目標の設定過程についてさらなる調査が必要です。な

お、就業規則については、入社時に1人ひとりに配布されているので高スコアーでしたが、育児介護休業法を含めた労働法制の改正が全く反映されておらず、また随所に違法性の高い文言があるので、就業規則の改正手続が必要です。

(5) 組織構造

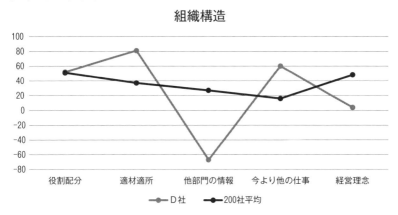

	役割配分	適材適所	他部門の情報	今より他の仕事	経営理念
D社	52	81	-67	60	4
200社平均	51	37	27	16	48
	1	44	-94	44	-44

役割配分………仕事の役割配分に満足しているか	他部門の情報……他部門の情報は十分か
適材適所………適材適所に配置が行われているか	今より他の仕事…今の仕事より他の仕事が良い
	経営理念…………経営理念、目的は明確か

社内イントラネットが整備されておらず、社内連絡は月1回の朝礼のみであり、他部門との情報が共有化されていないことが、他部門の情報スコアーが低かった理由と思われます。また、経営理念については、世界中のどこの会社にでも

あるような抽象的なものであり、経営者の情熱や会社が存在する社会的意義が感じられず、社員は冷め切っているかもしれません。

以上

V 法定外福利

1 事 例

E社とターゲット会社F社では、福利厚生の内容にばらつきがあり、項目の統廃合や代替措置の検討をしなければならないことが判明しました。

また、F社では禁煙を推奨しているため喫煙者がほとんどいないのに対し、E社は喫煙者が多く、喫煙に寛容な職場環境であるため、就業時間中の喫煙対策を全く行っておらず、いわゆる「たばこ休憩」等の問題がありながら、すべて社員任せになっており、改善が必要なことが判明しました。

2 法定外福利とは

(1) 法定外福利としての福利厚生給付

法定外福利とは、使用者が任意で行う法律によって義務付けられていない様々な福利厚生施策を指し、労働者やその家族の健康・福祉の向上のために任意で行う施策の総称をいいます。

福利厚生給付は、使用者が労働の対象としてではなく、労働者の福利厚生のために支給する費用のことをいいます。男女雇用機会均等法では、福利厚生の措置として次の4つが示されています（6条2号、施行規則1条）。

① 生活資金・教育資金などの資金貸付
② 労働者の福祉の増進のための定期的な金銭給付
③ 労働者の資産形成のための金銭給付
④ 住宅の貸与

なお、①については、結婚祝金・死亡弔慰金・災害見舞金等の恩恵的な給付は原則として賃金とみなされない（昭和22年9月13日基発17号）とされています。ただし、労働協約、就業規則、労働契約等によってあらかじめ支給要件が明確であれば、労基法11条の賃金と解されることとなります。

（2）各種福利厚生について

① 労災上乗せ保険

　労災保険は、業務上・通勤を事由とした労働者の負傷・疾病・障害・死亡等について、政府が保険者として被災した労働者に対して給付を行うもので、事業主による加入手続きを必要としない強制保険です。労災保険の給付の対象となる保険事故は、療養・休業・障害・死亡等、多岐にわたるものの、仮に業務上死亡と認定された場合の補償額が、想定される損害賠償請求額と比べて低いこと、遺族に対する慰謝料が給付には含まれないこと等の問題もあります。

　そのため、民間の保険会社には労災上乗せ保険という商品があります。労災上乗せ保険（ただし、職業性疾病を対象外とする場合が多い）の対象者は、政府労災と同様とするケースのほかに、パート・アルバイトや臨時雇いの労働者を除外して加入することもあります。

　仮に除外した労働者に労災事故が発生した場合、M&Aによる合併前に所属した会社によっては、労災上乗せ保険の適用が受けられないことも起こり得るリスクとなります。M&A後においても労災上乗せ保険を存続する場合は、加入対象者・付保除外者の取扱いについて、契約内容の確認が必要です。

② 企業年金

　企業年金は、主要な制度のうち、厚生年金基金のほとんどが解散したことにより実質的に終了しており、実質的には確定給付企業年金・

企業型確定拠出年金、および会社独自の企業年金のいずれかの制度を採用する企業に大別されます。

　日本の年金制度は基礎年金（国民年金）、被用者年金（厚生年金）、企業年金の３階建の体系となっており、企業年金は３階部分に相当します。今日の大多数の退職金のように、労働協約や就業規則で支給時期や額が定められて、それに従って各時期に決定・支給されるものは法定外の福利厚生給付であっても労基法上の賃金に該当します。ターゲット会社に企業年金制度がある場合は、M&Aにおいて、賃金・退職金と同等に取扱いを検討しなければなりません。

③　社宅制度

　社宅制度は、企業が家賃相当分をすべて負担するもの（社員寮等）と、企業が契約した物件に入居する社員が相応の家賃を負担するもの（借上社宅等）に大別されます。

　労基法では住宅の貸与は原則として福利厚生と解されます。ただし、住宅の貸与を受けない者に対して定額の均衡給与（住宅手当等）が支給される場合は、住宅貸与の利益が明確に評価され、住宅の利益を賃金に含ませたものとみられるので、住宅貸与の利益は賃金であると解されるとしています（労基法コンメンタール）。

　この扱いを整理すると、住宅の貸与を受けない従業員に、**均衡を保つための給与（住宅手当等）を支給していない場合は福利厚生、支給している場合は賃金**となります。ターゲット会社に社宅制度がある場合は、福利厚生と賃金のどちらに該当するのかを確認したうえでM&A後の取扱を検討しなければなりません。

④　従業員貸付制度

　従業員貸付制度も労基法では福利厚生と解されます。

　制度の対象者（在籍年数等）、貸付金の資金使途、貸付金額、貸付期間、返済方法等を就業規則で規定することで、労働条件として制度

化することができます。

　労基法17条では、前借金による身分的拘束に伴う強制労働防止のため、「労働することを条件とする前貸の債権」と賃金を相殺することを禁止しています。しかし、使用者が労働組合との労働協約、あるいは労働者からの申出に基づき、生活必需品の購入等のため生活資金を貸付け、その後この貸付金を賃金より分割控除する場合においても、その貸付の原因、期間、金額、金利の有無等を総合的に判断して労働することが条件となっていないことが極めて明確な場合には、本条の規定は適用されないこととされています（昭和23年10月15日基発1510号）。

　ただし、実際に返済金を給与からの控除で行う場合は、労基法24条（賃金の全額払い）の規定に基づき、労使協定を結ぶことが必要です（昭和27年9月20日基発675号）。

　ターゲット会社に従業員貸付制度がある場合で、仮に制度を存続させず廃止を行うときは、現実に貸付を受けている従業員への充分な配慮を行い、返済が完了するまでの間は経過的に制度を存続させる等の配慮が必要になります。

⑤　従業員持株制度の有無

　従業員持株制度とは、従業員による会社の株式の取得・保有に際して、会社が特別に便宜を与え、奨励する制度です。常設機関として制度的に組織化されたものが、従業員持株会（以下、単に「持株会」とする）と呼ばれます。会社が持株会を作り、従業員がその会員になり、会員が毎月一定額を支払い、株式を持株会として共同購入することを実現するためのしくみです。

　持株会への参加は希望者のみ、任意であることが一般的です。また、会社が会員である従業員に対して福利厚生の一環として補助（奨励金の支給等）を行うことがありますが、これは労基法上の福利厚生と解されます。

　ターゲット会社に従業員持株会制度がある場合は、従業員の財産形

成にも影響が及ぶ可能性があるため、制度存続の是非については慎重な判断が求められます。

⑥　ストックオプション制度の有無

　ストックオプションとは、あらかじめ決められた価格（権利行使価格）で自社株式を購入できる権利をいい、会社の役員・従業員に対する報酬形態の1つです。株価が上昇した時に権利行使し売却すれば、株価と権利行使価格の差額が利益となります。

　この制度から得られる利益は、権利行使について従業員の判断に委ねられるため、労基法11条の賃金には該当しないとされています（平成9年6月1日基発412号）。

　また、従業員に付与されるストックオプションは福利厚生と解され、労働条件の一部となるため、制度を創設した場合は労基法89条10号（就業規則の必要記載事項）の適用を受けるとされています（同基発）。

　ターゲット会社にストックオプション制度がある場合は、従業員持株会制度と同様に、制度存続の是非について慎重な判断が求められます。

（3）事例の場合のポイント

　法定外の福利厚生給付は、すべての労働者を対象とする場合は、労基法89条10号の規定により、就業規則を作成し届出を行わなければなりません。労災上乗せ保険・社宅・従業員貸付・従業員持株会・ストックオプション等の制度が存在する場合は、それら個々の制度が就業規則の記載事項、つまり労働条件となります。

　M&Aにおいては、法定外福利厚生についても激変を避け、水準の均衡を保つことが望ましいところです。これらの制度の統合や廃止を行うときは、労契法上の労働条件の不利益変更と同様の手続きが必要になります。実務的には、制度の取扱を明確にするために就業規則

（福利厚生の各制度に関する別規程等）の条項を改廃することになります。

（4）福利厚生給付ではなく賃金に該当するもの

　福利厚生給付であっても、家族手当や住宅手当等の恩恵的な手当のうち、賃金規程等で制度化されているものや、企業年金・退職金等、支給要件が明確にされているものは、賃金と解されるので、均等法6条2号の福利厚生にはあたらないとされています（平成18年10月11日雇児発1011002号）。

（5）受動喫煙対策

①　受動喫煙に関する法改正の動き

　受動喫煙の防止が、平成15（2003）年に健康増進法で努力義務とされてから10年以上経過しても、飲食店・職場等において受動喫煙が多いことを受けて、受動喫煙防止対策の強化が厚生労働省・自治体で検討されています。

　職場の受動喫煙対策としては、平成27（2015）年6月1日に改正安衛法が施行され、受動喫煙の防止に努める義務が事業者に課されました（同法68条の2）。「室内またはこれに準ずる環境において、他人のたばこの煙を吸わされること」を受動喫煙と定義し、実情に応じて適切な措置を講じる努力をすることが事業者の義務となりました。

　職場の受動喫煙対策を効果的に進めるために、組織的に推進することが求められ、推進計画の策定・担当部署等を指定する、実情に応じた分煙対策を実施する等の具体的な対応が示されています。

　これらの受動喫煙対策とあわせて、労務管理においては就業時間中の喫煙対策も重要です。就業時間中の喫煙について、明確な方針がない・幹部に喫煙者が多い会社の場合、いわゆる「たばこ休憩」が当然の権利として容認されるケースもあります。しかし、喫煙者と非喫煙

者に休憩時間の相違が生じ、たばこ休憩中に非喫煙者が業務上の対応を迫られる等の弊害も生じることから、非喫煙者の不満が生じる状況を放置せず、組織として服務規律として一定の方針を示す必要があるところです。

大阪市では、喫煙が禁止されている職場（庁舎）の敷地内で就業時間中にした喫煙（7カ月間・週1回程度）を非違行為として、当該職員に対して停職3カ月の懲戒処分を行った事例も存在します。この処分は地方公務員法29条を根拠として行われたもので、民間企業が同様の処分を行うことは困難な面もありますが、喫煙に対する明確な規定を設けない限り、非喫煙者の不満は解消できず、継続してしまうおそれがあります。

② 職場の受動喫煙問題

職場の受動喫煙問題については、被害を訴える労働者に対し、使用者側に慰謝料の支給を命じた判決（江戸川区職員事件・東京地裁平成16年7月12日）も存在します。使用者は労働者の受動喫煙の危険性から生命および健康を保護するよう配慮すべき義務（安全配慮義務）を負うとされたことから、改正法は努力義務ですが、実情に応じた分煙対策等を行わなければ、提訴されるおそれがあります。

M&Aにおいては、ターゲット会社の喫煙状況・喫煙者の割合等についても確認を行い、仮に喫煙者に寛容な状況であれば、「たばこ休憩」等をはじめとする喫煙者の就業時間中の行為について、何らかの改善・制限等を求める必要があります。

3 報告書作成例

年　月　日

人事デューデリジェンス報告書

株式会社□□□□　御中

　　　　　　○○社会保険労務士事務所
　　　　　　　調査担当社会保険労務士　○○○○
　　　　　　　調査担当社会保険労務士　○○○○

　株式会社F社の人事デューデリジェンス業務が完了いたしましたので、ご報告いたします。なお、当該報告書は基準日における開示された資料等をもとに作成いたしましたが、調査期間も限られていたことから、追加調査を行った場合に指摘した以外の事項についても、労働法制に抵触する事項があり得ることを否定するものではありません。

1．報告事項

	重要事項
1	M&Aによる、法定外福利の格差の発生
2	M&Aによる、受動喫煙対策への取組みに対する温度差

2．調査結果の根拠
（1）法定外の福利厚生制度の格差
　E社がF社を合併する場合、法定外の福利厚生制度（以下、単に「福利厚生」とします）が充実しているF社に対し、E社にはない制度が存在することから、E社には存在し

ない福利厚生について、存続、廃止もしくは代替制度の創設等の対応が必要なことが判明しました。

　検討が必要なものは、以下のとおりです。

Ｆ社の福利厚生	概　要
労災上乗せ保険	政府労災の保険給付に、会社の福利厚生として上乗せ給付が支給される保険。全社員を対象とし、民間の保険会社に任意に加入。
社宅制度	Ｆ社が契約した物件に入居する社員が応分の家賃を負担するもの（借上社宅）。住宅に入居しない社員に対しては、住宅手当等が支給されていない。
従業員貸付制度	在籍年数・資金使途に応じて、低利で社員に融資する制度。貸付金は給与からの控除で割賦返済。
従業員持株会制度	会社が社員に対して自社株を保有させる制度。会社が持株会をつくり、社員がその会員となり、会員が毎月一定額を支払い、株式を持株会として共同購入することを実現。
ストックオプション制度	ストックオプションとは、一定の期間内（権利行使期間）に、あらかじめ決められた価格（行使価格）で自社株式を購入できる権利をいい、会社の役員・従業員に対するインセンティブ報酬の１つ。

　これらの福利厚生は全社員に適用される制度とされているため、労基法89条10号の規定により、就業規則を作成し届

け出なければなりません。つまり労働条件の一部と扱われることから、福利厚生についても従前の制度の維持存続、もしくは代替制度の創設等の検討が必要となります。仮に制度の一部廃止等を検討するのであれば、労契法上の労働条件の不利益変更と同様の手続きが必要になります。実務的には、制度の取扱いを明確にするために就業規則（福利厚生の各制度に関する別規程等）の条項を改廃することになります。

　なお、F社には企業年金（企業型確定拠出年金）の制度も存在しますが、就業規則（退職年金規程）において支給時期・支給額が定められているため、福利厚生であっても賃金に該当します。よって企業年金の問題は、福利厚生としてではなく、賃金の問題として検討する必要があります。

（2）受動喫煙対策への取組みに対する温度差
　受動喫煙対策は、平成15（2003）年に健康増進法で努力義務とされ、その後10年以上を経過しても対策が進んでいないことから、平成27（2019）年に労働安全衛生法が改正され、受動喫煙について実情に応じて適切な措置を講ずることが、事業者に対して努力義務として求められるようになりました（同法68条の2）。

　受動喫煙とは、「室内またはこれに準ずる環境において、他人のたばこの煙を吸わされること」とされ、職場の受動喫煙対策を効果的に進めるため、組織的に推進することが求められています。推進計画の策定、担当部署の指定、実情に応じた分煙対策を実施する等、具体的な対応が求められています。

　F社は禁煙を推進し、喫煙者もほとんどいないのに対し、E社では喫煙者が多く喫煙に寛容な職場環境であることか

ら、M&Aにおいては改正法に沿った受動喫煙対策（分煙対策等）を行う必要があります。仮にこの対策を怠った場合、改正法には罰則はないものの、非喫煙者から健康被害を理由として提訴されるおそれがあります。

　また、E社は多くの喫煙者が就業時間中に「たばこ休憩」を取ることが通常になっており、喫煙者がほとんどいないF社と合併する場合、休憩時間に相違が出る等の不満要素になります。就業規則（服務規律の規定）において、所定の休憩時間以外の休憩（たばこ休憩）について制限する等の対応が求められます。

以上

Ⅵ 取締役・執行役員の人事政策上の位置付け

1 事例

買い手企業からターゲット会社G社で執行役員制度を採用しているようなので、「取締役・執行役員が人事政策上、どのように位置付けられているかも調査してほしい」とのリクエストがありました。

2 調査方法

役員については、法務DDの守備範囲ですが、我が国では取締役や執行役員は従業員の年功功労報酬的地位に置く運用が広く行われているので、ターゲット会社において、人事制度との関連性も調べることになります。具体的には、労働者から取締役に就任するケースの有無、労働者性の有無、執行役員の位置付けについて、人事DDで実態を把握することになります。

(1) 就任承諾書・取締役規程等での確認

役員は、株式会社から委任を受け、株式会社の業務を遂行します。欠格事由（会社法331条）や親会社の監査役との兼任の禁止（会社法335条2項）に留意しつつ、株主総会の普通決議により取締役は選任され（会社法329条）、取締役が次のような就任承諾書を提出することにより、会社との委任契約関係が成立します。したがって、ターゲット会社において、労働者が取締役に就任していた場合には、就任承諾書の有無を確認することで、まずは労働者としての身分が終了していると判断します。

```
                就任承諾書

  私（または当法人）は、来る○年○月○日開催予定の□□
□□株式会社の第○回定時株主総会において貴社の取締役
（または会計参与、監査役、会計監査人）に選任された場合
はその就任を承諾します。

                              ○年○月○日
                              ○○　○○　㊞
                              （または○○法人）
```

出典：成毛文之著『株主総会・取締役会・監査役会議事録作成マニュアル〔新訂第4版補訂版〕』（商事法務）

　取締役を年功功労報酬的地位に置いても、責任ばかり負わされて処遇等が責務に見合わない場合、取締役に就任することが人事政策上のモチベーションの向上の道具にはなりません。したがって、ターゲット会社の取締役規程等で処遇等を調査します**（図表3－Ⅵ－1）**。

図表3－Ⅵ－1　取締役規程のチェック

項　目	内　　容	目的・ポイント
就　任	□選　任 □推　薦	新任・再任の手続き、候補者の年齢がある場合は年齢も確認する。就任承諾書の受理日を就任日とする場合は就任承諾書も確認する。役員のうち、労働者から役員または執行役員に就任した割合も調べ、従業員の年功功労報酬的地位に置かれているか否か確認する。
退　任	□辞　任 □解　任 □不適格事由 □退　任	解任された際、従業員の地位も有していた者に対して、従業員の身分を失う旨の規定がある場合、解任事由につき検証が必要。また、従業員の地位も有していた者に対す

項　目	内　容	目的・ポイント
	□定　年	る定年については、高年齢者雇用安定法の規定が適用されることに注意が必要。
勤　務	□勤務時間 □出退勤 □欠　勤 □早　退 □休　日 □休　暇 □出　張 □振替・代休	訓示規定のため、置かなくても構わないが、従業員の地位も有している者については、労基法等の労働法制で保護されることになるので、注意が必要。
報　酬	□報酬の決定 □諸手当の有無と内容 □退職慰労金の有無と実績 □賞与の有無と実績	報酬等については、会社法361条の規制により、定款または株主総会の決議による。法人税法上、報酬や退職金は過大でなければ必要経費として認められるが、賞与については一定の条件を充たさなければ経費として認められないので、賞与を支給している場合には注意が必要。なお、従業員の地位も有している者の報酬額については、最賃法や労基法等が適用されるので、注意が必要。
服　務	□職責（権限と義務） □留意事項 □禁止事項	労基法上の管理監督者として取り扱っている者との整合性を判定するうえで、確認しておく必要がある。
責　任	□個人的利益の返還 □報告義務 □出席義務 □競業避止義務 □損害賠償	会社法356条にある競業および利益相反取引が制限される。

出所：社会保険労務士法人野中事務所編『Ｍ＆Ａの人事デューデリジェンス』（中央経済社）

　また、労働者が取締役に就任する際の労働契約関係の解消について、就業規則の退職事由に「取締役に就任する場合」との定めの有無を確認することも忘れてはなりません。当該定めがあれば、労働契約関係は終了すると考えられますが、当該定めがなければ、労働契約と委任契約が併存することも考えられます。例えば、法人の重役で代表権を持たない者が、工場長、部長の職にあって賃金を受ける場合、そ

の限りにおいて労基法9条に規定する労働者（昭和23年3月17日基発第461号）となる取締役（使用人兼務取締役）となります。この場合は、委任による対価が役員報酬として、また、労働に対する対価が基本給として峻別して支給されることになりますが、役員報酬の決定要素、取締役に対する賞与や退職金制度の適用の有無もあわせて調べておく必要があります。

（2）インタビューでの確認

ターゲット会社において、形式的に取締役として取り扱っている者についても、実態として労働者性が認められる場合、労働法制の保護を受けることがあります。したがって、肩書のない取締役や執行役員については、インタビューで次の事項を確認し、「使用従属性」の有無を確認しておくことが重要です**（図表3－Ⅵ－2）**。

図表3－Ⅵ－2 労働者性のチェック表（チェックが多いと労働者性が強いことになる）

項　目	内　容
使用従属性の有無	□就労時間の拘束がある。 □欠勤控除がなされる。 □指揮命令を受ける。 □裁量権がない。
労働者としての身分の清算	□退職金の支払いが済んでいない。
取締役就任前後の業務の内容	□ほとんど変わらない。
取締役会への出席	□出席していない。 □議事録に発言が記録されていない。
報　酬	□報酬と基本給に区別されている。 □雇用保険料が控除されている。
勤怠管理	□出勤簿、タイムカードで厳格に管理されている。

出所：社会保険労務士法人野中事務所編『M＆Aの人事デューデリジェンス』（中央経済社）

(3) 雇用保険被保険者資格確認通知書等での確認

　役員は労基法上の労働者ではないので、雇用保険および労災保険の適用はありません。しかし、役員でも一定の要件を満たせば、雇用保険および労災保険の保険給付を受けられる場合があります。

　雇用保険については、取締役であっても同時に従業員としての身分を併せ有し（例えば、部長、支店長、工場長を兼務している）、かつ役員報酬より賃金のほうが多額の場合、雇用保険の被保険者となるので、雇用保険被保険者資格確認通知書および、兼務役員雇用実態証明書控で確認することになります。また、労災保険の保護も同時に認められることになりますが、雇用保険料や労災保険料の算定基礎となる賃金には役員報酬を算入せず、雇用保険の基本手当や労災保険の休業補償給付等には、従業員としての身分について支払われる賃金が基準となります。

　労災保険については、使用人兼務取締役を除き、労災保険の適用は受けられません。ただし、中小企業主、自営業者、家族従業員などの中には、労働者と同様な作業をしていて、作業の実態や災害の発生状況などからみて、労働者に準じて保護するにふさわしい者がいることから、特別に任意に加入することを認め、一定の要件を充たす災害について、保険給付を行っています（労災保険の**特別加入制度**という）。特別加入制度が適用される者の範囲は次のとおりですが**（図表3－Ⅵ－3）**、大企業の役員等については特別加入制度を利用することができません。なお、特別加入の加入状況については、労働者災害補償保険特別加入承認通知書で確認することができます。

　　　　　　　　図表3－Ⅵ－3　　特別加入対象者

① 労働保険事務組合[48]に労働保険事務の処理を委託する中小事業主[49]

② ①の中小事業主が行う事業に従事する労働者以外の者
③ 常態として労働者を使用しないで土木・建築その他一定の事業を行う一人親方その他の自営業者
④ ③の一人親方その他の自営業者が行う事業に従事する労働者以外の者
⑤ 指定農業機械を使用する農業従事者、特定農作業従事者、労働組合等の常勤役員として一定の作業に従事する者、危険有害物を取り扱う家内労働者、介護作業従事者その他の特定作業従事者
⑥ 国内の団体または事業から、海外において行われる事業に従事するために派遣される海外派遣者

3 執行役員制度

　会社には、**取締役会非設置会社**と**取締役会設置会社**があります。

　取締役会非設置会社は、すべての株式に譲渡制限があり、取締役は1名でも可能なので、株主が直接会社経営にあたる中小企業に多く見られます。

　取締役会設置会社では、株式に譲渡制限はなく、取締役は3名以上が必要で、3カ月に1回取締役会を開催（執行報告）しなければなりません。取締役会設置会社には、取締役会が重要な業務執行を決定する「**監査役会型**」、取締役会内に監査等を置き社外取締役が監査を担

48　事業主の労働保険事務の負担を軽減するため、中小事業の事業主を構成員とする事業協同組合、商工会などの事業主の団体が、厚生労働大臣の認可を受け事業主に代わって労働保険事務の処理を行う制度。

49　特別加入をすることができる中小事業主とは、使用する労働者の総数が常時300人以下（金融業や小売業等は50人、卸業やサービス業等は100人）の事業主であって、労働保険事務組合に労働保険事務を委託する者に限られる。

う「**監査等委員会型**」、「**執行役**」が業務執行を行い取締役は重要な経営事項を決定し監督に専念する「**委員会型**」があります。「**執行役**」はこの「委員会型」で登場し、会社法上の役員であるので、任務懈怠により損害賠償責任を負う（会社法120条4項）等、会社法上の責任を追及されることもあります。

一方、「**執行役員**」は、会社法上の役員にあたらず、重要な使用人（労働者）にすぎません。したがって、執行役員に対しては、会社法上の規制の適用はなく、任期をはじめ自由にルールを設定することができます。

一般的に執行役員は、**委任型執行役員、雇用型執行役員、混合型執行役員**の3つの契約態様に区別することができます。

① **委任型執行役員**

委任型執行役員とは、会社法上の役員ではありませんが、労働者性のない執行役員です。すなわち、労働者性がありませんから、労基法、労災保険法、雇用保険法等の労働法制の適用を全く受けず、かつ、会社法上の責任も問われない役員です。労働者が委任型執行役員に就任する場合は、労働者の身分を清算することになります（退職金規程がある場合は退職金を支払う）。したがって、この就任については、それまでの会社との関係を雇用契約から委任契約に変更することになるものであって、かかる契約の変更を一方的になすことは許されないと考えられているため、委任型執行役員への就任には当該労働者の承諾が必要となります。

② **雇用型執行役員**

雇用型執行役員とは、労働者性を失うことはなく、部長や課長と同じように単に肩書が「執行役員」と変更されただけの執行役員です。したがって、会社が人事権を行使して、「雇用型の執行役員」を命じた場合には、労働者は正当な理由もなくこれを拒否することはできま

せん。ただし、就任時に本人の処遇を下げる点については、労働条件の不利益変更に該当するため、労契法上の労働条件変更手続きが必要となります。

③ 混合型執行役員

混合型執行役員とは、前述の委任型執行役員と雇用型執行役員の両方の性格を有する執行役員です。つまり、委任契約と労働契約が併存しており、執行役員規程と就業規則の両方が適用されることになります。なお、従業員が「混合型の執行役員」に就任するよう命令された場合については、委任契約と雇用契約の両面を含むものであって、「役員」の地位の重要性・責任の重さは、一部にせよ委任的な内容を含むものへの変更を伴うものである点では同じですから、役員就任の許諾に関しては従業員側の意思を尊重すべきであって、強制することはできないと解されています。

ターゲット会社において、執行役員制度を採用していた場合、どの類型に該当するか把握し、どのような位置付けであるかを確認しておく必要があります。

4 報告書作成例

```
                                           年  月  日

              人事デューデリジェンス報告書

 株式会社□□□□　御中
              ○○社会保険労務士事務所
                調査担当社会保険労務士　○○○○
                調査担当社会保険労務士　○○○○
```

株式会社G社の人事デューデリジェンス業務（取締役・執行役員）が完了いたしましたので、ご報告いたします。

1．取締役の人事政策上の位置付け
　G社の取締役は、創業者である社長、社長の実弟の専務取締役、社長の妻の常務取締役、そして営業を担当する取締役営業部長の一郎氏の4名で構成されています。取締役営業部長の一郎氏については、平成〇年〇月〇日に取締役に就任していますが、就任時には労働者の身分の清算に伴う退職金は支払われておらず、所謂、使用人兼務役員という労働契約と委任契約が併存している状態です。したがって、就業規則も適用され、賞与については労働者としての成果に対して支給されています。役員報酬については、月額20万円、賃金については基本給30万円が支給されており、賃金よりも役員報酬が低額であるため雇用保険被保険者資格喪失手続きはしていません。
　したがって、取締役の任期（2年）満了により退任することになったとしても、労働者としての身分は残るので、退職させる場合には、あわせて労働契約の解約の手続きも必要となります。
　なお、営業部長に対しては、会社所有の高級外車の使用や月額〇円を上限とする交際接待費を認め、営業課員等からは憧れの存在になっており、人事政策上、取締役に就任することは目標のひとつになっているようです。

2．執行役員の人事政策上の位置付け
　ターゲット会社のG社では、2年前から商品企画を担当する太郎氏と総務を担当する次郎氏の2名が執行役員に就任し

ています。執行役員は、委任型執行役員、雇用型執行役員、混合型執行役員の３つの契約態様に区別することができますが、Ｇ社では「雇用型執行役員」制度を採用して運用しています。すなわち、労働者性を失うことはなく、部長や課長と同じように単に肩書が「執行役員」と変更されただけの執行役員です。以前は、任期を１年とする「委任型執行役員」を採用していたのですが、就任から１年の任期満了で退任し、会社を去ることになった者がいたことから、委任型執行役員への就任を打診しても、太郎氏も次郎氏もこれを固辞したため、やむをえず「雇用型の執行役員」に変更し、辞令を発令し、「雇用型の執行役員」への就任を命じた経緯がありました。なお、執行役員に対する処遇は管理職手当の一つの「執行役員手当」として月額〇円を支給されるだけであり、その他の労働条件については特別な優遇措置はありません。

　Ｇ社が執行役員制度を採用した背景には、過去の苦い経験（労働者から取締役に就任させた際にトラブルがあった模様）があり、それ以降、取締役に就任させたい者がいても、一旦、執行役員に就任させて、将来、取締役に就任することを自覚させると同時に取締役に適任か否か見極めるために設けています。すなわち、Ｇ社における執行役員制度は人事政策上、「取締役への試用期間」として位置付けられています。

以上

Ⅶ 労働組合

1 事例

買い手企業から「ターゲット会社H社（従業員100名）には従業員の80名が加入しているI労働組合と営業社員5名が加入するJ労働組合があるので、それぞれの労働組合とH社との関係等について調べてほしい」とのリクエストがありました。

2 調査対象

（1）労働協約

労働協約は、労働組合と使用者との間で締結された契約の一種です。労組法14条では、書面を作成し、両当事者が署名（または記名押印）することで効力が発生するとしています。

労働協約の効力は、原則として、労働協約の当事者である労働組合の組合員のみに適用され、非組合員には適用されません。しかし、事業場に常時使用される同種の労働者の4分の1以上が加入する労働組合の労働協約については、当該事業場に使用される他の同種の非組合員の労働者にも適用[50]されます（労組法17条。「**一般的拘束力**」という）。

なお、他の労働組合にも拡張適用が及ぶか否かについては、労組法では触れておらず、学説も裁判例も、肯定・否定の両説に分かれ対立してきました。しかし、他の労働組合にまで拡張適用を肯定すると、

---

[50] 労働協約の拡張適用によって非組合員に対し労働条件の不利益変更を及ぼすことができます。しかし、非組合員に適用することが著しく不合理であると認められる特段の事情があるときには拡張適用を及ぼすことができません（朝日火災海上保険（高田）事件・最三小判平成8年3月26日）。

憲法28条が他の組合にも保障している団体交渉権を実質的に侵害することになってしまうため、他の組合員へは拡張適用されないものと考えられています。

したがって、ターゲット会社において、Ⅰ労働組合との労働協約がJ労働組合の組合員に拡張適用されていないか否か、調査しておく必要があります**（図表3－Ⅶ－1）**。

図表3－Ⅶ－1　労働協約の内容

Ⅰ労働組合

締結日	労働協約の内容	有効期間	備　考

ただし、労働組合があっても、協議した事項について未だ合意が形成されていなければそもそも労働協約はありません。そのようなケースでは、労働組合との団体交渉の議事録、議事録がない場合は次の労働組合調査シートに記入してもらい、労働組合と協議中の事項について把握しておきます**（図表3－Ⅶ－2）**。

図表3－Ⅶ－2　労働組合調査シート

日　時	場　所	要求事項	会社側出席者	組合出席者	約束したこと

（2）企業組織再編等に関する事前協議条項の有無

労働協約の内容については、労働条件のみならず、組合員に重要な影響を及ぼすとの観点から、「人員の削減、工場移転および休・廃止、合併、分離、系列化等の場合に組合と会社は事前に協議し、同意決定の上実施する」と定める条項を置く場合があります。

大鵬産業事件（大阪地決昭和55年3月26日）では、労使間において事前

協議条項の定めがある労働協約を締結していたにもかかわらず、会社が何の予告もなく全従業員に対して会社の解散および全員の解雇について発表したことが、当該労働協約に反し無効であるとして争われました。裁判では「本件契約に基づき、会社側は会社の解散、全員解雇の理由を通常人が納得のゆく程度に説明したうえ、組合の同意を得るために信義則に従って十分協議を尽くさなければならない」としたうえ、会社解散と全員解雇について年末一時金の団体交渉中に突然なされたこと、その後の団体交渉においても既に役員会で決定した事実であるとして経理資料の公開等の組合の要求を受け付けず、また会社解散の根拠に関する説明も抽象的であるか、裏付けとなるべき資料を伴わないもので極めて説得力が乏しいものであり、最終的には団体交渉拒否という強行姿勢をとりつつ手続きを進めたものであると認定し、「本件協約に定められた信義則に基づく協議を十分に尽くしたとは到底認められない」として、解雇は労働協約に違反したもので無効であると判示しました。

このように、企業組織再編等に係る事前協議条項があるにもかかわらず、これを無視または適切な対応をとらずに事業再編等を実行した場合、事業再編の効力が無効となるおそれがあるので、事前協議条項の有無については、ＤＤの時点で把握しておかなければなりません。

そして、事前協議条項があった場合には、労働組合と協議するか、または、労働協約を解約してから、当該Ｍ＆Ａ取引を実行する必要があります。

なお、労働協約の期間については、労組法15条で「３年を超える有効期間の定をすることができない」とし、「３年を超える有効期間の定をした労働協約は、３年の有効期間の定をした労働協約とみなす」（同条２項）としています。したがって、効力発生から３年を超えていて自動更新規定がなければ、当事者の一方は有効期間の満了により、すでに労働協約の効果がないことを主張することができます。

ただし、協約当事者が合意すれば、有効期間中であっても労働協約

はいつでも終了することは可能です。

また、有効期間の定めがない労働協約は、次の解約手順（**図表3－Ⅶ－3**）に従い、当事者の一方が署名し、または記名押印した文書によって相手方に少なくとも90日前に予告して、解約することができます（同条3項、4項）。

図表3－Ⅶ－3　使用者の労働協約解約の手順

1．使用者から労働組合に対して労働協約の変更を申し入れる。
↓
2．複数回の団体交渉を行うが、労使間の合意形成ができない。
↓
3．使用者から労働組合に対して、労働協約解約通知書を渡す。
↓
4．労働組合が、上記3の解約通知書の受領を拒否した場合は、団体交渉の場で、上記通知書を読み上げて通知する。
↓
5．上記4の時点から90日経過後労働協約は解約となる。

出所：布施直春著『労務トラブル解決法！Q＆Aシリーズ7　会社は合同労組をあなどるな！～団体交渉申入書の回答方法から和解合意文書の留意点まで～』（労働調査会）

なお、一部解約については、労働協約自体の中に客観的に他と分別することのできる部分があり、かつ分別して扱うことを当事者が認容する趣旨であったと認められる場合[51]を除き、原則として認められないと解されています。

51　日本アイ・ビー・エム事件・東京高判平成17年2月24日。

(3) 複数組合間の差別の有無

　労働組合が複数存在する場合、それぞれ固有の団体交渉権を持っているため、使用者は各組合との対応に関して平等取扱義務および中立義務を負います（日産自動車（残業差別）事件・最三小判昭和60年4月23日）。

　したがって、複数組合のうち多数組合のみ団体交渉を行い少数組合とは団体交渉を拒否することはもちろん、組合によって回答内容や団交方法等で差異を設けたりすることも労組法7条3号の不当労働行為に該当するおそれがあります。

　また、使用者が一方の組合にのみ組合事務所貸与を行うことも、支配介入の不当労働行為となるおそれがありますが、実質的な平等の観点からすれば、提供されるべき組合事務所の広さは、組合員数に見合ったものになるのはやむを得ないと思います。

　ターゲット会社には労働組合が併存していますので、それぞれの労働組合の結成の経緯なども調べ、会社が多数組合に加担していることがないか否か確認しておく必要があります。

3　報告書作成例

　　　　　　　　　　　　　　　　　　　　　　　　　年　月　日

　　　　　　　　人事デューデリジェンス報告書

株式会社□□□□　御中
　　　　　　　　〇〇社会保険労務士事務所
　　　　　　　　　調査担当社会保険労務士　〇〇〇〇
　　　　　　　　　調査担当社会保険労務士　〇〇〇〇

株式会社H社の人事デューデリジェンス業務（労働組合）

が完了いたしましたので、ご報告いたします。

1．I労働組合との状況

　社長へのインタビューから、I労働組合は、商品企画部の課長が委員長に就任していますが、会社に対して批判的なJ労働組合の弱体化を目的として、会社の意向を反映すべく人事部の主導によって2年前に結成されたようです。春闘におけるベア交渉もなく、具体的な組合活動を行っているわけではありませんが、いささかの自主性も残していない「御用組合」ではありません。今後、ターゲット会社の〇〇事業を会社分割する場合には、労働契約承継法上、過半数組合であるI労働組合との関係が重要となりますが、会社分割の障害となるような存在ではないと思われます。

締結日	労働協約の内容	有効期間	備考
〇年〇月〇日	団体交渉のルールの設定	〇年〇月〇日	自動更新条項あり
〇年〇月〇日	家族手当の廃止	〇年〇月〇日	自動更新条項あり

2．J労働組合との状況

　人事部長へのインタビューから、J労働組合は、K合同労組の支部として3年前に結成されたようです。当時、営業成績の悪い営業部員の次郎の商品管理部門への配転命令に対する不満を外部のK合同労組に相談し、K合同労組との数回の団交の結果、会社が配転命令を取り消したことで勢いが増し、K労働組合の支部としてJ労働組合が結成されました。

　未だ労働協約の締結はありませんが、過去の団体交渉では営業手当の増額や営業社員の顧客先への直行と顧客先からの直帰を認めるよう会社に要望があり、会社は「検討する」こ

とを約束しています。当該要望を認めない場合、団体交渉において、適当な資料を開示し説明する必要があります。

日　時	場　所	要求事項	会社出席者	組合出席者	約束したこと
平成〇年〇月〇日	会議室	営業手当の増額	人事部長のみ	全組合員	検討すること
平成〇年〇月〇日	会議室	直行直帰の許可	人事部長のみ	全組合員	検討すること

3．留意事項
（1）労働協約の一般的拘束力

　労働協約の効力は、原則として、労働協約の当事者である労働組合の組合員のみに適用され、非組合員には適用されません。しかし、事業場に常時使用される同種の労働者の4分の3以上が加入する労働組合の労働協約については、当該事業場に使用される他の同種の非組合員の労働者にも適用されます。

　したがって、常時使用される同種の労働者の4分の3以上が加入するI労働組合との労働協約には一般的拘束力があるので、家族手当を廃止するという労働協約の効力は非組合員にも適用されることになります。なお、一般的拘束力は他の労働組合には及ばないのですが、J労働組合員に対しても家族手当が削除されており、労働協約の拡張適用に誤りが認められます。

（2）企業組織再編に係る事前協議条項の有無

　各労働組合との企業組織再編に係る事前協議条項を定めた労働協約の締結はありません。

（3）組合差別

　団体交渉の方法について、I労働組合との団体交渉は専務取締役、常務取締役および人事部長が出席して行っていますが、J労働組合との団体交渉は人事部長が出席するにとどまっています。このような態様でも不誠実な交渉とはいえないとする裁判例（日産自動車（民事事件）・東京地判平成2年5月16日）もありますが、判例で確立した平等取扱い義務を履行していないとも解せるので、交渉担当者を統一するよう改善すべきと思われます。

以上

第3章の参考文献

- 社会保険労務士法人野中事務所編『M＆Aの人事デューデリジェンス』（中央経済社）
- 林明文編著　『新版 人事の定量分析』（中央経済社）
- 林明文・古川拓馬・佐藤文著　『経営力を鍛える人事のデータ分析30』（中央経済社）
- 高原暢恭著　『人件費・要員管理の教科書』（労務行政）
- デロイトトーマツコンサルティング株式会社著　岡本努監修　『要員・人件費の戦略的マネジメント』（労務行政）
- 厚生労働省労働基準局編　『平成22年版 労働基準法（上）』（労務行政）
- 上林憲雄・厨子直之・森田雅也著　『経験から学ぶ人的資源管理 新版』（有斐閣）
- 西谷敏著　『労働組合法 第3版』（有斐閣）
- 各務晶久著　『人材採用・人事評価の教科書』（同友館）
- 今野浩一郎・佐藤博樹著　『人事管理入門』（日本経済新聞出版社）
- 菅野和夫著　『労働法 第11版補正版』（弘文堂）
- 大森正嘉・後藤陽子著　『改訂版 従業員持株会導入の手引き』（三菱UFJリサーチ＆コンサルティング）
- 神田秀樹監修　『ここだけ押さえる！会社法のきほん』（ナツメ社）
- 大阪市報道発表資料　「職員の懲戒処分等について」（平成28年2月29日10時30分発表）
- 労働調査会編著　『職場における受動喫煙防止対策の手引き』（労働調査会）
- 山口裕幸・金井篤子編　『よくわかる産業・組織心理学』（ミネルヴァ書房）
- 浜辺陽一郎著　『執行役員制度 第5版』（東洋経済新報社）
- 向井蘭著　『社長は労働法をこう使え！』（ダイヤモンド社）
- 健康保険組合連合会資料「平成30年健保組合予算早期集計結果の概要」（健保連企画部）
- ＣＵＢＩＣユーザーズガイド

❖ 執筆担当一覧表

【第1章:標準手順書】

	タイトル	担当者氏名
1	人事デューデリジェンス	野中　健次
2	人事DDの標準手順書	
3	人事DDの反映	
4	行政機関による調査	奥村　裕文

【第2章:労働法制の遵守度合の報告書例】

	タイトル	担当者氏名
I	法定三帳簿・雇入通知書・労使協定	野中　健次
II	就業規則の周知	野中　健次
III	人事権	野中　健次
IV	採　用	森　大輔
V	制裁(懲戒)	高山　英哲
VI	解　雇	野中　健次
VII	休　職	有馬　美帆
VIII	パートタイム労働者	本澤　賢一
IX	派遣労働者	小山　健二
X	外国人労働者	森　大輔
XI	育児・介護休業	森　大輔
XII	助成金	本澤　賢一

【第3章:従業員続税および人事全般の調査報告事例】

	タイトル	担当者氏名
I	人的資源の分析	常盤　誠
II	個人属性の分析	野中　健次
III	人事制度	常盤　誠
IV	組織力	野中　健次
V	法定外福利	本澤　賢一
VI	取締役・執行役員の人事政策上の位置付け	野中　健次
VII	労働組合	野中　健次

執筆者紹介

編　者

野中　健次（のなか　けんじ）

特定社会保険労務士、M＆Aシニアエキスパート、日本労働法学会会員。社会保険労務士法人野中事務所 代表社員。一般社団法人東京事業主協会 代表理事。東京都社会保険労務士会「事業戦略会議」委員。

1965年生まれ。青山学院大学卒業、同大学院法学研究科修士課程修了。

著書に、『M＆Aの人事労務管理』（中央経済社）、『厚生年金基金の解散・脱退Q＆A50』（日本法令）、『M＆Aの労務デューデリジェンス』共著（中央経済社）、『M＆Aの人事デューデリジェンス』共著（中央経済社）等多数。

執筆者：人事労務デューデリジェンス研究会　　　　　　　　（50音順）

有馬　美帆（ありま　みほ）

特定社会保険労務士。社会保険労務士法人シグナル代表社員。

1984年生まれ。社会保険労務士事務所勤務を経て、2014年、東京都にて社労士シグナルを開業。2017年に社会保険労務士法人シグナルとして法人化。ベンチャー企業のIPOを人事労務管理の面から支援することを主なフィールドする。執筆に「私が活用するHRテクノロジー　経営者の悩み・企業の課題を克服する人事システム」（開業社会保険労務士専門誌『SR』第51号、日本法令）などがある。

奥村　裕文（おくむら　ひろふみ）

特定社会保険労務士。大和経営労務コンサルティング代表。

1968年生まれ。明治大学法学部法律学科卒業後、クレジット会社の勤務を経て、1997年に開業。業種にかかわらず主に300人前後規模の企業の組織づくりを目指し、人事総務部門のサポートを通じ、規則規程の整備、働き方改革の支援、その他人事労務に関するアドバイスを行っている。

小山　健二（こやま　けんじ）

社会保険労務士。

商社、人材サービス会社に勤務後、2017年より社会保険労務士法人ガルベラ・パートナーズに所属。人材サービス会社在籍時に、労働者派遣事業、M

＆A業務に従事。その他、事業会社では労務管理、採用担当を歴任。2013年、社会保険労務士登録。

髙山　英哲（たかやま　えいてつ）

特定社会保険労務士。髙山社会保険労務士事務所 所長。
大学卒業後、約10年間サラリーマンとして勤務。メーカーの営業職、一部上場企業での社員教育担当などを経て1998年開業。顧問先は飲食業・外食産業を中心としIT関連、建設業など業種は多岐にわたる。企業が抱える悩みとしての長時間労働、残業代の未払いリスク解消に向けた定額【固定】残業代制度の設計・構築・運用、その他労務管理のサポートに精通。

常盤　誠（ときわ　まこと）

公認会計士、社会保険労務士、中小企業診断士、M＆Aシニアエキスパート。
中村公認會計士事務所
1975年生。太田昭和監査法人（現新日本有限責任監査法人）を経て現職。株式公開支援業務をはじめ、上場・非上場会社の会計業務支援を中心に幅広くコンサルティング業務等を行っている。

本澤　賢一（ほんざわ　けんいち）

社会保険労務士。社会保険労務士本澤事務所代表。
2005年11月開業。M＆A成立後の円満な組織つくりの実現のため、人事・労務面での支援が信条。中小企業においても一般的になりつつあるM＆Aにおいて、取引を行う企業の目的達成に貢献するため、人に関する事前調査（人事・労務デューデリジェンス）と、事後フォローに取り組む。

森　大輔（もり　だいすけ）

社会保険労務士、産業カウンセラー、第一種衛生管理者。ふくすけサポート社会保険労務士事務所 代表。
1975年生まれ。都内の労働基準監督署で2年間勤務。約4,000件の労務相談、980件の就業規則のチェックを担当。その後、顧問先600社以上の会計事務所が母体の社会保険労務士法人に約10年勤務。2015年5月、ふくすけサポート社会保険労務士事務所を銀座に設立。
別名「すまいる亭ふく助」という落語家社労士です。

M＆A 人事デューデリジェンス標準手順書	2019年2月1日　初版発行

〒101-0032
東京都千代田区岩本町1丁目2番19号
http://www.horei.co.jp/

編　者	野　中　健　次
著　者	人事労務デューデリジェンス研究会
発行者	青　木　健　次
編集者	岩　倉　春　光
印刷所	東　光　整　版　印　刷
製本所	国　　宝　　社

検印省略

（営　業）　TEL　03-6858-6967　　Eメール　syuppan@horei.co.jp
（通　販）　TEL　03-6858-6966　　Eメール　book.order@horei.co.jp
（編　集）　FAX　03-6858-6957　　Eメール　tankoubon@horei.co.jp

（バーチャルショップ）　http://www.horei.co.jp/shop
（お詫びと訂正）　http://www.horei.co.jp/book/owabi.shtml

※万一、本書の内容に誤記等が判明した場合には、上記「お詫びと訂正」に最新情報を掲載しております。ホームページに掲載されていない内容につきましては、FAXまたはEメールで編集までお問合せください。

- 乱丁、落丁本は直接弊社出版部へお送りくださればお取替えいたします。
- JCOPY〈出版者著作権管理機構　委託出版物〉
本書の無断複製は著作権法上での例外を除き禁じられています。複製される場合は、そのつど事前に、出版者著作権管理機構（電話03-3513-6969、FAX 03-3513-6979、e-mail: info@jcopy.or.jp）の許諾を得てください。また、本書を代行業者等の第三者に依頼してスキャンやデジタル化することは、たとえ個人や家庭内での利用であっても一切認められておりません。

Ⓒ K. Nonaka, Jinjiroumu due diligence kenkyukai 2019. Printed in JAPAN
ISBN 978-4-539-72632-7